智汇安泰

交大安泰智库经管评论集

| 第二辑 |

上海交通大学安泰经济与管理学院　编

格致出版社　　上海人民出版社

编审委员会

前 言

Foreword

很高兴第二辑《智汇安泰》教授评论文集可以呈现在大家面前。我们坚持做这样一件事情，不仅因为每一位收到第一辑的读者都真诚地给予了好评，也是因为我的同仁们一直在无私地坚持学术研究为社会大众正向价值观服务，这是一项忠诚而有意义的记录。

本书中的文章，大部分来自学院教师们在媒体上的最新专栏文章精选，从中我们不仅可以看到他们对于社会民生、经济发展、管理知识、时代转型、创新改革等话题的深度思考和建言献策，也可以感受到他们"铁肩担道义，妙手著文章"的情怀与投身创新改革前沿的热情。

正是在这样的坚持下，学院的办学水准也得到了国际权威的验证，就在不久前，英国《金融时报》（Financial Times）发布了"2017 亚太区商学院排行榜"，交大安泰名列第一，我们的 MBA、EMBA、管理学硕士和高管教育项目均保持全球 40 强内。我们的多项学科在双一流以及学科评估中经历了严苛考验获得高度评价，我们的学术论文连续多年在国际一流期刊上发挥重要影响，我们的学生校友不断在全球舞台创造瞩目成就。

2017 年，我们经历了精彩又充满着不确定性的一年。2018 年，注定更加不凡——交大安泰跨入了百年院庆的历史性时刻。19 世纪末，甲午战败，民族危难，中国近代著名实业家、教育家盛宣怀和一批有识之士秉持"自强首在储才，储才必先兴学"的信念，于 1896 年在上海创办了交通大学的前身——南洋公学。建校伊始，学校即坚持"求实学，务实业"的宗旨，以培养"第一等人才"为教育目标，精勤进取，笃行不倦。20 世纪初，在第二次工业革命的推动下，科技迅猛发展，社会分工日益细化，各国对生产管理都十分重视，交大作为国内教育的先驱，也率先意识到了管理课程的重要性，开始在工科教育中引入管理课程，这是我国近代高等教育史上的一个创举，也由此开启了学院百年的荣光。我们的成绩，不仅归功于当代学者们的砥砺奋进，更要感谢的是从百年前为了"储才兴邦，经世济用"而在危难之际投身教育改革创新的老一辈教育家们。这里无法一一列出他们的名字，但学院的百年荣光正是由这些难以磨灭的一砖一瓦坚实筑成。

回望百年，有识之士都深刻感受到，社会解构速度越来越快，新知识产生速度呈几何倍数增长，现代人好像都得了"焦虑症"。我们希望能有一片净土可以让大家进行独立思考，这也是为什么近几年我们格外重视高校智库建设的原因。我们自豪于已经建立起"安泰智库"这个品牌，我们拥有一支具备国际水平的教师队伍，他们在教室的一隅天地中孜孜不倦地传播知识、在书桌前夜以继日地从事理论研究、在社会重大事件发生时大声疾呼公正道义。这就是我们的教师，不限于自己的研究专业，用交大所特有的专业务实、人文关怀和批判精神来观察、思考周遭的世界，并用自己的智慧来影响我们所处的社会。

一直以来，我都秉持"顶天立地"的办学理念，"天"即是学术研究，能与国际顶尖学者对话交流；"地"则是与中国管理实践相结合。中国商学院的发展和中国经济的发展息息相关，我们要培养能真正推动中国经济发展、影响中国社会进步的领袖人物，培养一流人才，创造具有中国智慧的经济管理思想，在全球的经管学术研究和案例实践中做出表率。呈现给大家的这本《智汇安泰》第二辑，既是想与大家分享在中国变革转型与升级中，我们是如何关注全球趋势、创造中国知识、讲述中国故事的，也是为了展现我们共筑"百年安泰，百年中国梦"的诚挚态度，并与大家共勉。

交大安泰经管学院院长、教授 周林

2018 年 1 月于交大徐汇校区

周林简介 _____

　　1982 年获复旦大学学士学位。1989 年获美国普林斯顿大学经济学博士学位。曾在耶鲁大学、杜克大学、亚利桑那州立大学、香港城市大学和清华大学等任教。1993 年获得 Alfred P. Sloan 研究奖。2006 年出任上海交通大学经济学院院长，同年受聘为教育部"长江学者"讲座教授。2008 年当选世界计量经济学会院士，是第一位获此殊荣的中国内地院校学者。2010 年出任上海交通大学安泰经济与管理学院院长。2011 年入选中组部"千人计划"专家，2017 年起担任"千人计划"专家联谊会经济、金融与管理专委会主任。2015 年当选 AACSB 理事，2018 年连任。

目 录/
Contents

第三篇 / 企业发展与管理艺术之探微

第四篇 / 科技创新与大数据之探寻

第一篇
未来社会
与民生诉求之探究

尽管现代科技发展突飞猛进，但人类对人工智能的认识还并未有明显的变化，直到 AlphaGo 接连战胜围棋世界冠军李世石、柯洁，人类才猛然意识到人工智能时代其实已经近在眼前，我们的社会即将面临巨大变革。从社会结构、人类社会关系到衣食住行、教育养老，每一样都可能与当前的情况截然不同。面临这种巨变，我们该如何去应对与自处？本篇将从医疗教育、人工智能、消费者行为及趋势、社会发展等角度来思考未来社会的方方面面。

一亿儿童的教育迫在眉睫[*]

陆　铭 / 上海交通大学安泰经济与管理学院经济系教授

　　在展开正文之前，我先给读者三道选择题，看看大家如何回答。大家都知道，中国当前老龄化和少子化的趋势非常明显。我的选择题是：第一，如果突然天降一亿的儿童给中国的未来，大家要不要？第二，这一亿的儿童是给他们比较好的教育，还是比较差的教育？第三，如果是给他们比较好的教育的话，把他们放在农村，还是放在城市？

　　我想，对于这三个问题，大家是比较容易取得一致意见的。我相信大多数人会选择要这一亿儿童，并且给他们良好的教育，考虑到城市的教育质量要远远好于农村的教育质量，并且城市还有强大的学习效应，大家会选择在城市给他们提供教育。

　　好的，现在让我来进入正题，当前中国就有大约一亿的儿童需要得到更好的教育。他们既是中国经济未来增长的劳动力来源，同时，也是人口老龄化背景之下，未来可以使得社会持续发展的潜在资源。把他们教育好了，他们就是资源，如果他们的教育被忽视了，那么，他们就可能被今后的现代化进程淘汰，给收入差距、社会安定等问题埋下隐忧。

---

*　原文发表于 2017 年 5 月 23 日财新网观点频道。

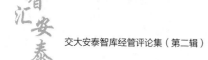

我说的这一亿儿童，就是数量超过 6 000 多万的农村留守儿童（父母一方外出务工、不满 18 周岁），加数量超过 3 000 万的进城务工人员的随迁子女。两者加起来的总数就在一亿左右，占到全国儿童的三分之一。这一亿儿童当下的教育亟待提高。

这里有一个小细节。根据民政部不久前的统计，把留守儿童定义为"父母双方外出务工或一方外出务工另一方无监护能力，无法与父母正常共同生活的不满十六周岁农村户籍未成年人"，如果按照这个统计口径，留守儿童的数据会急剧下降到 1 000 万以下。不过，这个统计口径的变化（包括年龄上限下调 2 岁）并没有什么实际的意义。因为这相当于是在说，大约 5 000 万孩子生活在相当于单亲家庭的状态。由于缺乏父母关爱对于家庭和谐和孩子教育的影响，并不会因为统计口径的变化而发生变化。另一种可能是，父母双方外出务工的留守儿童数量被严重低估了。

长期以来，留守儿童和流动儿童的教育问题，社会各界都主要是从关爱他们的角度来进行思考的。而事实上，从长远来看，只有让这些孩子进城接受教育，并且和他们的父母生活在一起，才是根本的解决方法，并且有利于整个国家的经济和社会发展。其中的道理，就在本文开头所问的三个问题里。第一，中国城市的老龄化和少子化倾向非常明显，而城市化进程当中，农村孩子进城可以补充未来城市部门的劳动力供给。第二，这部分未来的劳动力供给在今天受到的教育越好，未来经济和社会可持续发展的动力就越强。第三，教育本身具有规模经济效应，这是城市教育质量好于农村教育的根本原因，不是用钱能解决的问题。即使钱增加以后，可以改善农村地区的教育，同样的钱如果用在城市里，让这些孩子在城里接受教育，将借助于规模经济机制，节省大笔的开支，或者在同样的开支之下，大幅度改善教育质量。更不要说，只有在城市里生活，才能学习到一些学校外的知识技能，适应未来城市和产业发展的需要，特别是城市服务业的岗位需要。

而在现实生活当中，总是有一些有意无意的认识误区，在阻碍这一亿孩子进城接受更好的教育。我想借此机会澄清一下：

第一，这些孩子的父母在城市里并不是负担，而是在为城市发展做贡献。他们的父母在城市是有就业的，同时，他们还在城市里缴纳了税收。除了他们所工作的企业本身要缴纳增值税和企业所得税之外，他们自己还要缴纳社会保障，收入高的还要缴纳个人所得税。即使一些不直接缴纳社会保障和个人所得税的低收入阶层，他们在城市里的每一分消费，都包含着消费税或者营业税。

第二，在城市里被公共服务体系排斥的进城务工人员，大多数已经在城市里生活了十多年，并且拥有相对稳定的就业岗位，有不少甚至已经在所在城市买了房子。他们在城市里的就业本身就说明，城市里的劳动力市场缺乏劳动力，特别是在中国的一线城市，人口老龄化和少子化的现象更为严重，外来人口在劳动年龄人口当中所占的比重已经超过 50%。

第三，随迁子女在城市里接受教育，并不一定挤占城市的教育资源。事实上，随着大城市的少子化趋势，本地户籍孩子的数量总体在减少。即使让一些随迁子女上公办学校，在目前的排队机制下，也是排在本地孩子后面。此外，在一些超大城市，提高外来子女在本地接受教育的门槛时，排斥的往往是一些低收入者。这部分人口的子女人均教育经费远低于户籍人口，遗憾的是，超大城市的学校数量是在减少的，因此，政府面临的并不是能否提供教育的问题，而是愿意不愿意提供教育的问题。而且，一些外来人口随迁子女上的学校，还可以通过中央财政转移支付随人走来增加投入，并且与由社会资源投入的民办学校来共同提供。有人会说，民办学校质量不够高。学校质量不够高，或者办学不够规范，需要的是政府监管和投入。简单的禁止或者关闭民办学校，造成孩子失学，或者返乡成为留守儿童，总不如让他们能够有一个和父母一起生活在城市的机会更好。

第四，在当前城市提高外来子女入学条件的过程当中受到排斥的孩子，有大量其实就是出生在这些大城市的孩子，或者已经在当地生活多年。在受到政策排挤的过程当中，这部分孩子并没有完全离开所在城市。即使一小部分孩子离开所在城市回到老家，他们的父母也未见得跟着离开了。因此，更严格的入学条件造成了更多的农村留守儿童或者夫妻分居问题。那些并未完全离开所在城市的孩子，在被正规教育体系排斥的同时，他们只好到周边城市，和父母分居；有的孩子继续上幼儿园，有的孩子上一些地下的学校。这些现象，造成的问题比解决的问题还要多。

第五，排斥低收入群体解决不了什么城市的问题，反而会抬高城市的生活成本。且不说在排斥孩子教育的过程当中，他们的家长并没有真正离开大城市，就算他们的父母离开了大城市，只会提高这些城市的劳动力短缺程度和相应的劳动力成本，包括服务价格。最后受损的，仍然是留在城市里的人们。而大量低收入的劳动者，他们在大城市里无论是居住还是出行，都属于消耗资源最少的人群。大城市里的各种短缺主要是供给侧的问题，即使在需求侧，相比之下，开车、住大房子、孩子要上好学校的其实都是高收入者。

惯性思维是，如果把那些随迁子女排挤出大城市，他们就可以回到老家接受教育。这种想法极其肤浅。由于随迁子女的父母大多数是在大城市有工作的，因此，绝大多数的流动儿童的父母，即便孩子不能在大城市上学，他们也并没有离开大城市。排斥随迁子女教育的政策，造成的恰恰是更多的留守儿童。最近，魏东霞利用全国流动人口监测数据的研究发现，2011—2015 年四个最大城市流动人口 18 岁以下子女的留守数量占全国留守儿童的比例均在 20% 左右。澎湃新闻记者吴英燕在安徽的一个人口输出大县调研时，教育部门有关负责人反映，在返乡的义务教育阶段儿童中，有 60% 左右来自上海。一些孩子回到当地以后，需要很长一段时间来适应当地的学习和生活。最近出版的《中国流动儿童教育发展报告》中也有观察发现，流动儿童回到老家之后，出现学习成绩下降、融入老家社会难、人生轨迹被改变、在城市里积累的文明礼貌习惯和语言能力等在老家无用，等等一系列问题。北京大学宋映泉的研究发现，回流儿童更容易受到校园欺凌，心理压力也更大。

最后，我想说，留守儿童和流动儿童的教育问题不只是教育或民政部门的责任，而是整个国家和全体社会的大事，已经到了刻不容缓的程度。我要建议社会公众，特别是政策制定者，算两笔大账。第一，同样的孩子，放在城市还是放在农村，放在大城市还是小城市，本质上仍然是投入产出的问题。城市和农村之间，大城市和小城市之间的教育质量的差别，并不是钱能够弥补的，它本质上是因为教育是一项具有很强规模经济的事业。从总体上来讲，一个孩子从大城市转回小城市和农村，所面临的教育资源下降，即使加上对于留守儿童的建档、关爱等大量人力物力，都仍然是舍本逐末。在国家层面上，让孩子进城读书，才是既高效又节省资源的。

第二，中国要想不断提高自己的经济发展水平，实现中国梦，城市化率就必然需要不断提高。而且当前中国的城市化率即使在包括了无本地户籍的进城人口之后，也比处于同样发展阶段的其他国家低 10 个百分点。当前中国的大城市已经存在劳动力短缺，未来这个问题只会更严重。也就是说，我们今天不愿意接纳在城市接受教育的那些孩子，若干年以后，必然是城市劳动力的主力军，也是今天城市里的青壮年若干年以后的养老来源。

我们今天的付出，就是未来的收获。而我们今天的卸责，未来则必须要偿还。

（谨以此文，献给所有的留守儿童和流动儿童，《中国流动儿童教育发展报告》的全体作者，以及所有开展留守儿童和流动儿童研究的学者和媒体人。感谢陈媛媛、魏东霞、魏佳羽、吴英燕、刘伟伟的修改意见。）

我们孩子需要未来的智慧[*]

孟宪忠 / 上海交通大学安泰经济与管理学院市场营销系教授

天下爱子莫过于父母，哪位家长不望子成龙、期女成凤，不希望孩子长大后更聪明，更智慧？问题是，10—20 年后，我们的孩子将面对怎样的世界？ 10—20 年后的世界里，什么是聪明，什么是智慧？

‖ 从已知推断未知，必将没有未来

美国麻省理工学院媒体实验室主任，著名计算机专家尼葛洛庞蒂讲了他亲身经历的一件事：

"1972 年，有几位富有前瞻性的日本人在讨论，电视的下一步应该朝哪个方向走？他们的结论是：更高的分辨率。他们认为电视从黑白转为彩色后，最重要的是如电影般的画面。于是在此后的 14 年间，日本人孜孜不倦地研究他们眼中的高品质电视（Hi-

---

* 原文发表于 2017 年 5 月 31 日微信公众号"远见创新"。

Vision）"，于是随着日本电视不一而足的"高清晰度""画中画""环绕立体声""低音炮"的品质优势，到 20 世纪 80、90 年代，日本的电视机和传真机风靡日本，畅销中国，引领世界，可以说是称霸一时。

但是今天日本电视都退出了历史的舞台，主要生产电视机等家用电器的松下、东芝、夏普、索尼都一蹶不振，这是怎么回事呢？

在 1992 年尼葛洛庞蒂就与日本前首相宫泽喜一说过，"高品质电视"没有前途，21 世纪的电视重要的不是高清晰度，而是数字化。宫泽喜一很震惊，但没重视尼葛洛庞蒂的意见。"直到 1994 年，还算有些远见的日本邮政省放送行政局局长江山晃正提议日本应跨入数字世界，但日本的产业界领袖第二天群起而攻之，硬是逼着江山把话收回去。"

日本产业界的人士认为，当时日本电视独步天下怎么会没有前途，数字化电视是很遥远的事情，根本不用着急。于是，日本全身心扎在了提高模拟电视现有技术，争夺现有市场份额上。

总结日本的教训时，尼葛洛庞蒂说："我想，这一方面是日本缺乏远见，另一方面也是因为他们在高清晰电视上花钱太多了，他们很难另起炉灶。"

此事，促使我们思考一个问题，10—20 年的时间过得非常快，我们应当怎样富于远见地去思考未来，在可见的未来我们的孩子将面对怎样的世界，我们应当具备什么样的本领与能力才能拥有未来。如果像日本电视产业领袖只是专注于眼前的产品业务，只是满足于现有的能力功夫，不管当下做得再好，如果不符合 21 世纪的要求，必将没有未来。

可以肯定的是，未来不是今天的线性延伸，10—20 年后的世界与今日之世界有着天壤之别。从已知推断未知，必然失败。我们不能以已知推断未知，我们的判断不能按照现有的逻辑推演，我们必须颠覆性地思考全新未来，我们要以未来为导向决策今天。我们的孩子要有未来智慧观，要形成未来的智慧。

‖ 未来与今天有天壤之别

牛津大学的贝内迪克特·弗雷和迈克尔·奥斯本在《就业的未来》中称："未来 15

年，美国几乎一半的就业岗位、印度三分之二的岗位以及中国四分之三的工作都很可能被计算机取代。"

更让人震惊的是，未来还有部分的认知性工作也有被取代的危险，调查数据显示：

计算机算法能诊断 90% 的肺癌病例，而人类医生的正确率只有 50%。

看一看维基百科、谷歌数字博物馆、谷歌数字图书馆，就可感知谁最有学问。

美国是判例法，一个案子怎么判，必须要找到法律上的根据，未来的搜索算法一天找到的判例比一个律师一辈子找到的还多。

纽约几大金融机构已经开始用计算机分析取代了一部分金融分析师。

自动写作技术公司的"鹅毛笔"妙笔生花，《福布斯》也在用其写文章。

专注于再生医学的创投公司 Deep Knowledge Ventures 任命一套名为 VITAL 的算法为董事会成员。它比专家更专业，比独立董事更客观。

AlphaGo 赢得柯洁无可奈何。这绝不是人机之间一场围棋的胜败，这是在说明人工智能绝不只是提高人的体力操作能力，而是可以以独特的智力参与人的智力，提高人的决策能力。未来的最优决策必定是人机共同的决策。

不要说 10—20 年后，就是今天我们都是在人机共处地生活，人机共智地操作。我们不但可以用谷歌地图查到哪里堵车，哪里出现交通事故，哪里可以停车，还可以根据 Waze 的建议选择道路。人工智能的优势在于它是一种集合了超强计算、空间感、记忆力、搜索能力、储存能力的多元智能，它可以根据现有的信息做出下一步的判断和规划。人工智能已经渗透到制造业、交通、商业、医疗、教育等各个领域中，它是我们无处不在的伙伴。

今天，美国五大公司亚马逊、谷歌、IBM、微软、Facebook 联合搭建了一个人工智能平台——Partnership on AI，共同探讨人工智能的未来，使其能够在正确的方向上连接人、连接技术、连接思想、连接未来。

近些年来，世界上许多杰出的学者、科学家和企业家提出的共同观点是：未来的 10—20 年，是一个人机共存的世界、是一个人机共智的世界。

什么是未来的智慧？

21 世纪是一个智慧的世纪，人工智能的崛起无疑会替代众多的体力劳动和脑力工作，那么未来的人类需要掌握什么样的本领，我们的孩子要有怎样的智慧？一句话，什么是未来的智慧？这是摆在我们面前的一个重要问题。

没有 AI，就没有未来——我们需要拥抱人工智能，形成人机共存能力、人机共智能力；

没有超越，就没有未来——我们需要超越狭隘知识，拓展多元创造能力；

没有弹性，就没有未来——我们需要打破僵化的本领，提升适应不确定性的弹性能力。

1. 没有智能，就没有未来——人工智能科技基本能力

没有人工智能就没有未来。我们孩子的未来世界就是一个科技与现实融合的世界。

我们必须要拥抱人工智能，从小让孩子们接触智慧设备、数字资源，创造性地学习运用人工智能。

我同意 Facebook 创业元勋马克·扎克伯格的姐姐兰迪·扎克伯格的见解：人类发展没有退路，我们必须迎接这些变化的到来，共同思考教育与儿童发展的方式。智能化科技是未来的语言，这一语言将决定孩子们的生活、人际关系和职业的每个方面。禁止孩子们探索丰富的数字资源会妨碍他们成长。没有哪个父母愿意让自己的孩子落后于他人，我们也不会等到孩子已经三四岁时才跟他们讲话，或者那时才让他们接触语言，那为什么要禁止孩子们接触科技语言呢？科技与生活的平衡是孩子们要早早学习的重要职能。孩子们的良好数字习惯是从我们开始的。我们需要融入孩子的生活，促进他们运用正确的方法，培养良好的习惯，帮助孩子们实现科技与生活的平衡。

在智能化时代成长、生活的孩子们所要掌握的本领必须与智能化同行，让孩子去学习可以参与到世界未来的语言。孩子们一定要学习人工智能，学会与人工智能相处，学习掌握智能工具，通过掌握智能化的本领变得更有趣，这样才能适应智能化时代的生活，才能适应于未来发展。

2. 没有超越，就没有未来——多元创造综合能力

孩子的认知范围和学习内容应该是多元的、开放的，孩子们的智力也应该是多元超

越的能力。但可惜的是，我们现在所有的教育中，强调最多的仍然是读、写、算的能力。可以看到，当今取得成就的人都拥有多元跨界的融合能力，而且面对未来人工智能在搜索、记忆、计算、分析、整合方面的强大功能，我们的孩子仅仅依靠现有教育而掌握的狭隘能力远远不够。

在多元创造能力方面，哈佛大学资深教授戴维·珀金斯特别强调孩子们的学习一定要超越各种狭隘：

超越基础技能——超越传统的读、写、算基本技能，要致力于培养孩子们的批判性思维和创造性思维、合作能力和合作意愿、领导力、创业精神，以及在这个时代生存和发展所需的其他关键能力。

超越传统学科——超越以往的学科知识，积极接触领会新兴的、综合的、有差异的学科，要让孩子们适当接触学习生命伦理学、生态伦理学、心理学、社会学、未来学的最新理念，以及其他能够应对当前与未来机遇与挑战的学科领域。

超越彼此割裂的各学科——超越过去各学科死板僵化的界限，研究跨学科的主题与问题。在未来世界，我们所面临的问题都具有跨学科的性质，只有从跨学科角度思索、研究才能解决这些问题。要培养孩子跨学科思考的能力。

超越既定的学习内容——学生绝不仅仅是记忆、背诵书本上的知识内容，要鼓励孩子关注、参与与所学内容相关的现实生活，鼓励孩子们深入地思考、创造性地表现、动手操作。不能将学生的精力都牵引到记忆、背诵、应试书本知识上，要让学生更多地阅读各类经典，学习课本之外的知识。

超越区域性、局部性观念——超越地域性、国家性视野，通过对国际事务的关心、关注，通过对世界史、全球现实问题的讨论，培养孩子的世界公民意识及能力。

总之，我们过去的教育往往固守在狭隘的学业性内容的井底，深受狭隘的局部性观念限制，这根本满足不了未来社会的要求。

在 21 世纪技术融合、产业融合、学科融合的背景下，在 21 世纪多元角度解决问题的方法背景下，我们再不能囿于近代的学科划分和知识领域划分。只有交汇多元知识、运用多元方法，才能铸就更多的创造性。

3. 没有适应，就没有未来——适应不确定性的弹性适应能力

为什么需要弹性适应能力？因为我们面对的是充满变化的不确定性的社会。

就像牛顿的经典力学虽然伟大，也难以适应相对论所适应的宇宙光速大尺度时空一样。我们过去的本领都是适应工业化时期相对稳定、相对确定的宏观世界领域。

我们今天所面对的、所实践的世界与牛顿所描述的世界大为不同，今日世界所以充满了不确定性，这是因为：

（1）事物运行速度越来越快。高铁速度几乎将偌大中国任何两点距离都缩短为一日车程；布兰森在试制超音速两倍的飞机也许真可以实现上午纽约、下午上海；快线、快客、快递、快洗、快印、快餐、快销、快时尚……一切事物速度都在提高，效率都在提升，速度加剧了事物的不确定性。

（2）人类作用的空间越来越广。马斯克发射可回收火箭、亚马逊发射可回收火箭都要将人送往火星，中国也在增加探月宇航、要在 2020 年左右建设空间站，世界各国科学家都在探索茫茫宇宙中人类新的家园。"火箭之父"齐奥尔科夫斯基的"地球是人类的摇篮，但人类不会永远生活在摇篮里。开始他们将小心翼翼地冲出大气层，然后征服整个太阳系"的寓言正在变成现实。宇观世界增加了不确定性。

（3）人类作用的事物越来越深。工业化时期，工业生产、科学研究改变的是物质的物理状态、化学性质，今天人们进入到物质的纳米层次、深入到生命的基因层次，甚至重组基因。微观世界充满了不确定性，产生着不可预测的结果。

（4）作用的间接事物、相关性越来越多。原先我们都直接作用于自然世界，人与人也多是直接联系。今天，作用的间接事物越来越多，事物之间的相关性越来越多，人们直接与间接的关系也越来越多，形成了复杂细琐的事物联系，就像蝴蝶效应，最终会导致巨大的连锁反应。

所以，这个世界不再是 20 世纪相对宏观的自然而然的世界，而是复杂多变、充满了不确定性、难以预测的世界。在这个世界中，技术、产品、行为、教育、情感所有这些方面都在发生着巨大的变化，很多事情是难以预见的。在 20 世纪，过去的经验曲线

可以增加价值，经验越丰富，成本越低，质量越好；而在21世纪，有时经验曲线是负价值，经验越多越死板，越没有创造性。面对这样的世界，我们不能再用完全确定的方式、完全确定的内容、固化的知识教育孩子。孩子要具备的不是一成不变的确定性的本领，而是适应能力、弹性能力和自我超越的能力。

在这里，我们不妨重温达尔文的"适者生存"（survival of the fittest）法则。在每一个生物物种繁衍生殖后代时总有一些嬗变，在这些嬗变中，并不是强者和天才取得了胜利，而是那些识时务和适应环境者。今天的智能化、空间拓展、不确定性时代就是人类的重大嬗变时刻，我们不能满足于过去的本领多么强大、能力多么无敌，我们需要的是新的适应能力。

提出问题比给出答案更重要。

我所说的未来智慧"人机共智""超越狭隘""弹性适应"三点要素也许不妥乃至错误，但未来智慧与今天智慧有重大不同确是铁定事实。我提出的"未来智慧"研究确实重要。人们完全可以不同意我的未来智慧的具体观点，但我们绝不能放弃对未来智慧的探索，促进孩子们形成未来智慧，更不能用今天凝固的知识、僵化的本领去面对未来。

未来智能社会如何与"机器人"和谐共处 *

史占中 / 上海交通大学安泰经济与管理学院应用经济系教授

从机器猫任意穿梭的梦幻般魔法世界,到美国大片《机械战警》《人工智能》流露出的焦虑,无不引起我们对未来社会"机器人"的关注和探讨。我们会不会过度依赖机器人?人类该如何与他们相处,法律和监管是否跟上了科技步伐?人类追求科技发展的脚步从未停止,对于未来世界的幻想和忧虑也如影随形。

‖ 机器人在未来智能社会中的广泛应用

未来的智能社会也许将拥有三类人,男人、女人和"机器人"。机器人将在未来社会的各个领域发挥作用。

在工业领域,机器人的应用可以大规模地降低企业的制造成本。以中国劳动力的现阶段成本做个比较:如实现"机器换人"的话,一台焊接机器人的成本大概是 5 万元,

---

* 原文发表于 2017 年 3 月 17 日澎湃新闻。

随着技术的进步，机器人成本还会进一步降低。而现在一个专业的焊接技工一年要 7.2 万元，一台焊接机器人相当于三个焊接工人的劳动量，人工成本就是 21.6 万元，机器人的成本相当于人工成本的四分之一，并且可以面对更为复杂、危险的工作环境。这是专业机器人在制造领域对我们劳动力的替代，并具有巨大的替代空间。

现在全世界机器人使用最多的就是中国，全世界约有五分之一以上的机器人在中国使用，因为中国是劳动密集型产业的制造大国和世界工厂。随着人工智能技术的进步，机器人的成本也在不断降低，而劳动力成本则随着我们人均生活水平的提高而不断增加。机器人的广泛应用具有巨大的现实意义，这也是不可逆转的发展趋势。

无人驾驶是机器人在交通领域的应用。相关实验表明，如果让美国公路上 90% 的汽车变成无人驾驶汽车的话，车祸数量将会从 600 万起降到 130 万起，死亡人数大幅度降低。谷歌公司无人驾驶汽车的研发已经有 6 年了，行驶了 300 多万公里，只遇到过 16 起交通意外，且从未有致命事件。这个报告显示无人驾驶汽车可以帮助高速公路容纳汽车能力提高 5 倍。谷歌无人驾驶汽车项目专家认为：一旦无人驾驶汽车成为主流，当前公路上只需要 30% 的汽车，大幅提高交通的安全和效率。现阶段的交通拥堵，一方面是因为车多造成堵车因素，还有人为的交通事故，且大多数的堵车都是人为的超车抢道。机器人驾驶可以避免这种人为的堵塞，人工智能控制的无人驾驶将成为未来的必然趋势。

而在安全领域里，比如在排爆领域，侦查机器人、扫雷机器人有广泛应用。另外还有消防机器人、水下救援机器人，这些机器人的广泛应用可以大量减少救援救灾现场的伤亡事故。

除了生产领域、交通领域、安全领域，服务机器人在生活领域也将得到广泛应用。清洁机器人可胜任家庭保姆的大量工作，残障辅助机器人可以帮助残障人士，医疗机器人可以大大减少医生的工作强度。

‖ 机器人给未来社会带来巨大的就业冲击

机器人在长时间的重复劳动中，相对于人类的巨大优势，由两个方面决定：一是思维参与程度。以前机器人不会拐弯，现在有了传感器它就会拐弯了。还有一个是它的操作模块化程度，比如做手术，就是把工作模块化以后做手术。模块化程度的提高可以提高替代性。未来 20 年，近半数的人类工作将会被机器人替代。其实人类的工业发展史，就是机器人不断替代人工的发展史。从 18 世纪的手工业到 19 世纪的简单工业，再到 20 世纪的复杂制造，最后到现在 21 世纪的信息处理和智能制造。这是一个不可逆转的趋势，而如何把握这个趋势至关重要。

新技术突破后会带来新的职业需求，而部分原有的劳动力不能适应新的职业需求从而造成失业。按照经济学理论，劳动投入的增加带来了产出的增加。而劳动成本慢慢抵消了产出增加的附加值。2000 年后机器人开始大规模应用，资本大量投入购买机器人，机器人逐渐替代人工。这个时候产出大幅度增加，而劳动力减少，劳动力成本不断下降；产出不断增加，这个差距就不断拉大。所以说机器人替代人工趋势在不断加强。这意味着机器人正在抢占我们更多的劳动岗位，尤其是制造业领域的岗位。

大量的机器人替代人工劳动的话，我们 13 亿人的社会稳定怎么办？这些人找不到工作都上街游走，会产生很多问题。而美国正在坚定不移地发展机器人，仅在人工智能领域就有 600 多家公司，这是值得我们关注的趋势。

以亚马逊为例，亚马逊 2016 年 12 月 17 日已经在英国开始测试无人机送货，实验平均配送速度 18 分钟，正式应用后预计将会替代数千万快递工人。先出仓，后取货，再寻址，最后送达，无人机可以通过直线飞行，快速达到目标位置。而快递员可能会遇到堵车，或者找不到门牌号码，这些都影响了快递送达的准确率，甚至说未来的物流行业很快就会被我们的无人机替代，快递效率高，又快又准确。

‖ 未来智能社会如何与机器人分工协作

对于未来机器人是否会对人类造成就业冲击，有部分学者持积极态度，他们认为科技进步会使某些工作岗位消亡，但是同时又创造了许多新的工作岗位。机器人将我们从重复性劳动中解放出来后，我们会有更多的时间和空间来释放人类的创造性，也就有可能创造更多的就业岗位。

机器人替代人力、提高效率是时代的趋势。第一次工业革命，蒸汽机问世开始了"机器换人"。比如英国当时出现了纺纱机，纺纱机出来之后，很多纺纱工就回家了。但是平稳过渡后，被替代的人又重新找到了新的岗位。电力通信是第二次工业革命，有了电力的广泛应用，大量工作岗位被创造出来了。计算机的问世和信息革命，也是替代了工作岗位以后，衍生出了很多新的工作岗位。从积极的角度看，替代的同时也在创造。

那么，该如何妥善化解机器对就业岗位的冲击呢？首先，转岗过程中，要加强对被替换劳动力的转岗培训，使之适应智能社会的职业需求。而机器人的应用带来的生产力的提高和社会财富的积累，可以提高整体社会福利，也可以为转岗带来更充裕的时间和空间。比尔·盖茨提出的观念就很有意思，对机器人征税，用来补贴工人的再培训。被替代的工人可以增强新的就业能力，实现再就业。

其次，要有计划、有步骤地实现机器换人，否则会引起动荡。我们应该同机器人一起升级，不是读完大学就不用再学习了，今后不是同事淘汰你，而是机器人淘汰你。这就迫使我们人类要不断深入学习，通过终身学习来提高我们的谋生能力和适应能力。

最后，人与机器人的共同协作，除了管理上的，还有心理上的。我们有时候会请保姆来做家务，但如果来一个机器人还是会不适应，总感觉就是一个冷冰冰的机器。给你做手术的"医生"是个机器人的话也会产生很多的恐惧心理，而实际上它比一般的专业医生做手术的成功率更高，但是我们心理上会有障碍。

我们无法完成的职业要放心地交给机器人，机器人时代将会创造出全新的职业。人类能够完成的，也许机器人能做得更出色。而我们人类要做更有创造力的工作，发挥我们的比较优势。

‖ "人工智能"能否超越"人类智能"？

随着"人工智能"技术的发展，"机器人"将变得越来越"智能"。一旦机器人的"人工智能"超越"人类智能"，该怎么办？人工智能技术的进步开始可能很缓慢，但在随后的阶段开始突变，通过自我学习、自我提升，其进步可能是指数型的增长。"人类智能"进化是比较慢的，我们看《道德经》，很难说现代人的智慧比古人超越多少。春秋时期产生了诸子百家思想，涌现出那么多有成就的思想家。几千年过去了，在超越古人智慧方面我们却并没有太多自信。我们扪心自问哪个比爱因斯坦更聪明，又有多少人超越了牛顿？人工智能和人类智能的发展，一个呈指数性的增长，一个呈线性的增长，这种驱使下人工智能超越人类智能是有可能的。

人工智能到达一定阶段之后产生突变，必然会比爱因斯坦更聪明。当人工智能向人类级别智能靠近，我们看到它逐渐变得更加智能，我们却无能为力，如果失去控制该如何应对，这都值得我们深思。

著名物理学家霍金就非常反对搞人工智能，他认为人工智能可能是毁灭人类的元凶，但是各个国家现在都不惜血本开发人工智能。乔布斯、比尔·盖茨、马斯克等知名企业家也反对过度开发人工智能技术，他们认为人工智能和机器人技术的进步将比核武器还可怕，如果不加以控制，也许会给人类社会的发展带来巨大的威胁，业界精英的前瞻性预测值得我们深思。

‖ 机器人带来的社会伦理与法律监管问题

机器人的出现给我们的观念认知和行为习惯带来了巨大改变，让我们手足无措，难以适应。还有最重要的问题，未来随着机器人的形态和功能的发展，机器人也会像"克隆人"一样，带来很多的社会伦理和法律监管问题。

比如说法律监管问题。现代社会是一个法治社会。长期来看，如果机器人犯错的话，机器人致人伤亡，这个法律责任如何界定？还有医疗机器人出了事故怎么办？如果机器人广泛应用，法律责任的界定和监管的问题对我们的社会治理提出了巨大的挑战。

最担心的是机器人在军事领域的应用。如果"机器"应用在军事领域，万一真的变成了"杀人机器"呢？军事历史学家马歇尔对二战伤亡事故进行过统计，统计结果表明二战前大概只有 15%—20% 的美国步兵能够或者愿意向敌人开火。其中的重要原因是人类的同情心，比如看到老弱病残的士兵会不忍心开火；还有就是战场中人类自身的恐惧。因此，他认为由于人性的优点和弱点使二战减少了人员伤亡。但是，机器人一旦走上战场的话是毫无人性的。一旦启动的话，可能会成为真正的冷血杀手。它可以不知疲倦、长途奔袭、超越时空在战场上进行搏杀。机器人也可能被不法之徒或恐怖组织所利用，故而成为人类社会敌人的可能性也非常之大，这是我们非常担忧的。

还有社会伦理的困扰。机器人似乎也拥有人的某种属性，它可以关心你和照顾你，给你情感上的慰藉，如产生感情了怎么办？在日本，因为机器人较为普及，机器人还被视为宠物，死后被人怀念，这是一个真实存在的生活场景。英剧《黑镜》也讲到了因为丈夫在车祸中去世了，妻子买了一个模拟机器人，最后跟机器人产生了感情，难以自拔。

Ⅱ 未来智能社会如何与机器人和谐共处

人类和机器人要怎么和谐相处？应致力于建立更有效的社会组织体系和发挥人类自身的比较优势。

人类社会的需求包括两个方面，物质层面和精神层面，随着社会的发展，物质层面的需求很容易满足，但精神层面的追求却越来越高。机器人可以帮助我们创造很多物质财富，但在创造精神财富方面还是略逊一筹。人有灵性和创造性，这是机器人不能替代的。

文化产业将是最有发展前景的行业，因为这需要人类的情感和更高的创造性。当我们从具体繁琐的岗位中被解放出来后，就拥有更多的时间去从事创造性工作；未来文化产业的从业人员也许要占到全社会50%以上的就业，而大量的工业领域、简单的服务领域可能就是机器人去做。李开复对机器人接触比较早，他对人工智能的发展没有那么悲观。他认为人类最重要的器官，不是大脑而是内心。人工智能凭借精准的决策和大数据处理能力，在很多分析型工作上已经或必将超过人类。但机器人并不会因为做这些工作而成为人类，我们之所以成为人类，是因为我们拥有情感和爱的能力。

如何定位机器人的功能和社会角色？如何与其和谐相处？按照我的理解，首先要把"机器人"限定为"机器"，它就是为人类社会所用的机器，而不能等同于人。更不能产生社会伦理的冲突，应该明确界定机器人的功能和社会角色。

医学领域界定人死亡有两条，一个是大脑停止思考的"脑死亡"，还有一个是心脏停止跳动的"心死亡"。人之所以为人，是因为人有灵性，一定是有人脑的是人，如果不是人脑，尽管有人的躯体但被人工智能所驱使，那它还是机器人。如美国科学家正在研发"生化人"，把"植物人"的躯体，装上人工智能的大脑。但最后应从灵性的角度来界定是"人"还是"机器人"，"人脑"应为区别人与机器人的关键因素。

机器人发展应该完全受控于人类社会。一旦人工智能超越人类智能怎么办？我们要做到机器人在人类社会应用中的可控、可终止，否则可能会带来很多的问题。如"克隆人"在生物学上已经完全没问题，但是在法律上被禁止以避免很多的社会伦理问题。人工智能是联网的，最怕产生群体智慧。科幻电影已经给了我们很多的启发，人类应对机器人和人工智能的发展进行严密监控，避免其产生群体意识和群体认同，杜绝科幻电影中机器人奴役人类的事件发生。

机器人要有发展准则，机器人的应用应有必要的约束。比如说没有命令，机器人不得行动，机器人不得伤害人类。这应成为我们全社会发展人工智能和机器人技术的基本准则，否则的话可能会出现一些我们无法预料的挑战。

健康中国战略下医保支付
制度的"初心"和"使命"*

黄　丞/上海交通大学安泰经济与管理学院金融系副教授

医改是世界性难题，也是永无终点的政策和实践交互协同优化之旅。医保支付制度是国家和地方确定与其医疗卫生体制相适应的支付保障方式能有效实施且影响长远的制度性和机制性安排，是医、患、支付方等多方之间的一种契约，是制约"医、保、患"三者"责、权、利"的制度安排。健康中国战略下其"初心"无非是为了确保广大民众全生命周期的健康和患者能从正确的提供者那里获得恰当而具有成本效益的医和药。

1. 医保制度中的现实冲突

其一，广大民众和患者具有过大的择医自由权，趋之若鹜地涌入大医院或高端医疗机构直接就诊，患者从错配的医疗提供者那里，能获得的未必是恰当的医和药。在有医保的情况下，医患双方并非直接交易，而是由第三方——医保机构代理支付大部分账单，患者几乎没有被激励去搜寻最优惠的价格，进而导致对供方不能形成有效的约束机

---

* 原文发表于 2018 年 1 月 29 日澎湃新闻。

制。医保患者对医疗服务的过度利用或医疗机构的诱导需求和过度供给，共同导致医疗资源的浪费和医疗费用的过快增长。

其二，医疗信息不对称、专业垄断性导致医疗服务供方在交易中充当主导者；医生充当着核心咨询师和服务提供者的双重角色，具有很强的诱导需求能力；医疗提供方以医疗为中心、以医院为中心而非以健康为中心、以预防为中心；不同层级医疗机构间的服务提供碎片化、无序性、非协同性且远未形成有效的利益分享机制；不能发挥各自的比较优势让更多的疾病没有机会发生或及时将其消灭在萌芽中；基层医疗机构提供的基层医疗和医师总体资质难以赢得患者的认同和信赖，无法将更多的患者有效分流到更具成本效益的基层医疗机构求诊问药；高端医疗机构对错位来就医的小病患者仍可以获得丰厚或至少有利的回报，高端资源本已极度稀缺同时还在被无谓浪费；政府投入的不足和投向趋于高等级医院、医生薪水的相对低下、以药养医等驱使医院和医生为了共同的利益，趋于医药合谋、医患合谋；客观的刚性需求和极大释放的巨大潜在需求，令供给侧的提供结构和能力均难以快速适应和匹配飞速跃升的多元化和多层次需求。

其三，医疗机构的买方垄断地位依然故我，缺乏市场集中度的药商不得不通过各种手段去赢得医疗机构芳心。

其四，医改的系列政策推动，发挥了一定的作用，但医疗机构（医院，尤指公立医院）的极端强势地位依然未被撼动，由于医疗市场的信息不对称，医保机构人员有限，很难对医院（医生）进行微观监管，只能宏观监督，自身缺乏内在动力去全力监督医院（医生）的行为，难以充分发挥宏观"看门人"的作用，难以缓解和消除医疗提供方的折扣服务、过度医疗和过度收费。现行医保支付制度未能约束激励患者到基层进行首诊，也未能约束激励医院将恢复期和康复期的病人转回社区。医保机构成为"全额埋单者"，而非"优势团购者"。

2009 年"新医改"后，我国快速实现了基本医保的全覆盖，医疗卫生服务的利用和可及性有了明显改善。2011 年起覆盖率持续达 95% 以上，医保支付作为整个医疗资源配置指挥棒的作用日益凸显。

综上所述，现有医保支付制度对预防的疏忽和对供方诱导需求的控制乏力，医生由于提供疾病预防并不能得到补偿而很不情愿提供初级预防保健服务。"控制医疗费用不合理过快增长、引导并提升医疗卫生服务供方科学合理提供，有效限制参保方或需方不合理的过度医疗消费"是医保支付制度优化设计的"初心"和根本目标。

2. 医保支付制度约束激励供求双方的作用机理

（1）对医疗服务提供方而言，医保支付制度是配置医疗保险资源的一种手段，向提供方支付经济利益，成为供方的经济来源之一。医保支付成为供方的经济诱因，因而不同医保支付制度会导致供方的不同行为。

（2）对医疗服务需求方而言，首先是以"守门人"制度为基础的医保支付制度。英国的全科医生（GP）和美国的健康维护组织（HMO）是当前世界上两种主要的"守门人"制度，其本质上是医保支付制度的具体落实形式。有"守门人"制度的国家医保支付制度的一个共同点就是激发全科医生去竞争病人。HMO 模式的激励性制度安排为各个主体参与基层医疗卫生服务和医院服务的互动提供了强烈的动力。其目标是整个组织的长期利益最大化，这就要求医疗资源必须按照疾病的发病规律进行纵向最优配置。对投保者而言，选择 HMO 的动力是为了享受其相对低廉的保费，降低医疗开支并锁定风险。其次，是以经济杠杆为主导的经济分流医保支付制度。新加坡在保持私立医疗机构占 80% 的基层医疗卫生服务竞争提供的基础上，通过设计个人自付服务价格拉开差距的医保支付制度来充分发挥基层医疗机构的作用。

3. 医保支付制度改革的国际趋势

20 世纪 80 年代以后，医保支付制度改革成为各国医改政策的焦点。主要发达国家完成全民医保后，马上面临医疗费用快速上涨难题，因此政策目标随即就从增加可及性转向控费。但控费易于以牺牲可及性和质量为代价，各国不约而同从医院的支付制度改革着手，期待通过适当的"支付制度"设计，兼顾费用控管与质量促进等多元目标。

医保支付制度改革的国际趋势如下：

（1）从后付制向以预付制为主的复合式转变。以服务项目付费（FFS）为代表的后付制因其造成的医疗费用过度膨胀而向预付制发展。预付制通过制定预付标准控制总支出，通过预算约束强迫提供者承担经济风险，自觉规范医疗服务提供行为。基于人群的预付制可实现"以病为本"向"以人为本"的医疗机制转换，使医生没有动力去开不必要的大处方和提供诱导需求服务，有动力主动进行预防医疗，为了自己的利益去促进他人的健康。预付制令医院普遍具有较强烈的控制成本诱因。

（2）由被动埋单向主动团体购买者转变。"管理式医疗"在欧美等发达国家和地区逐渐兴起并发展壮大，医保机构一改传统责任赔偿保险模式下的被动角色，从医疗资源的掌控者与支付者转变为稀缺医疗资源的管理者和优化配置者。

（3）从数量驱动型医疗向价值驱动型医疗转变。现行的医保支付制度是基于对数量而非所花的钱的价值的奖励。现有的医疗支付制度鼓励数量驱动型（volume-driven）的医疗，导致医疗成本不断膨胀而结果更糟。价值驱动型（value-driven）的医疗，有利于实现更高的质量和更低的成本，与医生服务质量挂钩的按绩效支付制度（P4P）兴起并发展，按绩效支付制度在不同的医疗提供体系下得到广泛欢迎。近年来的全球经济衰退与财政预算紧缩迫使各国政策制定者采取更为激进的改革策略——大幅提高医疗保健的资源配置效率。于是，直接对绩效提升提供激励的支付制度凭借其诱人的前景登上了医疗保健政策舞台。

（4）从供或求单方分担向供求双方合理分担转变。在发展中国家医疗保险制度的改革常常聚焦于"恰当激励"，旨在利用支付手段优化医疗服务提供方对稀缺资源的优化利用，遏制患者道德风险的一种方式是要求消费者分担费用或共同保险。供方分担费用支付体系(suppy-side cost-sharing payment system)能够予以医疗服务提供方强大的动机，针对患者的需要会选择更适合的手段经济利用医疗服务，降低费用。

4. 我国医保支付制度改革的"优化"原则

十八大以来，中央政府将"健康中国"提升为国家战略。《"健康中国2030"规划纲要》《"十三五"深化医药卫生体制改革规划》、十九大"实施健康中国战略"以及医保支付制度、分级诊疗制度和医疗联合体制度等的颁布更加明晰了改革的框架设计和方向。医保支付是基本医保管理和深化医改的重要环节，是调节医疗服务行为、引导医疗资源配置的重要杠杆，应当充分发挥医保在医改中的基础性作用（国办发〔2017〕55号）。

借鉴国际上支付制度约束激励医疗服务供方业已存在的成功探索和经验，尤其是"守门人"、经济分流、团购等，同时正视我国公立医院极强势地位、政府投入有限、医疗服务价格偏低、医药合谋仍很严重等具体现实情况，师夷长技，为解决人类难题贡献中国智慧。

采取"看门人"制度或有效的分级诊疗是必须的选择，强化基层医疗服务是必然的选择。医保支付制度改革考量因素就是要确保实现这一功能内核，主张依三个方面原则予以"优化"：

（1）医保的全覆盖成为医改的最大亮点，医保机构成为医疗服务市场最大的采购者，医保机构更有能力作为广大患者"代表"解决"选购难题"，医保支付的重要使命就是结合变化了的形势和条件，强化医疗保险在购买服务时的主动性和"团购优势"，约束激励公立医院有效引导需方形成理性的消费习惯，逼使医疗服务供方放弃或弱化靠"以药养医"、靠检查养医、靠治疗创收等价值取向，遏制医疗提供者过度趋利行为，利用集体谈判争取优惠价格、促使供方提升医疗质量，使靠科学提供、恰当医疗、靠运作效率提高和关注健康保障，靠医疗重心梯度下沉成为医疗服务提供方维系运作和可持续发展的常态。

（2）靠差异化的支付激励使需方形成科学的消费习惯、梯度上移的消费行为。

（3）通过以上二者的"合力"，设计充分调动各级医疗机构更好地关注人群健康、充分利用社区卫生服务和恰当运用高等级医疗服务、患者能理性合理消费的医保支付制度，实现各层级医疗机构尤其是公立医院服务提供的模式创新，达致"患者梯度上移，医务工作者梯度下移"的医疗服务提供与消费新格局，优化资源配置，从而切实控制医疗费用的增长速度和幅度，极大提升我国医疗卫生体系运作的质量和效率，有效实现民众的健康保障。

中国消费升级低调替代炫耀*

罗继锋 / 上海交通大学安泰经济与管理学院管理信息系统系副教授

中国奢侈品购买者呈现出的非炫耀性消费是消费升级的一个表现，是一种积极趋势。非炫耀性目的的消费者正转而关注中国文化起源，追求源于本民族文化的生活方式。西方用神话、皇家的细节来做奢侈品，中国有很好的文化资本，例如酒文化、茶文化，我们能在《红楼梦》里找到太多吃穿住行的考究细节，这些细节值得拾起来深挖，并且好好利用。

无论如何营销，奢侈品背后的精益求精、匠人精神和对艺术审美境界的追求是永远不能放弃的，这些才是保持产品艺术性、独特性和稀缺性的根基。

在互联网的影响下，品牌竞争日益激烈，消费者也越来越精明甚至"任性"，传统营销模式和零售行业正在受到冲击，无视消费者的需求变化，不创新就会被淘汰。

---

* 原文发表于 2017 年 8 月 12 日《新民晚报》金融城封面人物版。

‖ "中国表现" 提供更多研究土壤

2008 年从美国佐治亚理工学院舍勒商学院获得管理学博士的罗继锋回国任教后发现，中国电子商务迅速崛起，消费者的行为发生变化，一场消费升级正在中国土地上进行。一直以来，罗继锋的研究聚焦 IT 技术价值创造、电子商务、信息经济等领域，这些令人兴奋的"中国表现"为他提供了更多研究土壤。

全球战略咨询公司贝恩发布的《全球奢侈品市场研究报告》统计显示，2016 年全球个人奢侈品市场规模近 2 490 亿欧元，中国消费者 2016 年奢侈品消费总额高达 739 亿欧元，占到全球奢侈品市场的 30%。以往有针对中国消费者消费方式的研究发现，中国奢侈品消费者常常以购买西方奢侈品来公开彰显名声和地位，反映出炫耀性消费的特点。然而，在中国消费升级的大潮里，奢侈品消费者的需求正在悄然发生变化，一些中国奢侈品消费者越来越倾向非炫耀性消费。罗继锋的夫人吴志艳是上海对外经贸大学的教师，市场营销是她的研究领域，最近几年她一直在关注奢侈品消费者的行为特征。夫妻俩常在家里讨论学术，一次聊天时夫人说起感觉到近年的中国消费者越来越"低调"，罗继锋感到这是一个非常有意思、有价值的研究选题。"我们俩几乎是撩起袖子说做就做，一起搭建框架，寻找理论基础，用民族志的启发研究开展田野调查，然后处理数据得出结论和建议。文章被国际期刊 *Marketing Theory* 接受，已在 2017 年年底见刊，论文发表后有很好的效果。"罗继锋介绍，"我们认为非炫耀性消费代表的是消费者购买不凸显财富或社会地位的奢侈品，中国奢侈品消费者开始注重奢侈品背后的品质、文化特征，我们试图回答在非炫耀性消费新形式兴起时，奢侈品牌该如何更好地扮演其角色。"

‖ 奢侈品正渐渐与炫耀"脱钩"

"奢侈品是舶来词，在英文词典里，这个词的解释是：'价格昂贵但能够给人带来愉悦感的非必需品。'这些字面上的追溯说明奢侈品本身其实并没有炫耀的意味。"罗继锋说道。但为什么商品价格越高越有人愿意购买？罗继锋分享美国经济学家凡勃伦提出的"凡勃伦效应"，以此解释消费者购买奢侈品的心理动机，"凡勃伦说，人们去购买消费品是因为渴望拥有财产、显示地位、博取他人尊重，其动机就是炫耀。在此之后，奢侈品被解读为社会地位的标尺，是能够彰显社会地位，甚至帮助消费者获取社会地位的方式。购买奢侈品就像散播一种信号'我和你不一样'。那么既然要散播这种信号，就需要标识越明显越好，这就是奢侈品的炫耀性消费。"

但研究却发现，近几年奢侈品正渐渐与炫耀"脱钩"。罗继锋称这种"脱钩"在个体、区域和国家层面都有体现。"一方面精英消费者不想炫耀了，另一方面当三线城市流行'背靠背'，二线城市流行耐克、哥伦比亚的时候，一线城市已经在追求更多人不知道的品牌。国家层面来看，随着中国经济发展，人们生活水平越来越好，消费行为发生变化，消费者从单纯购买奢侈品，转向追求高端定制旅行、沉浸式体验、高端教育和高端医疗的消费等。"

分析这种变化的原因，罗继锋认为，随着大规模工业化生产使原来成本昂贵的产品越来越便宜，带来了消费民主化，强迫性的消费限制不可能实现了；另一方面，大众奢侈品流行，品牌方生产低端奢侈品让普通消费者能够购买，反过来赶走了更高端的消费者；此外，大量假冒仿品也带来了负面影响。"从另一个角度观察，根据涓滴效应，时尚的影响是由上层到下层流动的，由较高社会阶层影响较低社会阶层，当被较低社会阶层模仿时，较高阶层就会追求新时尚。所以当更多人在购买显著商标的产品时，高端消费者开始摒弃这种产品。而且，当奢侈品被贴上'土豪''暴发户'等标签时，带有明显标识的产品更会被高端消费者拒绝。"而随着社会阶层碎片化，圈子文化越来越被崇尚，也成为影响高端消费者的重要因素。"提倡消费相对低调的奢侈品，使得那些不明显的、独有的特征成为仅仅圈子内部可以识别的隐形语言和符号，这是一种特定的文化资本，这种非炫耀性奢侈品不同于主流奢侈品，需要更多文化资本去理解其背后的隐秘信号，有时候反而更彰显个人品质。"

Ⅱ 消费者需求升级倒逼营销跟进

在罗继锋看来，中国奢侈品购买者呈现出的非炫耀性消费是消费升级的一个表现，是一种积极趋势。从消费者来看，根据马斯洛的需求理论，炫耀性消费还停留在公共身份认知的第三个层次，而非炫耀性消费追求产品品质、文化情怀、个性化、定制化和体验化，目的不是为了通过显著标识来彰显地位，而是回归奢侈品追求独特、愉悦、高品质、文化含义、口味匹配的定义初衷，属于高的个体认知层次。而另一方面，也为中国本土奢侈品品牌带来机会。"非炫耀性目的的消费者正转而关注中国文化起源，追求源于本民族文化的生活方式。因此他们更关注那些能够传达中国传统文化同时更低调的品牌标识。西方用神话、皇家的细节来做奢侈品，中国有很好的文化资本，例如酒文化、茶文化，我们能在《红楼梦》里找到太多吃穿住行的考究细节，这些细节值得拾起来深挖，并且好好利用。"对营销者来说，这种消费者的升级提醒，营销时要考虑不同的群体特征因地制宜，因人而异，"但无论如何营销，奢侈品背后的精益求精、匠人精神和对艺术审美境界的追求是永远不能放弃的，这些才是保持产品艺术性、独特性和稀缺性的根基。"

不仅是奢侈品消费者的行为模式发生了变化，罗继锋注意到，在互联网的影响下，品牌竞争日益激烈，消费者也变得越来越精明甚至更加"任性"，传统营销模式和零售行业正在受到冲击，无视消费者的需求变化，不创新就会被淘汰。

若干年前，罗继锋就发现美国的一些百货商店和服装零售品牌开始布局全渠道零售系统的整合——包括 IT 基础设施、企业资源计划系统和客户管理数据分析系统（CRM）、供应链系统等全方位的升级换代。当越来越多消费者意识到可以有很多渠道与零售商进行沟通时，商家有能力实现伴随而来的消费者"随时、随地"购买商品的需求。罗继锋描绘了这样一幅图景：换季想要添置新衣，消费者先在家打开手机浏览下单，又不放心尺寸和效果，于是到商场试穿。当消费者进入商场时，购买过的商家推送欢迎和优惠信息，到店后可以通过 AR 了解产品的各种信息，再在具有虚拟背景的试衣间里感受不同场合的试穿效果，还能将试穿照片实时在社交网络分享获得反馈，接着还能进行定制、无现金交易和指定地点的物流，最后在理想的时间、地点收到想要的商品。

"这就是 360 度无死角的全渠道零售模式，虽然要实现这一整套流程还处于想象阶段，但其中的许多环节中外企业都已经展开尝试。"他说，"其实消费者已经被互联网宠坏了，大家希望随时随地获得想要的任何商品。"罗继锋认为，在全渠道零售时代，必须保证消费者无论从哪个渠道接触零售商，都能享受良好服务，零售商是否能有机整合所有渠道资源，成为了驱动销售的重要因素。

‖ 移动互联网带来更多可能性

在一场《经济学人》的早餐分享会上，罗继锋曾分享过他对未来消费市场的展望，他认为大数据分析、社群营销和情境制造是企业在制定未来战略时应该着重发力的方向。而此外，物流的不断完善还将带来新的消费体验，"有国外案例发明了一种能够保证安全的一次性密码锁，物流可以进入家庭的指定区域放置货品；中国也有一些尝试，例如小区物业与物流合作的临时储物箱柜，或者电商自建物流体系实现'上午下单下午到货'等。但目前物流还没有达到'最便利'的极限，还有很多创新的机会和空间。随着物流的提升和发展，消费者将真正实现随时随地的'任性'购物。"

《经济学人》曾刊发《无所不至的旅程：追踪中国消费者的全渠道购物》一文，文中提到，中国的智能手机用户数量已超过 5 亿，品牌商可以通过社交媒体和各类应用等渠道与消费者建立更为亲密的联系，而"低头族"们在移动端及各类社交应用的购物经验也日趋成熟。实际上，互联网不仅在对消费者购买商品时产生影响，在购买服务方面同样激发需求、挑战传统。因此，罗继锋团队最近开始研究互联网医疗，试图了解互联网是否在医疗行业同样带来颠覆，是否能在医疗领域打通时间和空间限制，重新分配有限资源。"中国医疗资源稀缺，我们收集了上百万兆字节的数据，想看看医生们使用那些新兴互联网医疗平台时的行为具有什么特征，在这样的新平台上患者行为是否会影响医生行为，以及互联网医疗为患者带来的到底是福利还是信息过载等问题。"罗继锋说。

后改革一代的有趣"回归"*

唐宁玉 / 上海交通大学安泰经济与管理学院组织管理系教授

改革前一代经历了中华人民共和国成立后的社会建设发展及社会动荡时期；改革一代经历了改革开放政策和社会的巨大变化，在价值观上受到较大冲击；后改革一代经历了市场经济体制确立及信息技术的高速发展，社会环境的不同使得这几代人在成长过程中经历的需求匮乏和社会化过程大相径庭，也使得这几代人表现出不同价值观。

后改革一代更呈现出价值观多元化的特点，他们在自我超越"仁义礼信"等中国传统观念与其他两代较为相似；但在"保守观"方面，改革前一代和后改革一代虽没有显著差别，但是这两代显著大于改革一代，这说明后改革一代出现了一个有趣的"回归到上一代"的现象。

中国文化对"容"素有推崇。如果有容错机制，领导、组织对员工的小问题、小错误有容错之心，那么其带来的良性结果也是不言而喻的。

---

* 原文刊登于 2017 年 6 月 10 日《新民晚报》金融城封面人物版。

‖ 以经济大事件划分员工代际

随着新生代员工逐步进入职场并成为中坚力量，传统的企业管理方式屡屡遭受挑战。前几年，"富士康13连跳"等事件让人们意识到，越来越多进入企业的年轻员工在面对生活和工作压力时会采用极端方式对待，而令企业和社会措手不及。要如何管理这些新生代员工？这几年唐宁玉教授从包容性视角，围绕新生代员工的特点，对其价值观、包容性管理、包容性领导等多个内容进行了深入研究。她希望结合中国情境凝练智慧，为企业提供管理建议，也为决策者提供有益参考。

在通常的表述中，人们习惯以十年划分一个代际，例如"70后""80后""90后"等表述。但从学术范畴来看，唐宁玉认为同一代际的人是"年龄相近的群体，该群体成员在一个特定时间里经历过重要的历史事件，且这些事件潜移默化地影响着人们的各个方面"。"我们更倾向用社会历史大事件，尤其是经济事件来区分代际。随着1960年前出生的老一代在工作场所中逐渐退休，1990年后生的新一代逐步进入职场，我们将具有重要意义的1978年（改革开放）和1990年（股票市场）作为界限进行划分"，唐宁玉教授课题组通过"核心代""边缘代"的定量分析方法，将中国工作场所中的代际划分为出生于1961—1977年的"改革前一代"、出生于1978—1989年的"改革一代"和出生于1990年及以后的"后改革一代"。社会环境的不同使得这几代人在成长过程中经历的需求匮乏和社会化过程大相径庭，也使得他们表现出不同价值观。

‖ 善于把握不同代际员工优劣势

唐教授表示，不同代际的员工各有其优劣势，"老一代员工更有鲜明的集体观念、集体目标，新生代员工则更追求自我目标、工作和家庭生活的平衡；老一代员工对个人成长性的关注度不高，而新生代员工非常关注个人成长，希望快速达到成果，想尝试新东西；老员工吃苦耐劳、勤奋朴素，新生代员工抗压能力较弱、责任意识较淡薄；老一代员工比较遵从按部就班的工作，服从于上级；新一代员工则更有创造力、更忠于职业而非上级。"唐教授举了一个有趣的例子：在会议场合，更早代际的员工对坐在领导身边会产生更多荣誉感，而新生代则是"更希望领导主动坐到自己身边"。

在实际工作中新生代员工与老一代员工的差异也容易被过度放大，对新生代员工的刻板成见将影响管理效果，因此有必要对具体差异进行深入研究。唐宁玉和她的课题组在全国进行了一项 2 000 多员工样本的价值观调研。结果发现，在开放价值观等指标上不同代际有显著差异——这与大多数人的印象一致，后改革一代是开放度最高的；后改革一代比改革前一代更为开放、更关注自我加强、更重传统文化中的"智"；后改革一代更呈现出价值观多元化的特点，他们在自我超越"仁义礼信"等中国传统观念与其他两代较为相似；但在"保守观"方面，改革前一代和后改革一代虽没有显著差别，但是这两代显著大于改革一代，这说明后改革一代出现了一个有趣的"回归到上一代"的现象。一方面，当一个社会发展到比较富裕的时候，人们会对传统更为拥抱和尊重；另一方面，"改革前一代作为后改革一代的父母辈，无形中通过社会化过程传递了价值观。"唐宁玉认为，工作场所中代际价值观既存在差异也存在相似之处，她建议管理者不应过度关注极端个体而应关注多数人群，并通过有效方式对他们进行管理和领导。

‖ 企业传统管理方式面临挑战

中国企业在时代发展潮流中变得丰富化、多样化，员工队伍也呈现多样化。"这种多样化是多层次的，不仅是年龄、性别等表层的多样化，更有价值观等深层次的多样化，而从管理角度来说，员工雇佣方式、工作方式等也逐步呈现出多样化。"唐宁玉教授解释，以前企业员工相对固定，雇佣方式、工作方式都相对固化，大多数人在同一个工作单位重复相似工作，几十年如一日直至退休。而现在，则显得更加灵活多样，包括工作方式发生改变，雇佣方式由单一到多元——从以前的朝九晚五到现在的线上远程工作、Uber 等共享经济方式以及与多个组织签订灵活合同的自我雇佣等。随着员工队伍的变化，员工和组织之间的心理契约和承诺也开始变化。早期较固定、长期，员工考虑在组织中长期发展，组织也更期望员工能为企业做出长期贡献；而现在员工更有灵活度，注重对组织表现／实现多种贡献方式，组织也从提供长期雇佣变为更关注灵活雇佣。"值得注意的是，灵活性带来新空间和机会，但也给组织管理带来复杂性和不确定性。"

那么，怎样的管理方式更适合当前中国情境下的企业人力资源现状？唐宁玉教授认为"包容性管理"有很大魅力。课题组通过对 12 家公司中的 54 位个体员工进行深度访谈，对中国背景下包容性、包容性管理等内涵进行了研究。"不同于国外相关包容性管理的研究结论，中国的包容性管理不仅有'包'，更有'容'。在中国企业文化中，领导者位高权重，其手下的工作者具有较强的敬畏心，害怕出现问题以及由此带来的惩罚。这逐渐使得他们不敢尝试新事物。但其实，中国文化对'容'素有推崇，比如'有容，德乃大'，'能容小人，方成君子'。如果有容错机制，领导、组织对员工的小问题、小错误有容错之心，那么其带来的良性结果也是不言而喻的。"唐宁玉教授说。

曾有招聘网站进行调查发现，"对员工的尊重"超越"完善的福利待遇"和"有竞争力的薪酬"成为"90 后"选择企业雇主时最看重的内容。唐教授认为，这恰恰反映出新生代员工的特征，而针对这一群体，管理者更应用包容性管理来应对。

‖ 注重自我同时关注社会发展

唐宁玉教授说："首先要对他们表示尊重。'90 后'是身处高度开放社会中的一代，对自我也更为看重。这并不等同于自私，而是将自己看作主体，更加看重他人对自我的尊重，也更为重视自我的作用。"她分享了一个案例——京东刘强东关心员工个人生活并提议为员工个人空间提供保障，他巡访宿迁员工宿舍工程时，对多人同住一间的设计极为不满，将其调整至最多 2 人一间宿舍，工作到达一定年限的员工则为单人间。"这

一决策让很多员工都非常感动，带来的其实是一个良性的循环。"她还分享到，伟创力公司对大量外来基层员工提供职前培训，帮助他们更好地适应城市生活和组织工作，也很好地展现了领导层对员工的尊重与关心。

"其次，加大员工的参与度。让员工参与更多的重要决策，会让他们体会到存在感和重要性。现在很多企业都有内部创业，例如全国游戏笔记本第三名——海尔雷神游戏就是海尔内部的微小创业团队做出来的。在创业过程中，团队成员高度积极参与，对所做的事情也就更加认同。最后是向员工表达赞赏。"唐宁玉团队的研究显示，领导积极正面的鼓励会影响到员工尤其是"90后"的心情、态度和绩效。"作为自我超越价值观很强的一代，他们注重自我也关注社会发展。比如耐克鼓励员工公益进社区，将组织价值观与社会公益联系在一起，传达企业价值观的同时也提升了员工的社会责任感。"

最后，唐宁玉教授建议，在目前工作场所中，员工中的40%已经为"80后"，不同代际的并存，价值观差异会导致一定的冲突，这也需要大家相互了解、调整和适应。公司在挑选新员工时，挑选与组织、主管和同事匹配的员工，特别是深层次匹配的员工会减少摩擦并且对员工和组织都有促进作用。如果选到的员工与上级价值观契合可以刺激员工有更高的责任担当。她们的研究还显示，员工犯错后主动承认差错的积极性、领导的包容程度与员工的工作满意度成正相关。

当然，实践是需要双方共同配合的。在工作场所中，包容性不仅仅是指包容性领导——领导或组织对员工有容错，还指员工的包容适应性——员工主动去适应组织环境。据悉，唐宁玉教授最近正在进行包容性领导的研究，将中国文化背景下独特的管理理念和现有西方理论结合，揭示更多中国文化的内涵。她们的研究将进一步研究中国文化背景下包容性领导的内涵，研究什么样的领导会更多展现出包容性，领导的同理心、员工与领导的互动模式等是否会影响到其包容性，而包容性领导又会对员工个体、团队产生什么样的影响。也许物极必反，领导"容"产生的影响可能不是直线而是曲线的，过度的容有时变成了纵容，也会导致负面结果。

2018：新时代背景下市场发展大趋势*

余明阳 / 上海交通大学安泰经济与管理学院市场营销系教授

胡毅伟 / 上海交通大学安泰经济与管理学院工商管理硕士研究生

　　党的十九大报告描绘了中国未来发展全新蓝图，中国将在习近平新时代中国特色社会主义思想的指导下开启新征程，从站起来、富起来走向强起来。在中国面临经济由高速增长向中高速增长的转轨期，产业结构和生产方式正在发生深层调整，互联网技术的渗透应用以更有效率的方式演绎新型消费关系，重构新型商业基本逻辑。新时代背景下，市场面临巨大的变革，也充满着全新的机遇，如何审时度势，顺势而为成为企业亟待思考的重要命题。

　　笔者将从十个维度剖析新时代背景下市场发展大趋势，以期帮助企业家们重新认识环境，结合行业和企业自身特点，找到适合的发展道路。

‖ 单品极致："产品为王"时代真正来临

　　发展进入新常态的中国经济具有鲜明的特征，我们所处的环境正在发生深刻的变

---

* 原文发表于《企业研究》2018 年第 1 期。

化。劳动力成本持续上升宣告"人口红利时代"的结束，低端制造业的持续走弱标志着"价廉物美遍天下"的时代一去不复返。

过去 30 多年里，出口和廉价劳动力一直是助力中国经济发展的两大主要引擎。如今，随着廉价劳动力的逐渐消失，依靠廉价劳动力和出口拉动的传统发展模式走到了尽头。供给侧结构性改革、双创、"一带一路"倡议等一系列新战略举措呼唤中国制造业的转型。在未来，"由中国制造转向中国创造，让中国产品成为中国品牌"将成为发展趋势，中国的制造业将由生产价廉物美的产品向打造高附加值的品牌转变，中国将从制造业大国转变为制造业强国。

对于企业而言，未来企业间的竞争将更加聚焦于产品的质量，能把某个产品做成爆款的企业将备受欢迎。互联网使得一切信息高度透明化、渠道极端扁平化，在透明、公开和充分信息对称的环境下，一切依靠信息不透明而构成的盈利模式都将逐步淡出市场，市场也将回归原有的本质属性，即产品的比拼。过去我们所熟知的营销"4P"理论现在只剩下一个"P"，即产品。产品的差异性、低成本、极致化与创意能力构成了产品的核心竞争力，成为"产品为王"时代企业的安身立命之本。

产品为王的时代真正来临，将一个产品做成爆款将产生良好的现金流，单品极致将给未来企业的盈利模式带来巨大的改变。

作为全球领先的插座制造商，公牛电器 22 年来只卖插座，专注于插座生产，在产品性能、实用性、美观度等方面反复推敲、精益求精，在一个技术不高的制造领域将产品做到极致。2016 年，公司销售额 67.5 亿，缔造了市场占有率全球第一的"公牛神话"。

方太专注于油烟机的生产，"四面八方不跑烟"不只是产品的宣传推广口号，不同于其他品牌的油烟机，方太的油烟吸口在周边，边上的烟也能被很好地吸进去，专注产品研发使得方太油烟机在产品性能上形成独特的优势。2016 年，方太销售收入近 80 亿元，连续多年在油烟机行业鹤立鸡群。

德国品牌阿迪达斯是世界著名的运动品牌，坚持以德国工匠精神设计自己的产品，一款款爆款产品相继问世，深受世界各地运动一族及时尚青年的热捧。阿迪达斯有望超越耐克，成为世界运动鞋服第一大品牌。

2018 年是"产品为王"的时代，单品极致是发展方向。单品极致的内涵是通过精益求精的打磨，把一款产品做到最好。我们对产品质量的关注远胜于过去任何时候。在制造业面临全面转型的背景下，中国企业唯有在产品质量上下功夫，以工匠精神打造极致产品，方能获得更为长远的发展空间。

‖ 超细分市场：关注小众群体

关注近年来的消费品市场，我们会发现许多有意思的现象：

过去牛肉是论斤卖的，如今则是按照部位来卖，雪花、嫩肉、吊龙等不同部位的牛肉因为肉质、口感方面的差异受到不同消费者的青睐。

过去洗护用品的品类较为单一，如今牙膏分男女牙膏；洗衣粉按照洗涤的衣物材质不同分为羊毛衫专用洗衣粉、内衣专用洗衣粉等不同品类。

过去护肤品是女性的专属产品，如今男性成为护肤品市场的生力军。男性护肤品市场过去 10 年间年均复合增长率超过 20%，男士去美容院成为社会新常态，一个全新的细分市场应运而生。

值得一提的是，提倡狗粮"专宠专用"的企业耐威克在市场中异军突起。专注于为不同体型、年龄及生理阶段的狗提供更具针对性的营养美食方案，让这家专业生产宠物食品的企业在"双十一"当天的销量一举突破 3 000 万，成为全行业瞩目的焦点。

在消费升级的背景下，我们发现，市场正被不断细分，"大众情人式"的产品越来越少，拥有忠诚粉丝的"小众产品"显得更有生命力。在物质丰盛的年代，消费者获取的信息更加多样，购买渠道更加便利，面临的产品种类选择更加丰富，也催生出更为多元化的个性消费需求。司空见惯的传统产品与服务不足以吸引消费者的眼球，而运用创新思维，深入挖掘消费者心理特点与消费诉求的产品则会令其眼前一亮并趋之若鹜。相比于过去一味追求规模经济效益，如今，越来越多的企业将目光聚焦到如何通过产品与服务创新为小众消费群体提供独到的价值，越来越多的企业开始深耕超细分市场。

超细分市场要求我们对消费者有更敏感的消费预测和市场洞察，更清晰地关注到小众人群清晰而独特的价值取向，更精准地研究他们的购买方式和购买心理，使产品能够在一个相对狭小的人群中，取得绝对的忠诚。

"小众经济"能催生巨大的"长尾效益"。小众市场虽然小，但只要找对方向，消费者会重复多次购买商品，创造出大销量。而事实上，拥有忠诚的小众粉丝消费群，已经足以支撑一个企业的存在和发展。

‖ 体验经济：提供极致消费感受

互联网浪潮下催生了一大批电商网店，整个市场的大蛋糕看似已经被蚕食殆尽。在几乎所有商品都可以在网上实现购买的时候，线下实体店是否还有其存在的意义？答案毋庸置疑是肯定的。

网络无法替代逛街的乐趣，逛实体店的时候，你永远不知道下一秒自己会买什么；网络无法替代人与人之间的交流，人是社交型动物，有人的地方就会有商店；网络无法替代实体店传递出的体验感。强调体验消费的足浴店在互联网高度普及的时代依然难以被取代。在闲暇时光去茶馆闻香品茗，地道的工夫茶及长嘴茶壶沏茶表演带给消费者的精妙感官体验，更是线上互联网平台所无法实现的。

在网购风靡全球，电商大行其道的当下，仍有一批深受消费者追捧的线下实体店长期门庭若市，它们有一个共同的特点：强调消费体验。今天的社会将产品体验作为产品的重要组成部分，已经到了空前的高度，只有充满体验的产品才能让消费者获得物质和心理上的双重满足，才能得到物欲与感知上的多重好评，这是线下相对于线上的绝对优势。例如：麦当劳卖的是"开心无价"，芝华士卖的是"生活方式"，星巴克通过优质的产品、体贴的服务、独特的环境和人性化的关怀让咖啡的内涵变得丰富，卖出的已不仅是一杯咖啡，更是一种绝妙的生活体验。强调消费体验的海底捞因其提供的极致服务体验获得极高的口碑及人气，常去海底捞的消费者也许说不出海底捞哪道菜品美味可口，但却往往会对就餐时获得的贴心服务赞不绝口，也因此成为海底捞的"回头客"。

所谓体验经济，是指从生活与情境出发，塑造感官体验及思维认同，以此来抓住消费者的注意力，改变消费行为，并为商品找到新的生存价值与空间。美国经济学家约瑟夫·派恩和詹姆斯·吉尔摩在 1999 年出版的《体验经济》一书中认为人们正迈向体验经济时代，体验经济将取代服务经济。他们认为"企业以服务为舞台，以商品为道具，以消费者为中心，创造能够使消费者参与、值得消费者回忆的活动。在消费者参与的过程中，记忆长久地留住了对过程的体验。如果体验美好、非我莫属、不可复制、不可转让，消费者就愿意为体验付费"。同一种产品，在农业经济中值 5 元，在工业经济中值 10 元，在服务经济中值 20 元，在体验经济中就可以值 30 元。因为在体验经济中，消费者对于体验享受的评价更高，也愿意为此付出更高的价格。

未来将是体验创造价值的时代，体验经济的模式将逐步渗透到各个行业领域。用户体验是伟大产品的灵魂，同质化的产品将越来越没有竞争力。消费者不再愿意为柴米油盐酱醋茶的"茶"付钱，而只会愿意为琴棋书画诗酒茶的"茶"而买单，只能提供同质化产品的企业将逐渐被淘汰。

体验的优越性决定市场的稳定性。只有充满体验的东西才有巨大的市场。对于企业而言，不但要深度研究并挖掘消费者的核心诉求，满足消费者全面体验的愉悦需求，更要学会善于制造场景，创造出令其兴奋的体验过程，让体验延续、增强、充盈消费的全过程，使之获得持续不断、难以割舍和无法取代的体验快乐。

‖ 个性定制：让消费者参与消费定制

消费升级的背景下，人们的消费需求逐步超越了温饱需求，从温饱型、小康型消费转变为个性化、品质化消费。多元需求凸显的时代背景下，消费者需要能够反映自己个性特征的产品，通过具有鲜明特点的产品反映自我的价值观念与主张。

另一方面，互联网带来的信息沟通便利性使得原本"单向传递"的产品转变为"双向塑造"，即企业根据消费者需求提供产品，消费者能够参与到产品的设计中，在产品中注入自己的创意元素，在消费产品的同时满足自我创造欲与自我欣赏欲。这也形成了

个性定制市场消费者的心理基础。

对于企业而言，个性定制意味着生产线上的柔性生产，将从过去的"批量大、批次少"转变为"批量小，批次多"。企业将着力通过信息化与工业化的深度融合，用工业化的手段和效率来满足消费者个性化的需求，按照消费者的需求生产产品、提供优质服务，以获取更高的品牌溢价。

由个性化需求组成的广阔蓝海中孕育着无限商机。以携程、艺龙等为代表的第一批旅游网站通过"旅游攻略"聚合了旅游爱好者的消费需求，个性旅游路线和自由行产品一时间成为引领旅游的新时尚。量体裁衣、设计咨询，便捷人性化的线下实体门店与线上直观体验结合让服装定制显得趣味十足。加之层出不穷的全屋定制、教育定制、生涯规划定制等一系列的个性定制产品，让市场完全形成根据消费者需求来配置资源的全新格局。

过去是企业定义产品，现在是消费者定义产品。过去的定制是简单的定制，未来的定制将会变成"私人顾问式"的深度定制。随着个性化定制越来越普及，也许未来的服装上将不再有服装品牌 Logo，取而代之的则是具有鲜明特色的个人品牌烙印。在个性定制时代，企业应当关注消费者的个性化消费需求，创造条件让消费者完整地参与产品的设计与定制。在消费升级成为主流的背景下，深度个性消费必将成为一个趋势，而实体经济和金融投资也应该朝该方向走，这才是未来最好的出路。

‖ 共享经济：让资源优化配置

2017 年，共享经济在中国全面爆发。以摩拜和 ofo 为代表的共享单车出现在城市街头，改变了人们的出行方式，解决"最后一公里"出行问题，并一跃成为继私家车、公交、地铁之外的第四大出行方式。以滴滴和 Uber 为代表的共享网约车有效提升人们的出行效率，行业规范细则不断出台，市场日趋成熟，使得网约车平台成为"打车族"的首选。以共享出行为原点衍生出的共享酒店、共享雨伞、共享充电宝、共享睡眠舱等共享经济思维下的产物如雨后春笋般相继涌现。根据国家信息中心统计数据显示，2016

年，中国共享经济实现市场交易额达 3.45 万亿元，同比增长 103%，参与分享人数达到 6 亿，提供服务者人数约 6 000 万，且根据预测，未来几年共享经济仍将保持年均 40% 左右的增长，这也标志着中国全面进入"共享时代"。

共享经济是指拥有闲置资源的机构或个人有偿让渡资源使用权给他人，让渡者获取回报，分享者利用分享自己的闲置资源创造价值。在共享经济的思维下，资源的使用权和所有权是分离的，传统意义上的消费者在今天也能够扮演生产者、创造者和服务者的角色，借助网络作为信息平台，实现闲置资源的暂时转移，通过频繁易手提升资源的利用效率，实现资源的优化配置。

共享时代的核心理念是"拥有而不占有"，消费者不再关注资源的所有权，而是更关心资源的便捷使用；不再关注以家庭为单位的占有，而是更关心产品及服务能否为个人使用提供更多的便捷和更少的成本。共享经济本质上是互联网时代的产物。兼具互联网开放、共享、包容、创新的特点，共享理念是互联网 + 时代新经济模式的基础，也势必将成为未来经济发展的主流，以其颠覆性的力量对传统行业进行转型重构，在未来二三十年里非常深刻地影响世界经济和人们的生活。

‖ 业态生态化：建立合理的产业链体系

当下的商业生态往往是由诸多小商业生态组合而成的。借助于互联网平台与工具，使得多元生态主体之间的信息沟通成本大大降低，从而实现了业态融合，形成了崭新开放的商业生态圈。商业生态化打破了垂直化、纵深化的产业链格局，实现行业的跨界与重新组合，通过自建的生态系统抑或是借助社会资源打造的生态系统，重新建立合理的产业链体系。通过体系的支撑取代单一产品的竞争，从而为消费者提供系统化、保姆式的服务。永辉超市和良品铺子便是其中两个典型的例子。

面向中产阶层的永辉超市是业态生态化过程中自建生态体系的代表，以未来超市和主题工坊的形式出现。生鲜经营是永辉超市的最大特色，各门店生鲜经营面积都达到 40% 以上。生鲜经营和传统商品不同，需要更为强大的储运体系作为保障，这也是传统超市的短板。永辉超市引入京东集团战略投资，形成电商运营、物流配送方面的优势，并将募集的资金全部用于投资连锁超市门店拓展、物流配送中心建设和生鲜冷链物流系统发展，成为全球供应链优质货源的整合者。

将线下门店作为新零售主战场，拥有 2 100 多家门店的良品铺子对接阿里巴巴巨头生态，借助社会资源建立起自己的生态体系，实现华丽转型。2017 年的"双十一"，良品铺子成为零食品类增幅最大的品牌，全渠道销售 2.2 亿元，旗下门店销售额增量 5 000 万，并获得 2017 年"双十一"消费者最爱逛的线下"智慧门店"品牌第一名。良品铺子深入大平台，借助社会资源搭建生态品牌，和阿里巴巴一同完成对门店的改造，实现门店数字化以及线上线下一体化，涉及客流、商品、交易、支付、会员等方面，并和阿里完成了会员支付、财务、系统的对接，将线上与线下会员数据打通，使得门店变成一个交易、服务、物流和互动的场所，依托于阿里巴巴生态体系的数据，良品铺子能实现更为精准的会员营销。

经济全球化、技术泛在化、资源共享化、文化创新化、社会协同化，标志着一个广泛融合的社会大商业形态的发展。孤军奋战的速度和能见度已经完全达不到现代商业的要求，融合的生态是构筑壁垒和获取优势的必然之选。"创新物种"抑或是"旧城改造"，自建生态抑或是依托资源，在商业生态化的潮流中，企业需要找到适合自己的战略方向。

‖ 互联网金融：关注"90 后"主流消费人群

消费金融伴随着互联网与信息技术的发展而兴起，如今已成为各大金融平台争夺的重心，无论是传统的金融机构还是互联网电商平台都希望在消费金融市场这个千亿级的市场中占有一席之地。根据艾瑞咨询《2017 年中国消费金融洞察报告》，中国互联网消费金融的交易规模从 2013 年的 60 亿元激增至 2016 年的 4 367.1 亿元，年均复合增长率高达 317.5%。在此期间，互联网金融的参与主体不断拓展丰富，除了以信用卡为代表的传统消费金融以外，依托电商起家的新金融机构成为消费金融的新力量，电商生态和网络分期平台百花齐放，新兴市场不断被开拓。过去金融贷款只适用于企业创业，而如今已然渗透到居民生活的方方面面。以京东白条、蚂蚁花呗等为代表的平台渗透进越来越多的消费场景，为金融体系提供多元的服务系统，也使得国民长期被压抑的消费金融需求出现爆发式的释放。

在互联网金融高速发展的浪潮中，"90后"人群以及以他们为代表的新一代青少年正成为其中最活跃的中坚力量。根据蚂蚁花呗《2017年轻人消费生活报告》，中国近1.7亿"90后"中，开通花呗的人数超过4 500万，占据蚂蚁花呗使用总人数的半壁江山，其中，有超过4成的"90后"将花呗设为首选支付方式。从2012年开始，每年有将近700万"90后"大学生走出校园，成为最具潜力的新兴消费力量。

以"90后""00后"为代表的新消费人群越来越多地关注现有生活质量的满足，而非对于未来生活品质的向往。作为中国互联网发展历程中真正意义上的"第一代原住民"，"90后"成长于网络信息大爆炸年代，信息的多元化使得他们对新生事物的认知度和接受度更高。追求个性、即时享乐是"90后"人群价值观的组成部分，加之支付便捷化削弱了他们的货币观念，在消费收入水平受制约的现实背景下，"90后"的超前消费意愿分外强烈。相较于走"储蓄型路线"的父辈们，如今的年轻人更少地因为考虑未来的不确定性而存钱，他们似乎更习惯于信用消费，花明天的钱让今天的自己活得更好。

所谓"得90后者得天下"，进入2018年，最大的"90后"28岁，最小的19岁，他们将是未来10年中国最活跃的消费群体。作为互联网金融的核心参与人群，"90后"的选择将直接影响到行业未来发展。因此，互联网金融平台企业应当深入剖析"90后"主流人群消费特征与价值观念，努力让在线支付、P2P等产品与"90后"的消费投资习惯完美契合。互联网金融的未来，年轻群体是最佳引爆点。

‖ 科技革命：颠覆原有生活方式

"科技改变生活"，对大多数人而言，这似乎是一个老生常谈的概念。而近年来互联网的高速发展以及层出不穷的颠覆性技术，却让这看似概念化的口号显得格外真切。以大数据、智慧城市、云计算、移动互联为代表的"大智云移"悄无声息地引爆新一轮科技革命，革新原有行业的结构与生态，颠覆重组诸多传统产业，也在潜移默化中改变着人们的生活习惯。

乔布斯和他的 iPod 颠覆了唱片业，iPod 的推出标志着音乐行业的大革命，时尚的竖版外观结合极具操作感的按键让科技的灵动渗透于音乐产业，彻底加速了唱片业的消亡。马云和他的支付宝颠覆了零售业和银行业，支付宝的出现改变了原有支付方式，给传统银行的经营理念带去了极大的冲击。马化腾和他的微信颠覆了传统通信方式，拥有超过 9 亿活跃用户的微信让世界各地的人足不出户便能畅聊无阻。李彦宏和他的百度颠覆了传统广告媒体，深入挖掘用户浏览习惯后的精准推送取代"大水漫灌式"的投放，大大提升投放效率。智能手机的出现引发录音机、数码相机、车载系统等一系列设备的颠覆，移动互联让电视台关注的指标从原先的"收视率"转变为如今的"开机率"，科大讯飞让传统翻译感到压力，人脸识别技术让保安成为过去式，共享单车让"黑摩的"销声匿迹，新能源汽车让传统加油站退出历史舞台，无人汽车在深圳正式上路让驾驶员们寝食难安……

移动互联网的快速发展引发传统行业的大洗牌，高铁、网购、移动支付与共享单车被并称为中国的"新四大发明"。当我们沉浸在互联网的创新与变革带来的便利时，殊不知行业之间的边界正在被打开，许多颠覆来自我们的视野之外。正如康师傅方便面万万没有想到如今最大的竞争对手不是统一，而是美团外卖。在这个"跨界打劫"的时代，越是看起来"外行"，越有可能颠覆"内行"，你会发现抢你饭碗的往往不是同行，你不知道哪一天会被哪个行业消灭。因此，敢于跨界、主动跨界、通过跨界积极寻求自身优势的企业更有可能脱颖而出，出奇制胜。

科技的快速更迭给我们的生活带来了太多的变数，这些变数也随着人工智能概念的普及而愈发显著。现如今，人工智能已经深入到公司业务的方方面面，无论是搜索、电商、社交、资讯还是生活服务等业务都与人工智能紧密相连。阿里的仓储机器人让分拣和管理更有效率，物流体验大幅提升；京东的无人机配送、全自动物流中心引爆新一代智能物流革新；以 AlphaGo 为代表的智能机器人的出现让人类感受到来自智能世界对于生存的威胁。

今后将是人类与机器共存的时代，机器人在制造业及服务业中的应用将更加普遍，人工智能将在国家安全、企业发展及社会稳定方面发挥更为重要的渗透作用。不确定的时代要有确定性的抓手。在科技日新月异的智能时代，我们必须密切关注科技对企业管理的影响，了解新科技、驾驭新技术、应用新成果、顺应科技发展带来的新变化。

Ⅱ 大数据云计算：模糊世界清晰化

大数据云计算是 IT 产业又一次重大的技术变革。大数据与各个行业的深度融合正在迸发出前所未有的社会和商业价值。置身于大数据时代，我们会惊喜地发现周围原本模糊的世界正在变得清晰。

大数据改变了我们的生产生活方式。通过对市场销售数据的分析应用，企业可以对消费者的需求有更为精准的把握；通过对用户评价数据的挖掘分析，企业可以更有针对性地改善用户体验。借助于大数据的支撑，我们能够更有效率地获取称心如意的最优选择，居家生活、旅游出行等都变得更为快捷。

今日头条的风生水起让门户网站重新认识了大数据在内容分发上的优势。定位于做"最懂你"的信息平台，今日头条最懂用户的背后是强大的大数据分析系统和先进的智能推荐算法，用户的每一次点击、转发、评论和收藏都会被记录下来，最终形成多维度的大数据。基于用户阅读行为产生的大数据分析也让其迅速脱颖而出，成为内容平台中的翘楚。

大数据改变了我们的社会管理方式。理念创新必然带来技术的创新，技术创新必然呼唤机制的创新。大数据的意义不在于数据本身，而在于对数据的分析与应用。将大数据云计算应用于社会系统管理让大数据释放出巨大的产业价值。现如今大数据被运用于医院病情监控、交通流量监控、春运客流的调控及检测等。这些原本复杂的系统管理在大数据的背景下变得清晰可预测。过去铁路系统的春运运力调配凭感觉来臆测，现在的运力调配因为大数据分析的注入而变得更为精准合理。在大数据云

计算的应用下，社会管理系统更加透明清晰，效率大大提升，资源浪费的现象大大降低。

在大数据时代，缺少数据资源，无以谈产业；缺少数据思维，无以言未来。数据已成为重要性超过资金、劳动力的企业发展重要资源。拥有数据的企业无疑将获得巨大的成功，大数据会提供给企业全新的洞察力，让企业拥有增值的潜力与爆发力。

作为全球网民数量最多的国家、最大的电子信息产品生产基地和最具成长性的信息消费市场，中国目前已经成为世界重要的大数据资源集聚地和大数据应用市场，大数据产业快速发展，带来全新的机遇与挑战，产业链的加速形成也将在社会生产中发挥更为重要的作用，真正的大数据时代才刚刚开始。

‖ 中国时代：建立人类命运共同体

习近平总书记以卓越的政治家和战略家的宏大视野和战略思维，高瞻远瞩地提出构建人类命运共同体的重要思想，并提出了一系列全新的论述。2015 年第二届世界互联网大会上，中国提出了"共享共治"的概念。从 20 年前的"按国际游戏规则办事"到如今的"为全球增长开出中国药方"，中国在国际发展中正扮演更为重要的角色。

现如今，中国 GDP 排名世界第二，500 强企业数量排名世界第二，人民币入篮标志着国际化的进程迈上新台阶，"一带一路"倡议、亚投行战略开启世界多极化发展趋势，G20 领导杭州峰会、厦门金砖国家会议以及全球政党高层北京对话等重要会议在中国的开展拉开了新国际化的布局。在去中心化和多极化的背景下，中国在国际上的影响力越来越大。全球关注中国的发展，中国也将扮演助推全球经济发展的重要角色。人们正重新认识"中国模式"的影响，唱衰中国的言论越来越弱，关注中国发展模式的人越来越多。

中国的出口模式发生了深刻的变化。过去中国的出口依赖于劳务输出、OEM 廉价出口，可谓"把污染留在中国，把利润留给老外"。如今，中国的高铁通车里程超过 2.2

万公里，占世界高速铁路运营总里程的 60%，"高铁外交"俨然成为"中国制造"的亮丽名片。从 C919 大飞机试航到 CR929 测试研发，国产大飞机实现跨越式发展。"蛟龙号"下沉 7 000 多米，可以到达 99.8% 的水域，多项技术世界领先。此外，中国的核电技术、桥梁盾构技术、水稻养殖技术、航空航天技术等同样具有国际领先的水准及技术优势。近年来，中国在细分行业中的大型"隐形冠军产品"越来越多，大量相关领域领先的产品及服务出口海外，"中国制造"形象发生质的变化，由过去的"价格便宜质量差"转变为如今的"价格适当质量好"。

中国的文化输出越来越普遍。越来越多的外国人开始认同中餐及中国的餐饮文化。全球最大的中式快餐熊猫快餐在美国 47 个州拥有 1 800 家连锁店；美国本土品牌麦当劳和肯德基纷纷推出豆浆油条、米饭套餐等中餐；越来越多的外国人开始用筷子；美国总统特朗普的外孙女说着一口流利的汉语，唱中文歌背古诗古文，俨然一个十足的"中国通"。越来越多的人到中国旅游学习，越来越多的人接受中国的文化。随着大量非物质文化的输出，中国的国际形象发生根本改观，负责任的大国形象基本确立，中国已然成为推动全球发展的重要力量。

‖ 结　语

2018 年是中国改革开放 40 周年。40 年来，中国各方面都取得了全球发展史上绝无仅有的成绩，市场格局发生了根本性的变化。中国企业需要对市场有清醒的认识，只有顺应市场变化的企业才有生命力，只有深度关注消费者需求的企业才有市场价值，只有拥抱迎接高新技术发展的企业才能与时俱进。因此，中国的企业家们需要时刻对市场保持清晰的判断，主动变革，主动创新，从而推动企业的可持续发展，并在未来的市场中找到立足之地。

马云说："鸡叫了天亮了，并不是因为鸡叫天才亮，鸡不叫天照样亮，关键是天亮了谁醒了。"祝愿中国企业家们能够顺势而为，引领风骚，创造新的辉煌。

第二篇
社会治理与
经济发展之探索

　　随着中国经济的不断发展，给社会带来的机遇与挑战也越来越多：城镇化发展尽管突飞猛进，都市圈、城市群却越来越同质化；而随着一些城市的崛起，老工业城市的发展问题也日益突出，同时农业现代化和制造业转型问题亦不容忽视。本篇将试图从打造城市品牌的角度为城市找准定位；对农业现代化与制造业的腾飞进行进一步的探讨。

行为经济学与社会治理新视角

江　明／上海交通大学安泰经济与管理学院经济系讲师

　　传统经济学理论认为人是"无限理性"的。也就是说，只要信息足够充分，每个人都会做出最利于自己的、最好的决策。然而，现实生活中，我们常常可以观察到与这个结论相反的例子；甚至当被问及的时候，很多人自己都不知道自己作出某些决定的原因。而行为经济学，作为对传统经济理论的一种补充，提出了"人的理性是有限的"这个观点。行为经济学把我们作为"人"的因素——包括心理、社会、认知、情绪等因素——和经济学理论相结合，为我们的各种行为给出更贴近现实的解释。作为对行为经济学的认可，诺贝尔奖委员会于 2017 年向芝加哥大学的经济学家理查德·泰勒教授授予了诺贝尔经济学奖，表彰他在行为经济学领域作出的贡献。

　　目前，行为经济学的研究按研究结果可以分为两大类：一类是用行为经济学来解释我们可以观察到的、与传统经济学假设不相符的行为；另一类则是试图用行为经济学来把人们的行为向更好的方向进行引导。所以说，行为经济学是一把双刃剑：一方面行为经济学可以指导政策制定，改善我们的生活；另一方面，它又毫不留情地指出了我们日常生活中不合理、不一致的决策。这两方面本身也存在相辅相成、互相促进的关系。

‖ 行为经济学可以用来解释行为

行为经济学首先给一些看似非理性的行为，或者说是"反常"现象，提供了解释。比如泰勒教授在电影《大空头》中解释的"热手谬误"。这个词最早出现在篮球比赛中：当一个球员连续投中很多球之后，观众就会认为他的手"很热"，也会更愿意相信他投的下一个球也会中。然而，统计分析发现，"手很热"这个现象实际上并不存在。球员下一个球是不是能投中和之前投中多少球并没有关系，所以被称为"谬误"。在《大空头》中，泰勒利用这个现象解释了金融危机前的资产泡沫：当一种资产连续上涨之后，人们更原因相信它会继续上涨，而忽视了统计规律与资产背后的基本面。这种情况下，人们会进行大量的非理性投资，增加了资本市场的系统性风险。

除此以外，行为经济学还发现并解释了生活中其他很多反常现象，比如为什么拍卖中的赢家却往往是最后的输家；为什么消费者愿意买一件打折商品，却不愿意买另一件折扣更高的商品；为什么球迷不愿意花 200 元买球票，却不肯以 400 元把自己的球票卖掉；为什么法官判案会受到控辩双方提出的初始条件的影响，等等。

‖ 行为经济学可以用来影响行为

行为经济学不仅可以用来解释传统经济理论无法解释的行为，更重要的是，我们可以通过行为经济学的发现，来设计新的决策环境与机制，从而影响并改变人们的行为。诺奖得主泰勒把这称为"助推"。其中很著名的例子，就是泰勒本人和他的合作者设计的退休金存款计划。在美国，养老金大部分不靠国家统筹而需要自己年轻的时候储蓄。因为人们往往把现在的消费看得比未来的消费更重，导致年轻人为今后养老的储蓄不足。为了解决这个问题，泰勒利用了行为经济学中的几个发现，提出了"为明日储蓄"的一个方案。这个方案很简单：它让人们在今天作出承诺，在未来涨工资的时候，把工资增长部分的一块用来作为储蓄。虽然看似简单，但是其中却蕴含了很多行为经济学的发现。首先，因为人们在为未来的行为作出承诺，比为现在的行为作出承诺要容易很多，所以这个方案让大家在未来（涨工资的时候）承诺增加养老储蓄，并不会影响现在的消费，使得很多人更愿意接受。另外，行为经济学发现，同样是少 100 元，相比"和现在比起来少 100 元"，人们更愿意接受"未来的增长从 200 减少到 100"。于是，利用"把工资增长部分的一块用来作为储蓄"，人们不会因为发现自己某个月的工资比上个月的工资少而质疑自己进行退休储蓄的选择。最后，经过试点后发现，采用该项目的人的储蓄率，和不采用该项目的相比，从 3.5% 增长到了 13.6%。

　　除了以上这个例子，在公共卫生、环境保护等领域也有不少行为经济学影响行为的例子。比如，行为经济学可以用来增加器官捐献的比例、帮助人们成功戒烟、改善人们的饮食习惯、减少偷税漏税、减少用水用电、增加垃圾回收、减少公园游客乱扔垃圾，等等。

‖ 行为经济学与社会治理"2.0"

　　我与合作者于 2017 年在 *Management Science* 上发表的一篇行为经济学研究，试图研究社会规范是如何影响人的行为的。设想以下这个情境：我们在餐馆里吃饭，突然看到地上掉了一个钱包。这时候我们会怎么做呢？我想很多人会选择尽量把它交还给原主。显然把钱包占为己有可以最大化我们的私利，那我们为什么还要"拾金不昧"呢？同样，在商业环境中，交易参与者们无时无刻地与对方达成许多并没有法律约束力的承诺与非正式协定。很多时候违背这样的承诺符合人们的私利，但是人们常常会愿意遵守之前作出的承诺，哪怕它没有法律效力。这又是为什么呢？我们发现，在没有正式合同的情况下，人们愿意遵守自己作出的非正式的承诺，是因为人们有很强的遵守社会规范的意愿。也就是说，基于社会规范的定义，每个人做出的选择不仅仅取决于该选择能给自己带来多少好处，同样也取决于这个选择是否被自己所处的社交圈中的大多数人认可。

在现实中，我们可以用社会规范的力量来约束人们在公共场所吸烟的行为。现在上海虽然出台了新的规章制度，对公共场所，包括厕所在内的吸烟行为处以罚款，但是由于监管是无法 100% 覆盖的，导致很多时候公共场所吸烟的行为不能得到遏止。而从行为经济学角度出发，可以通过舆论宣传，以及社交圈的互相影响，建立一种"在公共场所吸烟是不正确"的这种广泛认可的社会规范。这样，有些人即使自己很想抽烟，但是意识到这种行为在社会上是被大多数人不认可的，可能就会有所顾忌了。

以上这些事件和例子，为我们以后如何制定社会政策、进行社会治理提供了一种新思路。我们不能把思路局限于通过设立法律法规或行政条例来限制什么能做什么不能做，而应该同时考虑能不能建立一种环境，使得人们在这种环境下，能自觉自愿地作出更好的选择。而如何设计这样的环境，则是行为经济学家和政策制定者可以通过合作来解决的问题。正如泰勒教授所提出的，行为经济学为社会治理提供了一种称作"自由的家长式领导"（libertarian paternalism）的新范式。

中国急需转向都市圈和城市群发展战略 *

陆　铭 / 上海交通大学安泰经济与管理学院经济系教授

当前中国经济出现趋势性的下滑，根本原因在于全要素生产率增长的持续下滑。其中，重要的原因在于行政力量配置的资源被导向地理位置相对偏远的人口流出地，而由经济集聚效应驱动的人口向大城市集中却遇到公共服务、住房和基础设施的短缺，从而出现地区间资源错配的困境。

为了面对未来全球都市圈引领的竞争，也为了缓解中国经济的趋势性下滑，未来中国应实施以超大城市为带动的都市圈和城市群发展战略。一方面，让市场成为配置资源的决定性力量，让资源配置到回报更高的地区，在地区之间着眼于人均收入意义上的平衡发展。同时，政府更好地发挥作用，以土地和户籍制度的联动改革为抓手，在供给侧以土地、住房、公共服务和基础设施的供应增加适应人口增长带来的有效需求。

---

* 　原文发表于 2017 年 7 月 10 日上海交通大学中国发展研究院微信公众号。

‖ 中国经济的趋势性下滑源于地区间和城市间的资源错配

研究显示，中国经济全要素生产率增长的下滑从 2003 年就开始了，只是在 2003 年至 2008 年国际金融危机爆发的这段时间，投资驱动型的经济增长和外需强劲拉动，掩盖了效率恶化的各种问题。

研究显示，全要素生产率增长恶化的原因在于政策导致的资源错配。数据显示，全国范围内的资源错配指标在 2003 年之后出现了恶化，其中，恶化程度最严重的是西部，其次是中部，相对来说比较好的是东部。同时也有研究显示，在那之后，全国各地区之间的产业分工程度不仅没有改善，反而有所恶化。

资源错配的根源是行政控制的资源配置方向与市场驱动的人口流动方向出现背离。规模经济和产业集聚效应驱动人口向少数大城市和都市圈集中的经济规律被忽视。在人口流入地，基础设施和公共服务的规划和实际供给远远滞后于人口增长所带来的需求。特别是在土地供应方面，2003 年之后，在经济相对比较发达的人口流入地，土地供应的增长速度出现明显的下滑，结果导致这些城市出现了快速的房价上升。

而在欠发达地区，由于平衡地区间发展被理解为经济总量增长的追赶，大量经济资源被引导到人口流出地。其中问题特别突出的是，建设用地指标被更多地配置在了人口流出的欠发达地区，被转化成了总量过剩且零散分布的工业园和大量缺乏实际需求的新城、"鬼"城。特别是在 2009 年的"刺激计划"之后，大量新城的建设出现在中国的中西部，规划的面积远远超过实际需要，规划的密度也非常低，造成了近年来欠发达地区住房库存严重的现象。

‖ 中国急需扭转三个认识误区

资源错配的结果源自当下正在流行的三个误导性的观点，而实际上经济规律与国际经验却并非如此。

第一，很多人都认为中国的一线城市太大了，人太多了。事实上并非如此，北京和上海严格说来不只是一个城市，而是多个城市围绕着中心城市组成的都市圈。它们管辖的面积也分别达到 1.6 万平方公里（其中平原面积为 6 300 平方公里）和 6 000 平方公里。如果按照都市圈来建设的话，那么，这些地方可比照的都是东京都市圈，其连成片的都市建成区半径超过 50 公里，人口规模已经超过 3 700 万。在这个意义上，中国仍然没有一个地区达到东京圈的规模。2015 年底，北京和上海管辖的人口规模仅仅为 2 171 万和 2 415 多万，即使把相邻的一些小城市都纳入都市圈的统计，在与东京都市圈可比的北京、上海都市圈范围内，市场一体化和基础设施的连通性都要落后东京很多。

第二，人们认为经济向沿海地区和一些特大超大城市集中，导致地区间经济发展不平衡。事实上，中国的问题不是经济过度集聚。有大量的证据证明，中国的经济集聚程度远远低于发达国家，甚至比相近发展阶段的发展中国家都更低。中国的真正问题在于人口的集中程度远远低于经济的集中程度，这样，不同地区的人均 GDP 差距就被拉大了。而解决这一问题的根本办法，不是让经济分布更为均匀，而应让人口更为自由地流动，让每个地区占全国的人口份额与 GDP 份额一致，从而实现人均意义上的平衡发展。

第三，在大城市那端，很多人认为人口密度高是造成问题的原因。事实上并非如此，在纽约、东京、伦敦这样的世界一线城市，目前出现的趋势是人们重新回到市中心，原因在于以信息、知识和技术为核心竞争力的现代服务业恰恰需要更多的人口集聚，借助于人口密度来进行知识的生产和传播。同时，紧凑型的城市发展可以减少人们的通勤距离，有利于缓解交通拥堵和减少碳排放。疏散中心城区人口，导致的结果是人们进行互动和知识交换的需求受到抑制，城市活力下降，甚至进一步拉长了人们的通行距离，反而加剧了拥堵问题。

‖ 以超大城市为带动的都市圈和城市群发展战略

未来全球范围内国家和国家之间的竞争，本质上是少数大城市和都市圈之间的竞

争，科技和现代服务业将成为其核心竞争力。正是在这一驱动力之下，在全世界范围之内，人口仍然在进一步向大城市和大都市圈集中，纽约、伦敦和东京等全球城市的中心城区正在通过紧凑型城市的发展，进一步集聚人口。

为顺应全球经济发展的趋势和城市发展规律，中国应实施由核心大城市带动的都市圈和城市群发展战略。在当前背景下，雄安新区的建设是环北京都市圈发展大战略的一部分，在长三角地区出现的嘉兴主动对接上海现象，是建设上海都市圈的契机，而在珠三角地区，粤港澳大湾区的建设也在打造世界级的大都市圈。

这样的以超大城市为带动的都市圈和城市群发展战略，可以同时解决当前中国经济出现的几大问题，使中国摆脱经济增长趋势性下滑的困境。为此，我们提出几个方面的战略调整。

第一，在核心大城市制定蔓延半径在50公里左右的都市圈发展战略，同时，再以大体量和快速度的轨道交通连接起大都市圈和周边的中小城市，形成城市网络。这一战略将为下一阶段的中国经济增长形成巨大的动能，并以此为带动继续吸纳其他地区的人口。人口流出地则加强自己的比较优势和专业化分工，在人口减少的过程当中提高人均资源占有量和人均收入。在地区和地区之间建立起着眼于人均收入和公共服务均等化为目标的均衡发展战略，取代当前资源均匀分布和产业同构的发展模式。

第二，以城乡间更为自由的人口流动来对冲人口红利总量下降的负面影响。当前中国经济的90％来自工业和服务业，其中服务业比重已经超过一半。沿海地区特别是一线城市正在出现劳动力短缺，而服务业，特别是生活性服务业，对于劳动技能的要求相对来说并不高。因此，人口更为自由地向城市和大城市流动，能够增加城市的劳动力供给，起到降成本的作用。同时又可为大量低收入者提供更为充分的就业机会，对于缓解贫困起到促进作用。

第三，人口城市化和向大城市集中的过程，将释放巨大的需求，有利于中国经济启动消费，调整经济结构。我们的研究显示，相比于本地城镇居民，非本地户口常住人口的人均消费要低16％—20％，这种"户籍制约消费"的效应在一线城市尤其巨大。根据测算，如果户籍制度改革到位，这些消费得到释放，那么经济增长每年大约可以增加1个百分点。

第四，在人口城市化的过程当中，可以极大地改善下一代的教育水平和质量，有利于人力资本积累。当前的留守儿童和进城随迁子女数量占到学龄儿童的大约三分之一，如果这部分孩子教育水平和质量能够在城市中得到提高，将成为未来中国巨大的人力资本储备。反之，如果他们的教育不能得到有效的改进，将为未来的经济增长和社会和谐发展埋下严重的隐患。特别值得一提的是，根据近来的统计，仅四个超大型城市在留守儿童数量中就贡献了大约五分之一。留守儿童的父母在所在城市依法工作并贡献税收，却难以让他们的孩子在工作地接受教育，这一现状与世界通行的公共服务覆盖常住人口的原则相悖，应尽快得到改变。

第五，土地供应与人口流动方向相一致，住房供应与人口流动带来的住房需求相一致。在人口持续增长和房价高企的城市应增加土地供应，而在住房库存持续居高不下的人口流出地区（特别是三、四线城市），应减少（甚至终止）土地供应。存量的建设用地指标，应可以跨地区交易和再配置，改善其使用和配置效率，以此促进地区之间的相互分工。这样既可以为大都市和都市圈发展战略提供充足的土地供应，防止房价过快上涨，同时又可以减少在人口流出地的已经过剩的空城、"鬼"城和闲置的工业园，以及与之相关的政府沉重的财政负担。

第六，在人口持续流入的大城市，特别是中心城区，通过供给侧增加公共服务和基础设施的供给来缓解城市病。当前，超大城市的人口和土地规划与世界范围内全球城市的普遍趋势并不吻合，如果不及时调整，极有可能在未来出现更为严重的公共服务和基础设施短缺。而顺应人口增长的公共服务和基础设施投资既可在短期内拉动经济增长，又可在中长期拥有可持续的回报，从而在经济增长和城市宜居两个目标上收到一石二鸟之效。

中国"未富先老"，应积极将"老龄人口"转化为"银发人才"*

史占中 / 上海交通大学安泰经济与管理学院应用经济系教授

2015 年，中国 60 岁以上的老人有 2.22 亿，占全国总人口的 16%。据推测至 2050 年，中国老龄人口将超过年轻人口，每两个人中就要抚养一位老人。

我国老龄化趋势拖累经济增长，社会抚养比的提高，给社会带来巨大的负担已成为不可回避的现实。现阶段，应着力将视为包袱和负担的"老龄人口"转化为"银发人才"，使其继续成为创造社会财富的主体，实现"老有所为"。

"老有所为"不仅有助于消除和缓解对人口老龄化的悲观情绪，同时也有益于老年人的身心健康。但不容乐观的是，我国老年人人力资源开发层次偏低、老年人就业渠道不通畅，老有所为面临着重重障碍。

‖ 老龄化拖累经济增长，如何看待老龄社会的挑战？

老龄社会已经悄然降临。我国定义老龄人口是 60 岁以上，根据 2015 年的统计数

---

* 原文发表于 2017 年 1 月 18 日澎湃新闻。

据，中国 60 岁以上的老人 2.22 亿，占全国总人口的 16%，相当于 1/6，预测到 2026 年将突破 3 亿，2036 年突破 4 亿，2050 年有可能突破 5 亿。到 21 世纪中叶，我国的老年人口将超过年轻人口。这是我国老龄人口发展的一个重要趋势，社会将变得越来越老。

上海是全国人口老龄化最严重的一个城市，上海的人均寿命比较长，从人口自然增长率看，上海连续很多年都是负增长，也就是说每年死亡的人口远远大于出生的人口，现在上海人口增长是靠新上海人的涌入，外来人口不断给这个城市注入新的活力。上海 60 岁以上老人占到人口的 30%，65 岁以上占到 19.6%，70 岁以上 12.5%，上海的人均寿命居于全国前列，上海是老龄化趋势较为严重的城市。

另外，老龄化带来人口红利的消失。改革开放以来我国靠人口红利带动经济高速增长，成为世界第二大经济体。但现在人口红利难以为继，劳动适龄人口逐年减少，老龄人口的抚养比不断提高。据统计，到 2050 年左右，可能两个人中就要赡养一位老人。

老龄化带来社会抚养成本剧增。发达的西方国家人口老龄化严重，日本是全世界最严重的老龄化国家，但是他们已经富裕了。而中国是未富先老，我们还没有富起来，但是人口结构已经"老化"了，这给我们经济社会发展带来严峻的挑战。

老龄化拖累经济增长，带来社会抚养比的提高，如果不将"老龄人口"转化成"银发人才"的话，会成为我们经济社会发展中沉重的负担。

我们既要转变观念，同时还要有所作为，就是积极把"老龄人口"转化为"银发人才"。"人口"到"人才"只有一字之差，其实差别很大。人口是社会的包袱，人才能够创造社会财富，老龄人口是在消耗社会财富，如将"老龄人口"转化为"银发人才"，让他们继续发挥专业所长，以自己的经验和智慧服务社会，可继续创造更多的社会财富。

‖ 重新认识老年人，超过 60 岁就算是老年人吗？

联合国的界定是 60 岁以上属于老年人，中国跟国际接轨，也是这样界定。但随着

医疗水平的提高，健康老年人越来越多，可能这个年龄界定要往后推。现在多数发达国家已经把 65 岁以上定义为老年人。非洲国家将 50 岁作为进入老年阶段的标准，因为非洲国家健康状况落后，平均寿命比较短。

对老年人的界定标准不应仅仅依据年龄，而应看其是否继续为社会创造财富，这可能是比较科学和人性化的界定。年龄仅仅是生理学、生物学意义上的界定，而看其是消耗社会财富，还是创造社会财富？这是社会学意义上的界定。

2016 年让我们感觉到比较振奋的是：69 岁的希拉里和 70 岁的特朗普竞争世界第一强国总统的宝座。特朗普上台后，他的组阁成员平均年龄在 65 岁以上，商务部长罗斯都已年逾 80 了。虽然他们是老年人的组合，但却领导着世界上的超级大国，让我们重新刷新对老年人的认识。

肯德基创始人哈兰·山德士 65 岁后开始创办肯德基，最后成就了全球最大的快餐品牌。所以，对老年人我们要重新认识。看美国的统计数据，这是一个非常有活力的国家，是创业的国度。美国 55—64 岁的老年人创业比例，从 1996 年的 14.3% 上升到 2012 年的 23.4%。这个年龄相当于中国的退休年龄。他们整个创业群体中有四分之一是这样一批所谓的"老人"，却给美国经济增添了新的活力。美国老年人群体焕发出的创业活力给我们带来了巨大的震撼，这表明"老有所为"拥有巨大的空间。

在欧洲，英国有 110 万 65 岁以上的老人仍在工作，德国 60—64 岁年龄段的工作人口比例有 52%，基本上一半以上仍然在工作，65 岁以上老年人中的工作比例还有六分之一。整个世界尤其是西方发达国家，老年人仍然是经济活动的主体。

‖ 开发"银发人才"的现实意义，老年人在与社会积极互动中实现自身价值

对我国来讲，开发老龄人力资源，将"老龄人口"转化为"银发人才"具有非常重要的现实意义。

一是有助于弥补我国专业人才不足的缺口。现在专业技术人员有很多是老年人，特别是像教师、医生和工程师等从事脑力活动的人才，随着服务时间的不断延长，专业经验和能力不断积累，已成为专业人才的重要主体。

二是有助于提高老龄人自身供养能力，减轻社会养老压力。有人口学者认为，前面 20 年是快速老龄化阶段，老龄化比例提高非常快，到 2020 年将会有近 3 亿老龄人口；2021—2050 年是加速老龄化阶段；2051—2100 年可能是重度老龄化阶段。照现在的模型推演的话，到 2050 年人口抚养比将达到 48% 以上，将成为巨大的社会供养负担。

三是有助于老龄人与其他社会群体共享社会发展成果。享受社会发展成果离不开社会参与，积极参与社会活动才能融入丰富多彩的社会，比如说老年人在创业过程当中，更多地参与社会互动，享受现代文明带来的成果。如果把他封闭在家里，与周边社会群体没有交集，就会与现代社会文明相隔离。

四是有助于老龄人身心健康。老龄人离开工作岗位以后，会有一种被社会边缘化的心理。老龄人积极参与社会活动将使他的老年生活更加丰富多彩，在创造社会财富的同时还有益于老年人自身的身心健康。

现阶段开发老龄人力资源，把"老龄人口"转化为"银发人才"，也有着现实的可行性。

首先是我们的人均寿命在大幅提升，归因于现代医学的进步和生命科学的重大突破，还有生活方式的改变也带来人均寿命的延长，使老年人积极参与社会活动时间的延长成为一种可能。

尽管老龄人体力衰减较快，但整个社会活动方式正好由体力劳动为主向智力活动为主转变，所以随着未来生产方式的调整和变革，老龄人在转型过程当中正好可以有所作为，以老年人经验和专业能力的积累，反而在生产方式转变过程中发挥着越来越重要的作用。老年人有自身的经验优势、人脉优势和社会影响优势，实际上完全可以在未来的经济活动当中担当重要的角色。

老有所为，有助于消除和缓解对人口老龄化的悲观情绪。换一个视角来看，老年人不是一个社会负担，他完全有可能成为社会活动的主体。老年人不仅不会挤占年轻人的就业岗位，反而会为社会创造新的就业岗位，就像我们教授退休以后，如果办一个咨询公司，可以带动更多的年轻人就业。有了老年人的再就业，我们将在很大程度上消除对劳动力不足的过度担忧。西方发达国家老龄化程度日渐提高后，大胆地起用老年人，不断为整个社会带来新的活力。

‖ 开发老龄人力资源"势在必行"，"日本模式"值得借鉴与学习

我国老龄人力资源的开发不容乐观，"老有所为"还面临着很多现实障碍。

其一，我们现在的老龄人力资源开发层次较低。据统计，农村中年轻力壮的主力人群都到城市来了，所以农村只剩下老人和小孩，老人成为农村经济活动的重要主体。城市里的老年人力资源，反而还没有被有效开发，大都是跳跳广场舞、健身养生。相对来说，城市老年人的综合素养和专业能力普遍高于农村老年人，但在享受生活颐养天年的保守观念下，这些人提前退出社会活动领域，实际上是对老年人才的巨大浪费。

其二，目前老年人就业渠道不畅、鼓励老年人再就业的政策法规不健全、对老年人再就业有歧视。老年人70岁以上还工作的话，可能会被认为是子女不孝。实际上在日本，出租车司机很多都是白发苍苍的老大爷，餐厅服务员大都是老太太，日本整个社会的观念和氛围，是鼓励老年人出来创业和就业。我们必须要大力改变歧视老年人再就业的观念。

日本既是高老龄化程度的社会，同时也是老年人再就业率较高的国度，65岁以上人口占总人口的26%，但65—69岁的就业比例为40%，70岁也照样有人在工作。

日本有几个好的做法。比如对老年人的专业能力、技能培训有专业的指导机构；在社区设立银发人才中心，积极鼓励和推动老年人在社会活动中发挥余热；对雇佣老年人的企业也有激励措施；等等。整个社会环境当中也是鼓励老年人再就业，倡导自足自立、互相帮助、引导老年人"老有所为"。

日本有新型养老社区。社区里面是多功能定位，鼓励老年人和年轻人住在一起。老

年人跟年轻人住在一起，在代际交流中，老年人可以有效地给年轻人传输专业能力和专业经验，同时在交流中也得到很多愉悦，有助于老年人的身心健康，促进老年人与社会的紧密互动。这样的社区在我国已经开始尝试了。

另外还有开放式平台，社区通过与政府、医疗机构、大学、企业、NGO 组织进行开放式的合作，不断完善各种功能，创造代际交流的机会，为老年人营造再就业和参与社会服务的良好氛围。

‖ 我国人口结构日渐变老，老龄人力资源丰富，该如何"有所作为"？

开发老龄人力资源，需要整个社会的引导，鼓励老年人去参与社会经济活动。

首先要构建一个终身教育体系，完善老年人的技能和知识培训体系，一方面是从以前的岗位中退休，同时还可以在另外一个岗位再就业，做老年人感兴趣和能够做的工作，有效地发挥老年人的专业所长。另外就是就业对接，这个可能需要大力发展第三方组织，也就是非营利组织，在第三方中介机构的引导和帮助下，鼓励老年人积极参与社会活动。

老年人再就业能为企业的经济活动降低成本。企业聘用退休的老年人，不用给老人重复缴纳社保费用，用工成本相对较低。同时，还可以给对老年人再就业提供保障的企业适当减税，有效激励企业积极雇佣老年人，促进老年人的再就业。

整个社会应倡导这样一个理念：退而不休。退是从岗位上退下来了，但是并不彻底休息，而是重新在另外一个岗位上再就业。改变老年人原有的就业观念，消除大众对老年人再就业的偏见。观念的误区和社会的偏见是老年人才开发的最大障碍。倡导"退而不休"的理念，有助于我们把老年人口转化为银发人才。

另外，家庭成员也要鼓励老年人参与社会经济活动，不应局限于简单地跳跳广场舞，而应更好地发挥余热。积极参与社会活动有益于老年人的身心健康，有助于家庭的美满和谐。所以我们要宣传"老有所为"的合理性与优越性，让家庭和社会都意识到老年人"老有所为"的积极意义，接纳老年人再就业，并给予他们精神鼓励和必要支持。

我们究竟需要什么样的东北振兴方案？ *

潘英丽／上海交通大学安泰经济与管理学院金融系教授

最近，微信群里对林毅夫教授主持的《吉林省经济转型升级研究报告（征求意见稿）》有很多讨论与争鸣。"东北振兴""再振兴"始终未见成效，这几年继续"塌陷"，如何转型发展是国家领导人极为重视并深感揪心的问题，人们高度关注"新结构经济学"能否破解东北转型发展难题，是十分自然的事。

目前学界争议主要集中在：现行体制不变条件下政府产业政策能否破解东北振兴难题；东北转型发展应聚焦什么产业。笔者去年暑期去内蒙古休假，到过满洲里，近期也多次去辽宁和吉林开会，趁学界热议之际，以"增量改革"为出发点，对这两大问题发表几点意见，供政府决策参考。

---

* 原文发表于《财经智库》2018 年 1 月号，第三卷第 1 期。

Ⅱ 生产要素四分法和以人为本的市场导向

1. 社会资本是传统生产要素的粘合剂

世界银行曾经将国民财富分为生产性资产、自然资本、人力资源和社会资本四类。社会资本是一种文化与制度的混合物，决定着一个社会给定的资产在转化为可持续福利方面为何比另一个社会更有效。或者说，社会资本积累决定着前三大生产要素增进国民福利的效率。这个四分法可以作为国家之间和一国内部地区之间资源禀赋比较优势的有效分析框架。

就现状而言，中国的国民财富结构存在失衡。

· 重资产行业的固定资产和房地产等非生产性资产存在过度投资和泡沫；

· 自然资源透支性开发，生态环境遭到破坏；

· 人力资本积累仍然不足，在劳动力供给的可持续性方面，在劳动者健康、技能和综合素质方面还有待提高；

· 社会资本积累是有利有弊的。

社会资本积累或包括文化在内的广义制度，可理解为经济活力、动力与国家治理能力的综合决定因素，是传统生产要素的粘合剂，因而也是社会经济发展的核心要素。

我国在社会稳定、国家统一，进而在保有全球最大潜在市场方面优势明显。城市土地国有制、行政配置资源的金融抑制政策也曾经发挥过促进增长、稳定经济的积极作用。但是政府职能的扭曲，某些人凭借权力攫取稀缺资源再通过市场兑现占为已有的现行体制已造成严重的经济不平衡问题和社会不稳定隐患。

从二战后 70 余年的国际经验来看，和平与发展与很多非洲国家无缘。作为世界级难题其原因复杂，但是缺乏有利于生产性投资的社会资本积累显然是十分重要的原因。就我国东北地区经济塌陷而言，根植于本地传统文化深处的"隐性体制"（刘世锦语）或潜规则显然是窒息经济活力、动力的社会资本"负资产"。资源禀赋与产业的比较优

势分析必须与广义制度的比较分析相结合，否则必定会有重大缺憾。

2. 产业发展应"以人为本"

产业定位需要建立在以人为本的市场导向基础上，应系统研究我国人口结构和收入结构。人口年龄结构给出本国居民自身发展的客观需要，收入结构则决定了这些客观需要在何时并以何种规模转化为有购买力的市场需求。因此，东北经济转型升级的发展规划需要建立在宏观环境、我国现行产业结构和市场需求未来发展趋势的分析基础上。民营企业投资必定是以市场为导向的，吸引民间资本需要考虑产业发展的市场容量。国家投资也需要支持有持续市场需求的产业发展，以避免战略资源的错配或浪费。

当前中国产业结构存在严重失衡。由于以银行为主体、以国家信用担保为基础的金融体系的扭曲，出现过度依赖抵押品和国有制成分的金融资源错配，形成制造业、房地产业和地方政府基础设施过度投资和重资产行业产能过剩的严重局面。目前制造业产能利用率在 65%—70% 之间，过剩产能规模估计是加入 WTO 前的 5—7 倍。2015 年国企和央企负债率分别高达 74.5% 和 89.5%。在民间投资持续低迷背景下，我国基础设施投资持续保持在 20% 的高增长，除了保增长外，也是为了消化过剩产能、避免国有企业塌陷引发债务危机。作为民营企业主战场的纺织服装等轻工产业，产能过剩也是十分严重的。中国生产的纺织品在全球范围铺天盖地，以 T 恤生产为例，早在几年前年产量就达到了 500 亿件，全球每人每年 7 件的供应量。相信近十年来民营企业已经经历了自发的市场调整，这也是产业资本游离实业、脱实向虚的重要背景。因此，东三省的产业发展需要寻找新方向，寻求新突破。本土制造业发展的主要任务是稳中求进、转型升级，绝非规模扩张。

从"以人为本"的发展理念出发，笔者可对产业发展和财富结构调整的未来趋势做如下推演：

- 最终消费需求的演变趋势是，随着人口老龄化和人均收入的提高，物质产品消费的相对重要性下降；精神文化产品、体验与即时消费服务的重要性增强。中国居民出境旅游、休闲和度假已多年维持在 1 亿人次之上，并保持快速增长势头；

《战狼2》票房突破50亿元的个案也从一个侧面反映了人们对文化产品及其多样性选择的"饥渴"。

· 财富结构演变趋势是，技术折旧、物质损耗以及共享理念的兴起将共同导致物质财富需求及其市场价格的相对下降；精神文化财富具有共享性、耐耗性或永续性，其效用与市场价值将不断上升。

· 具有文化内涵和技术含量的物质产品生产能力（涉及制造业优化升级与消费品质量与品牌影响力的提升）、精神文化产品的生产能力、以及即时消费服务的供给能力的重要性日益显现。

· 发展水平的多层次性与多元社会结构将使中国各阶层分阶段先后继起地进入到"后物质主义"时代。

· 生产将从标准化、大规模的生产方式转向个性化、人性化、多样化和小制作的生产方式。

· 与此相适应，经营理念和商业模式将面临不断的创新与变革。

Ⅱ 东北振兴需要"增量改革"

笔者认为，以往东北振兴政策未能取得成功，很大程度上是因为新资源被旧体制（特指根植于本地文化深处的隐性体制或潜规则）吞没。有效率的企业组织是有效组织社会资源进行投资和生产的微观主体，东北缺乏有效率的企业组织是东北塌陷的直接原因。以往中央政府所给的地区发展政策只是提供资金或增量生产资源，未能对培育有效率企业组织发挥积极作用。东北振兴需要将重心放在营造有利于现代企业组织发育和成长的制度环境上。增量改革的内涵有两点：

1. 创设改革试验与新产业发展的特别行政区

制度能否输入？或者说在旧体制上能否复制新制度？如果不是不可能，那也是极端困难的。从正反两方面经验来看，美国在发展中国家推进"华盛顿共识"，试图输入有利于外商直接投资的西方制度，实验证明是不成功的，甚至是很失败的。相反，中国在曾经的边陲渔村深圳建设经济特区则取得了伟大的成功。其成功经验就是"一张白纸可画最新最美的图画"。新制度的植入不会有本土利益集团的干扰，新制度形成过程中从外部招商引资、引进人才、技术和劳动者，任何企业和个人都需要按特区的制度和规则行事。建设改革试验与产业发展特区是以先进制度整合外来资源，排除了旧势力扭曲新制度扼杀外来新生力量的可能性。因此，可在东北三省自然环境良好，经济相对落后的地区分别设立一个作为改革试验田和新兴产业发展基地的特别行政区。特别行政区具有地级市的行政级别，归国家发改委直管，税收由省市两级政府分成。

2. 国有经济维持稳定，非公经济自由发展

"增量改革"是中国渐进经济改革取得成功的重要经验。20世纪80—90年代，我国政府通过财政投入和银行政策性贷款维持国有经济稳定，同时促进非公经济快速发展；在非公经济壮大起来后，党的十五大启动了国有资本退出竞争性行业的战略调整。亏损累累的国有企业通过民营化改革起死回生。民营部门在快速发展的同时也帮助国有部门消化吸收了数千万下岗工人。国有部门就业已从21世纪初的60%下降到目前的15%。

笔者建议，东北过剩行业的国有企业改革应在强大的组织动员和形成社会共识的基础上以分拆出售子公司/分公司的方式瘦身，或者以降薪休假、下岗培训、带职停薪等更为温和的方式部分去产能，近中期以维持社会经济稳定为直接目标。同时让民营企业和三资企业在特别行政区自由发展。政府以土地和自然资源入股形成国有股权，以财务投资者身份分享企业成长成果，不干预企业的经营活动。特别行政区初创时期实行两免三减半的税收优惠政策；特别行政区官员可由中央政府从沿海开放省市干部中选派，也可向社会公开招聘，行政和企业管理业绩突出的优先录用；在行政高效率基础上实施高薪养廉的薪酬制度。

3. 东北振兴的新产业定位：直接为人服务的最终消费产业

2007 年中国人口占全球 19%，消费仅占全球的 5.3%，美国人口占全球 5%，消费却占全球的 30.2%（瑞信，2008）。中国借钱给美国人支持其高消费的相互依存模式长远来看对中国具有更大的战略风险。中国经济转型需要需求侧改革，即加大力度启动内部消费需求，以减轻经济增长对投资和出口的依赖。

有三个总和生育率数据可基本刻画中国人口结构的主要特征和消费需求的变化态势。我国 1961 年、1990 年和 2015 年的总和生育率分别为 6.1、2.2 和 1.047。20 世纪 50—60 年代这一代的人数大约是后面两代人的 1.5 倍，而且"50—60 后"和"80—90 后"这两代人是财富已经积累和正在快速积累的人群。未来十余年中国进入中产阶层的人数将达 6 亿—7 亿人。因此研究这两段年龄人口的消费需求将可锁定未来大部分高成长产业的所在领域。

2020 年，1950—1965 年出生的人群年龄在 55—70 岁。其需求的排序应该是：健康、高品质食品、休闲娱乐和度假旅游。相比较，"80—90 后"一代的年龄在 20—40 岁，有着高品质食品、强体健身、文化娱乐、冰雪运动与野外体验等消费需求。除此之外，学习已经成为现代人的基本生活方式，因此在上述消费产品和服务业的发展中还可嵌入各类教育培训项目。比如老年人的文化艺术鉴赏与体验项目、年轻人的各类技能培训以及供各大企业开展培训的基地都可开设。东北三省完全可以借助其冬天冰雪、夏天凉爽、春华秋实的气候条件，较少污染的森林环境，以及多国文化与本地少数民族多元文化交融的比较优势，建成中产阶层休闲、度假和游乐的人间天堂。

最后，需要放宽外资的市场准入，吸引国外领先的大健康、大文化企业进行直接投资，或以 PPP 的方式，将民营资本、外国资本与国有资本相结合，创设全球一流的文化娱乐企业，弥补现阶段当地旅游文化产业品位较低、品种单一的供给能力不足的现状。

上海如何应对北京、深圳的竞争？ *

钱军辉 / 上海交通大学安泰经济与管理学院经济系副教授

城市的竞争就是人才的竞争。如果顶级人才争相到上海居住，上海就会成为顶级城市。

在人才竞争方面，上海的处境已经不容乐观。跟深圳相比，上海的人才政策缺乏包容性。《上海市城市总体规划（2016—2040）》草案（下称"上海2040规划"）中2500万的常住人口目标不切实际、作茧自缚，最终人口仍然会流入，但公共服务的供应跟不上，不仅会影响上海的生活品质，而且会加强本地人的排外情绪。而深圳的口号是什么？是"来了，就是深圳人"。当上海羡慕深圳的活力时，应当深刻检讨自己的理念是否出错。一些指标上有差距，辛苦一点就可以赶上，理念上有差距，方向就错了，越努力越落后。

在人才政策方面，上海和北京均远远落后于深圳。优质的教育资源，不仅吸引学子，也吸引他们的父母以及未来的父母。在这方面，上海相对北京有先天不足。北京有普通高校84所，其中211高校24所，985高校8所，而上海有普通高校66所，211

---

* 原文发表于上海交通大学中国发展研究院微信公众号。

学校 9 所，985 高校 4 所。不仅数量少于北京，质量也有明显差距。当然，在国际上比较，即使北京的教育资源也谈不上充裕。比如仅 850 万左右人口的纽约市，拥有超过 120 所高校。对比之下，上海 66 所普通高校对应 2 400 万常住人口。全国来看，中国 13.5 亿人口对应 1 200 余所本科院校，而美国 3.5 亿人口对应 3 000 余所本科院校；在质量方面，全球前 200 名大学中（泰晤士世界大学排名），中国大学仅有 2 所，而美国有 63 所。因此教育资源的匮乏和低质量是全国现象，体现了教育供给的计划体制与国人不断增长的教育需求之间的根本矛盾。

在教育资源方面，上海落后于北京，领先于深圳，但深圳在奋起直追。很多国内一流高校，包括远在千里之外的哈工大，已经到深圳兴办分校。分校往往有比原校区更活的机制，因此深圳教育和经济一样没有历史包袱。可以说，上海不进则退。

人会选择环境好的地方居住，在环境方面，深圳远胜上海，上海则领先于北京。但是上海对北京的领先优势并不稳固。笔者猜测，雄安新区的建设很可能给北京人带来惊喜：北京的空气质量将大幅提升。如果部分首都功能迁至河北污染腹地，河北的环境整治必然力度空前，对北京空气污染可起到釜底抽薪的作用。而上海空气质量的提升不仅要求诸己，还要求诸江浙。

在经济潜力方面，上海背靠长三角，深圳背靠珠三角，基本可以打平手，而北京相对较弱。当然，长三角能否领先珠三角，很大程度上取决于上海发挥什么样的"领头羊"作用。如果上海在人才竞争上败于深圳，甚至广州（别忘了还有香港），笔者无法想象长三角何以领先。

笔者久居"魔都"，已把上海视为第二故乡，自然希望上海能成为世界顶级都市。上海当然也有此潜力，不过这就要看上海如何应对来自南方和北方的挑战，如何吸引人才，留住人才。

要做到这点，上海市政府应当尊重经济规律，有所为，有所不为。首先说"不为"：不限制人才流动和土地供应。上海应淡化人口目标，让人们自己决定来不来上海。一旦来了，就是上海人，上海应该有此胸怀。所谓人口承载力是个十足的伪命题，没人能算清楚上海能容纳多少人，这不能作为政策依据。计划经济时代，1 000 万人也嫌多，各种物资都紧缺，年轻人工作分配难；市场经济时代，2 000 万人也嫌少，商品琳琅满目就怕卖不出去，时不时还出现用工荒。

人来了，要有地方住，上海应放弃对建设用地规模的控制，同时更多地让市场决定住宅用地和工业用地的比例。"上海 2040 规划"中建设用地零增长的目标是不幸的，除了炒房的人，没有人从中受益。在建设用地中，工业用地比例过高，成本过低，而住宅用地比例过低，成本过高。上海应当敢为人先，改革用地制度，让市场在土地资源分配中起到决定性作用，允许工业用地价格上升，住宅用地价格下降。工业用地价格上升，可推动低附加值工业撤出上海；住宅用地价格下降，才能从供应端入手控制房价。

再说"有为"：在公共服务供应方面，上海应当积极"有为"，建设世界一流的宜居城市。从 1995—2014 年的 20 年间，上海常住人口平均每年增加 50 万人左右。大量的人口流入应当作为给定条件，在此基础上考虑公共服务的供应，而不是按"上海 2040 规划"中的 2 500 万人口目标来规划公共服务（按此目标，今后 20 多年平均每年只能增加 4 万多人）。实际上，如果发现常住人口增长缓慢（2010 年上海世博会后每年常住人口增长下降到 25 万以下），甚至出现下降（2015 年首次出现下降），那么就要引起市政府的警觉和自我检讨：是不是土地价格（房价）涨太快了，是不是外来务工人员子女没有学上？这两个现象，最近几年恰恰都真实发生了。

上海应努力补齐教育短板，让外来务工人员子女也能在上海得到高质量的教育。实际上，上海有潜力、有禀赋成为华东地区的教育中心。"教育中心"的建设比所谓"四个中心"建设更具体、更实惠、更有吸引力。上海已经在事实上成为华东地区的医疗中心，这是有目共睹的无冕之王。上海也能成为教育中心，只要在供给侧松绑、发力。

在高等教育方面，上海市政府应推动在沪高校扩招，同时积极争取国外和民间力量在沪办学。在初级和中等教育方面，上海应全面提升公办教育质量，为教师加工资（为情怀奠定物质基础、吸引和留住优秀师资），改善学校硬件条件（为本市中小学教室安装空调和新风系统）。同时，推动私立和国际学校在沪多开分校，提供多元化的教育选择。只有在供给侧发力，增加高质量教育的供应，才能真正实现为学生减负，培养阳光灿烂的、有创造力的下一代。

建设宜居城市，应当全市一盘棋，有大布局。当前各区在规划上各自为政，导致上海四面八方都有工业区，住宅与污染紧邻，私家车与集卡抢道。各区之间也缺乏交通毛细血管，断头路到处可见，出行就拥堵在主干道。在郊区的发展规划上，上海应改变思路，变各区的微观规划为全市范围的土地分区管制（zoning），一方面实现城市工业、交通、绿地、医疗、文化、教育等功能的科学布局，另一方面更大程度地让市场分配土地资源。若如此，上海不仅可以成为经济龙头，也会成为城市管理改革的龙头。

笔者仍然记得 2010 年上海世博会的主题：城市，让生活更美好。城市建设不能忘记初衷：让人的生活更美好。生活美好的城市，自然能在人的竞争中获胜，继而在城市竞争中获胜。城市有没有人口上限，是个百无一用的问题。到达上限时，市场自然会用价格信号告诉我们。在这之前，城市的管理者应当以人来为喜，人去为忧，这是城市管理者应抱有的赤子之心。如果"莫须有"地认为人已经太多了，或者说所谓的"低端人才"太多了，那么必然限制土地和公共服务供应，"房价赶人""教育赶人"这样的恶政就这么来了。

理念对了，努力才有意义。人才不分高端低端，各行各业相互共生。越是优秀的人，越需要更多所谓的低端服务（家政、司机、快递等），才能毫无后顾之忧地做自己专业的事。"低端人才"跑了，"高端人才"也留不住。

理念对了，摆正目标，上海市政府仍然大有可为：在"有所不为"中纠偏，在"有为"中补短，以人为本，在改革中发展。如此，得天独厚的上海必成为生活美好的世界顶级都市。

"四化同步"中的农业现代化问题与思考[*]

于　冷 / 上海交通大学安泰经济与管理学院应用经济系教授

党的十九大提出"推动新型工业化、信息化、城镇化、农业现代化同步发展",这不仅为中国未来发展勾勒了一幅宏伟蓝图,也为农业发展、农村建设明确了方向。但是目前我国的"四化"并不同步,信息化发展快、趋势好;城镇化实际发展落后于统计指标;工业化基本实现但同时存在大量产能过剩的部门;农业现代化为国民经济发展做出了巨大贡献,但还没有充分"享受"到其他"三化"的好处。同时,虚拟经济崛起、金融过度膨胀、房地产一家独大,这些方面都对我国的"四化"发展带来了强大的冲击。随着近年来社会的变化,"四化同步"发展应该具有更深刻的含义,即进一步加强技术、社会和产业之间的融合与协调。

‖ 社会进步的基础与发展趋势

工业革命带动了社会的巨大进步,纺织机、蒸汽机等作为重大的技术创新功不可

---

* 原文发表于 2017 年 12 月 7 日《社会科学报》第二版。

没，但是标准化、流水线所造就的规模经济才是商业发展、社会繁荣的基础，也造就了福特汽车、波音飞机、沃尔玛和喜达屋等大企业。可以说 20 世纪前，供给侧的规模经济决定了企业的成功，它们之间的竞争进一步促进了技术进步和商业发展。

而现在的情景有所不同，我们每天工作、生活离不开的携程、淘宝、Uber 等，它们没有客房，不生产产品，也没有车子，但是这些企业规模庞大、成长迅速且获利丰厚。淘宝针对当时中国大量中小企业开拓市场、交通沟通不畅、商业信誉缺失、支付方式不便等痛点，通过互联网技术构造了信息、交易、支付平台，很好地迎合了当时中国商业活动的需求，因此得以快速崛起和规模化发展。表面上看它们是信息化的高新技术企业，之所以迅猛发展源于技术创新，但实质上是把握和利用了需求侧的新变化、新需求。

可见，社会的进步源自于商业驱使，依赖于规模经济，而技术只是手段和形式。只有认识到这一点才能更好地推进中国的"四化"，才能使我国经济社会更快更好地发展。

Ⅱ 中国农业发展的问题与思考

2017 年中央一号文件将中国农业的主要矛盾表述为"由总量不足转变为结构性矛盾，突出表现为阶段性供过于求和供给不足并存，矛盾的主要方面在供给侧"。其实供过于求，或者供不应求，都是在某个价格基础上才存在的，如果价格能正常波动就该实现供给均衡，过剩和短缺往往都是价格干预的结果。下面利用简单的等式来看问题的本质：

$$农民总收入 = 产品价格 \times 产品产量$$

以玉米市场为例，由于我国农业一直重视粮食产量，玉米增产应该是政策导向的结果；同时我国又关注粮食价格，政府制定的支持价格（玉米临时收储价格）逐年提高；最后政府也很关心农民的利益，强调农民收入势头不逆转。如果这三个变量都是政府干预的，这个等式就难以成立了。面对市场规律，政府要有舍才有得，要明确农业发展的

主要目标。

目前我国农业的"阶段性结构性问题、供给侧问题"应该是短期现象，而"需求侧问题"会长期存在，更应该得到重视。短期的结构问题可以通过效率提升得到缓解和解决，而长期的有效需求不足问题会一直制约着农业的发展和农民增收。农业发展要"提质增效"，质效双飞，这对于我国更加重要。

增效主要指生产效率，虽然现阶段供过于求和供给不足并存，我们可以通过国际贸易实现均衡；即使我国土地、水资源等有限，通过增效还是能够满足数量上的需求。但是在质量方面，有效需求不足，即消费者不愿意为优质、绿色产品付出更高的价格，这既是习惯低价的路径依赖，更是消费观念的错位。一般来说，随着收入的增加，消费者对食物数量和质量的需求都会提升，会购买更多的高价优质产品，但是现在很多国人可以花千万元买房子，花几万元买名牌手表、手袋，却不愿意为一顿饭多花几元钱；口里一直强调食品安全重要，却不愿意为安全付出代价，这样就难以形成对安全优质农产品的有效需求，也就使得亿万农民失去了依靠生产增值产品增收的机会。如果我国农业仅仅能实现增效（而不能同时提质），劳动生产率、土地生产率大幅度提高必然导致供给的扩大，但由于需求缺乏弹性，从而会导致产品价格大幅下降，农民增收难以实现，更重要的是大量农民闲置下来将会面临就业困境。

Ⅱ 对农业现代化的理解和认识

1. 农业的作用与农业现代化

农业既是一个产业，更是其他产业发展的基础。作为产业，农民通过生产能够谋生、致富，这一点和其他行业一样。但是，在国民经济中农业有着非常重要的作用：农业的技术进步扩大了农业的供给能力，导致农产品的价格不断下降；消费者享受到了低的产品价格，就有更多的钱用于购买其他产业产品；闲置下来的劳动力也为其他行业的发展提供了可能；同时农产品也为其他行业提供了价廉量多的原料，从而促进了其他行业的快速发展。

图 1 是美国小麦市场的均衡变化过程，在 1950 年其小麦价格为 19.53 美元 / 蒲式耳（按 2015 年不变价格计算）；经过 60 多年的农业技术进步和生产效率提升，小麦供给能力大幅度提高，但小麦的市场需求增加相对有限，导致小麦价格大幅度下降，2015 年仅为 5.00 美元 / 蒲式耳，但是小麦的均衡数量从 1950 年的 10 亿蒲式耳增加到 2015 年的 21 亿蒲式耳。期间美国的农场从 500 万个减少到 200 万个，农民从 2 300 万人减少到 230 万人。由于农产品价格的不断下降，只有最有效率的农场才能盈利，仅依靠农业收入的小农场难以生存，从而导致美国越来越少的农场供应了越来越多、越来越低价的农产品。

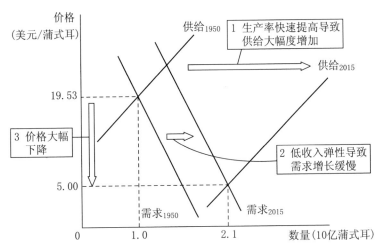

图 1　美国小麦市场历史变迁（1950—2015 年）

在这一过程中，农民为了增加收入，充分选择、利用了机器、良种、化肥农药、GPS 和转基因等农业技术，推动了美国农业现代化，农业生产率持续提升（见图 2），农产品产量不断增长。

同时其他行业从农业发展中获得了廉价的产品、更多的资金、充足的劳动力，使得非农行业不断壮大、发展迅速。农业的作用充分体现，而农业在国民经济中的比重也不断下降。这既是产业结构转变的正常逻辑，也是社会经济发展的必然过程。根据世界银行的数据，近 20 年美国农业增加值占 GDP 的比重一直维持在 1.45% 以下；我国农业

指数（1948年＝1）

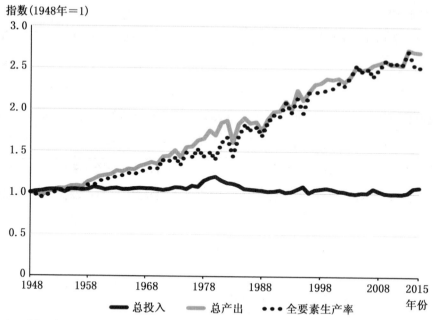

注：图中指数 1948=1。

数据来源：www.ers.usda.gov。

图 2　美国农业投入、产出和全要素生产率指数变化

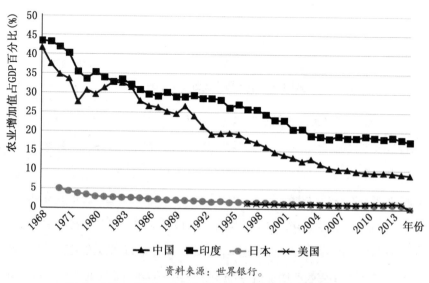

资料来源：世界银行。

图 3　中国、美国、日本和印度的农业增加值占 GDP 比重

增加值占 GDP 的比重也从 1960 年代的 40% 下降到 2015 年的 8.88%（见图 3）。

　　但是发展中国家，包括中国在内，基本上没有顺利完成上述产业结构的转变，当其工业已经发展起来后，农业仍然滞留了大量的农民。图 4 是各国制造业占 GDP 的比重，可以用来衡量其工业化发展程度。在中国由于人为的城乡割裂、工农业剪刀差等，依靠劳动密集的农业增长极大地促进了工业和其他产业的发展。当工业开始反哺农业，利用其他行业的科技和装备发展农业现代化的时候，大量的农业劳动力无处释放，又加上信息化、机器人时代的到来，农业劳动力的转移更加困难。这应该是中国农业的特色之一，也是面临的巨大挑战。

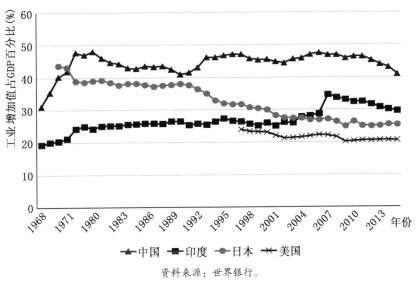

资料来源：世界银行。

图 4　中国、美国、日本和印度的制造业增加值占 GDP 比重

2. 中国特色的农业现代化道路

　　面对上面的困难，并非是说中国农业不能现代化了，而是要选择走什么样的特色道路问题。农业现代化的本质是市场化，手段是科技化。只要利益驱动，农民便会做出明智的选择，这就是依靠市场配置和利用资源。科技化主要是通过技术进步，在资源有限、不变的前提下得到更多更好的产品。

技术发展方向的选择也应该是市场化的结果，即速水佑次郎（Yujiro Hayami）和弗农·拉坦（Vernon W.Ruttan）所说的诱致性技术创新。在两位学者的著作《农业发展的国际分析》中，将农业技术分为两大类："劳动节约型"的机械技术和"土地节约型"的生物化学技术。其实证研究表明：美国通过农业机器替代了其稀缺的劳动力，日本通过生物化学技术替代了其稀缺的土地资源。针对国情，中国农业科技的道路应该是土地、水资源替代的技术取向，而非劳动替代的技术发展方向。尽管如此，随着农业效率的不断提升，还是会有大量劳动力退出农业。

发展适度规模经营也应该立足国情。一方面规模经营应该是利益导向的，即规模经营如果能够降低成本、增加收益就会被农民所选择，是个内生的决策，而不应该是政府主导的；另一方面"适度"很难把握，只有农民自己摸索实践才知道，因为规模经营涉及不同的作物、技术能力和管理能力，即使我们能够实现"适度"规模，也根本无法与美国的农场规模相提并论，也达不到美国的农业生产效率。规模经济的来源就是固定资本被分摊、要素之间可替代（如资本替代劳动），这必然导致大量农业劳动的退出。

所以，只有解决好退出农业劳动力的就业，能够让这部分农民融入城镇化建设中，才能为中国农业现代化奠定基础。

3. 农业现代化的结果

我们一直在追求农业现代化，但是可能还不清楚现代化之后到底会怎么样？农民的收入会提高多少？其实，农业现代化只能说明农业生产的能力和效率提升，并不能保障农民的收入。

对照发达的美国农业，一般来说只有大的农场才有高的农业收入，在美国约有90%的小农场，它们的产量仅占总产量的14%，从农业获得的收入很有限，很多是亏损的；而美国10%的大农场生产了其86%的农产品，这样才能从农业生产中获得高的收入。但不幸的是，农场越大风险也越大，即农场年度间的收入波动非常大，甚至会出现亏损。

　　美国农业虽然实现了现代化，但是农产品市场价格波动很大，从图 5 可以看出玉米、小麦和大豆的加权平均价格波动幅度在 40% 左右，而食物的 CPI 变动很小。2015年美国农场收入比 2013 年下降了 50% 多；其农场农业收入的中位数为 48 057 美元，其年度间的变化幅度甚至可以达到 86 462 美元，比农业收入中位数高出 80%。

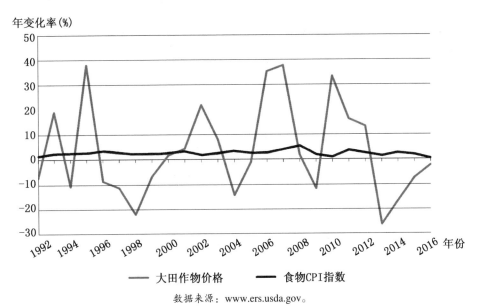

数据来源：www.ers.usda.gov。

图 5　美国 CPI 指数与作物价格年度波动幅度

　　这是由农业的性质及其所处的市场结构所决定的，农业生产受天气影响大，产量经常波动；又因为农民数量多，产品同质，进入自由，是一个完全竞争的市场，每个生产者仅仅是一个价格接受者，其收入难以得到保障。即使信息完全充分，也难以改变这个结果。即使农业部的领导们去种田，尽管他们能够拥有充分的市场信息，但也难以保证获利。农业现代化仅能保证农业生产的高效率，或者依靠技术改善"靠天吃饭"的命运，但是面对市场价格的变化仍是无能为力。

4. 食品价值链中的农业

　　参考美国 1 美元食品的增值过程，如图 6 所示，可以看到农业生产仅有 8.6 美分的增加值，而加工（含包装）、流通（含运输）和餐饮服务分别占据了 18.1 美分、25.5 美分和 34.4 美分。

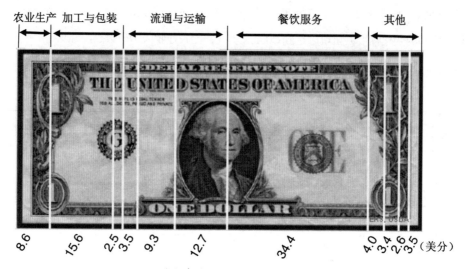

数据来源：www.ers.usda.gov。

图 6 2015 年美国 1 美元食物的价值链增值分解

可见食品价值链中农业生产的增值作用很小，如果再去除农业生产的投入，农民的盈利很少。据此可能会引出减少中间环节的"产销对接"思路，实际上这是一种错误的观念。食品价值链中的各个环节都是不能缺少的，能够改变的只是由谁去完成不同环节的工作。不是农民参与的环节多就赚钱多，而是取决于谁做得专业和高效。应该鼓励农民发挥专长，种地好的去种地，善于收购的做流通，实现农民最大的价值。

此外，"依靠价格提升支持农业生产"的思路也是不可取的，这样似乎是可以提高农业生产增值在食品价值链中的比重，提高农民的收益，但是会使得终端产品失去竞争力。比如提高玉米收购价格增加了农民收入，但会引起饲料价格上涨，最终会使得猪肉价格上升，失去比较优势，导致进口猪肉数量增加，从而导致产业风险。

通过前面的分析，我们看到农业现代化的结果：提高了农业的生产率，资源的利用率，会使得农产品价格大幅度下降，同时还要转移出大量的农业劳动力，但农业现代化的实现并不能够保证农民收入的稳定，农业作为一个产业逃不开市场规律的束缚。

Ⅱ 我国农业现代化的发展思路和建议

农业现代化发展的思路就是要在"四化"同步中，从大局出发，加强与其他"三化"的联系与协调，既要有历史视角，又要有改革动力；既要从国民经济大局出发推进现代农业建设，又要能得益于信息化、工业化和城镇化的发展和支撑。当前推进农业现代化建设，要切实把握好以下三个方面的问题：

1. 处理好政府与市场的关系

政府和市场都是配置资源的方式，处理好二者的关系实际上是机制选择问题。

作为产业，农业发展应该主要依靠市场机制配置资源，依靠市场力量提升效率，农业现代化的道路选择也是市场化的结果；但是农业不同于其他产业之处就在于它受到自然和市场的双重影响，同时作为第一产业对环境有很大的影响，为此农业政策导向应该更加关注农民增收、农业保险、基础科学研究和环境保护。

作为国民经济的一个部门，农业与其他部门之间的平衡需要政府的干预。我国的工业化是国民经济发展的支柱，因而政府会主导、计划和干预工农业发展，其中农业的稳定发展为工业化奠定了基础，作出了巨大贡献，但是也导致了当前脱离市场的农业困境。为此，在农业现代化建设中政府既要从历史的视角看农业发展，不能操之过急，不能因为粮食多了就把农民彻底赶进市场，也不能继续以保证城镇低收入居民生活水平为由限制农产品价格上涨，或者说政策应该坚持对农业进行补偿。中国的农业现代化不可能一日实现，市场化方面应该结合国情逐步推进，前提就是保证农民的利益，要通过补贴（非价格干预）来稳定和保证农民的收入；科技化方面应该通过政策引导工业企业关注农业和服务农业，通过基金、减税等措施为涉农企业提供支持，鼓励合约农业，促进产业融合、延伸农业价值链、把工业化的成果为农所用，农业应该是未来我国工业化的一个重要市场。

2. 选择适合国情的农业技术进步路径

科学技术进步是农业现代化的重要手段，技术取向决定农业发展方向，科技成果转化方式决定农业现代化的效果和效率，实际上决定了农业现代化道路。

目前我国农业科技研发与推广的结合还不十分紧密，科技投入的成效还不够高，科研管理体制还不能完全适应农业现代化建设的需要。突出表现在两个方面：一是在科研方面，大多还是沿用原来的计划立项方式，存在着科研立项脱离实际、多部门立项重复建设问题，也存在着重论文发表和专利申报而忽视、偏离解决农业生产实际问题的现象；二是在技术推广方面，大多仍依赖传统的行政运作模式，不习惯商业化、市场化运作方式，部分从业人员专业不匹配，有些技术服务靶向不明确，与实际需求脱节。

农业技术取向既依赖农业现实需要，又依赖农业资源禀赋条件。我国农业总体上的特点是"人多、地少、水缺"，但我国地域广阔，气候条件和资源禀赋条件差异较大，在利用市场配置农业技术资源的同时，必须充分发挥好政府宏观调控的作用。要在深入普查农业制度、农民需求以及农业资源禀赋条件的基础上，开展针对性的农业科研攻关与技术推广，不能整齐划一，强调一种模式。同时要进一步完善农业科研体制机制，整合现有的农业科技资源，改变评价机制，坚持问题导向，引导科技研发重点向解决实际问题的方向倾斜，为现代农业建设提供直接有力和有效的科技支撑。

3. 把握好供给侧与需求侧的动态平衡

把握好供给侧与需求侧的动态平衡，事关国家经济持续稳定发展的宏观大局。

当前农业供给侧方面的问题非常突出，是农业发展中的主要矛盾，但随着相关政策的持续发力和市场作用的充分发挥，农业供给侧（农业一个产业或一个产品的供给侧）的矛盾一定会逐渐缓解和化解。而随着供给矛盾的缓解，需求侧的矛盾或问题必然会逐步凸显出来，进而有可能转化成为主要矛盾。因此，在深化农业供给侧结构性改革中，我们要统筹兼顾，未雨绸缪，及时把握主次矛盾的转换节奏，牢牢掌握工作的主动权。

从当前的需求侧看，存在着需求不足或者说需求错位的现象，从而对经济增长的牵引作用发挥不充分，应予以足够的重视。如果居民收入的增加大都投向了房地产、子女教育和医疗、养老，那么日常的消费必然会被压抑，内需难以有效扩大。同样道理，当前一部分安全、优质农产品的有效需求不足，这既有消费观念的原因（把口味排在了营养、卫生和健康之前），也有消费构成的原因（购房、投资、子女教育和医疗、养老等挤占了正常的消费），长此以往，不仅农业和食品产业发展受滞受阻，整个国民经济发展也将受到较为不利的影响。因此，在调整优化产业产品结构，增强农产品供给的适应性和灵活性的同时，应该加大宣传力度，积极引导农产品消费，特别是要讲好农业品牌故事，充分展示中国农业的发展力量，提高中国农业品牌的影响力、认知度和消费水平。

城市品牌的打造 [*]

余明阳 / 上海交通大学安泰经济与管理学院市场营销系教授

城市品牌是基于城市的区位特征、历史沿革、产业优势、消费心理和独特文化的城市形象的综合表征。城市品牌在中国受到关注，只有十几年的时间，过去的中国城市，千城一面，千篇一律，同样的高楼大厦，同样的宽阔马路，同样的商业氛围，同样的市政广场，同样的文体设施，同样的高等院校，这样的发展方式，让城市失去了温度、减少了魅力。今天，我们要打造有温度的城市、有文化差异性和有独特魅力的城市，品牌的塑造显得尤为重要。

中国最早有定位的城市，是北京、上海和广州。我们通常把北京叫城，广州叫市，上海叫滩。也就是说人们把北京理解为充满着政治和官方色彩的城市，坊间俗称的"帝都"大概就是这个道理。而上海市场色彩丰富，国际气息浓郁，"魔都"的雅称便由此而来。相比之下，广州更加亲民，无论从房价到物价，广州的生活成本远低于京沪。市民城市的风格呼之欲出。在三大城市品牌营造的引领之下，深圳提出了要打造"创新之都"，深圳以更灵活的机制，更自由生长的氛围，冒出了一大批充满着创新精神的著名

---

[*] 原文发表于 2017 年 12 月 21 日澎湃新闻"澎湃研究所"栏目。

企业，其中有华为、中兴、腾讯、比亚迪、平安、招商银行、万科、华大基因、大疆无人机等企业。如果说上海的城市代言人通常是姚明、刘翔、陈逸飞、周小燕、胡歌等文化人士的话，那么深圳的代言人则是马化腾、王石、任正非、马明哲、马蔚华等一系列商界领袖。这种城市特质的差异，构成了品牌的内在基因。

杭州，过去因为与上海距离的相邻，在中心城市辐射力上，差强人意，为此，杭州提出了"东方休闲之都，品质生活之城"的城市品牌宣言，提出了"住在杭州，游在杭州，学在杭州，创业在杭州"的四大卖点，使杭州成为独树一帜的新一代城市品牌的典范。杭州培育出了阿里巴巴这样巨无霸级的新经济代表企业。通过国际动漫节的运作，杭州跃升为中国动漫产业的中心。杭州市政府通过创办丝绸与女装节，同以男装著称的宁波和温州进行错位竞争。同样，通过西溪湿地、宋城等新的旅游资源的开发，杭州的旅游由单纯的西湖，推向周身，并通过《非诚勿扰》等电影的植入营销，将西溪湿地打造成为新的旅游标杆和生态居住的理想之处。2016 年的 G20 峰会，更是为杭州的发展提供了强大的助力。今天的杭州，已开始在钱江两岸打造出杭州的外滩，成为杭州城市住房品质最高的区域。十几年前的杭州和宁波，GDP 的最小差距只有 28 个亿，而2016 年，杭州 GDP 已经领先宁波 3 000 多亿，城市品牌带来的经济效应也是显而易见的。

西部的城市也不寂寞。经济体量相对较小的贵州，将"爽爽的贵阳"作为卖点，以良好的空气质量和宜居的气候条件作为核心诉求点，使贵阳发展得以突飞猛进。大数据基地的建设，更是让相对科技并不发达的贵阳，成为了全中国乃至全球的大数据中心。以贵阳为代表的贵州旅游业，包括千户苗寨、梵净山等一系列的新兴旅游景点，让贵州成为西部旅游产业增长最快的区域之一，而"多彩贵州"的形象，也已深入人心。

成都，被称为"蜀中江南"，其良好的服务体系和相对舒缓的生活节奏，在过去曾赢得过"少不入川"的评价。今天，这种闲适的生活方式，恰恰成为都市人共同的生活追求。农家乐全面崛起，以民宿为代表的新型生活方式深入人心。吃点麻辣烫，打点小麻将的慢生活方式，琳琅满目的各种小吃，相对低廉的生活成本，让成都变成了一个来了以后就不想走的城市。闲适的生活，并不影响创业的激情，成都市政府及时提出了"成都，都成"的口号，为成都创新创业和科创发展营造了良好的管理氛围。成都互联

网产业、教育、制药、服务和高新技术产业都在国内占据举足轻重的地位，使得成都经济体量一直在中西部板块中名列前茅，稳居中国城市 GDP 前十强。

珠海，在整个粤港澳大湾区中，它的经济体量显然难以和广深港澳相抗衡，但"浪漫之城"的城市品牌，为珠海赢得了诸多的拥趸。中国第一条情侣路在珠海产生，以格力为代表的先进制造企业在珠海的优美环境衬托下熠熠生辉。中山大学、北京师范大学等高校相继落户珠海，莘莘学子在优美的环境下享受着阵阵书香。在商业氛围浓重的南粤板块中，珠海是独树一帜的。

武汉，中国绝对的中部城市，肩负着中部崛起的千钧重担。这几年来，武汉无论是城市建设还是产业布局，无论是交通枢纽建设还是物流体系打造，无论是商业氛围营造还是制造产业布局，都得到了长足发展。以武汉大学和华中科技大学为代表的一流的教学资源和科研力量，为武汉的发展储备了大量的人力资源。以上这些都使得武汉的经济实力一直稳居中国前十的行列。

长沙，一座介于武汉和广州两大都市圈中间的城市，显然它的经济体量很难与两大中心城市比肩，为此长沙提出了"娱乐之都"的城市品牌定位，解放西路咖啡吧酒吧一条街，独特的演艺文化，包括以湖南卫视为代表的传媒"湘军"，为长沙的发展找到了独特的魅力。湖南广电作为上市公司，在中国的传媒板块中具有举足轻重的地位，文艺"湘军"同样影响巨大。三一重工、中联重科、远大中央空调等一系列著名品牌，更为长沙城市的发展妆点出科技和事业的魅力。

威海，在整个山东的地级市中是一个体量较小的城市，以被联合国命名为"最宜居城市"作为核心卖点，打造出小而美的城市定位。优美的环境，良好的生态，富裕的民众，祥和的环境，为威海赢得了巨大的发展空间。山东大学、哈尔滨工业大学的落户，为威海注入了教育、科技和人力资源的动力。威高、好当家等一系列细分领域的领军企业，增加了诸多亮色。

不仅大中市如此，中小城市的发展，也全面进入了品牌化时代。乌镇，是中国特色小镇建设的标杆，以其江南水乡小镇的风韵和千年古镇的底蕴，营造出乌镇独特的魅力，并早早聘请了刘若英担任形象大使，刘若英的"奶茶"气质和乌镇平淡中见惊艳的风格一脉相承。从 2014 年起，乌镇每年主办一届世界互联网大会，至今已举办 4 届，一个江南小镇俨然成为全球互联网大佬聚集的地方，成为世界网络发展风向标，以至于他们的一两个饭局，都成为网上热议的焦点。不得不说，乌镇的品牌营造非常成功。

中国现有的城市，都开始走向品牌化发展的道路，当然，有些城市的品牌形象广受好评，比如武汉提出的"大江大湖大武汉"，宁波提出的"书藏古今，港通天下"，浙江嵊泗县提出的"离岛，微城，慢生活"等，都被广为传颂。也有一些城市品牌口号，则受到很多争议，比如安徽合肥，提出的口号是"两个胖胖欢迎您"，成为网上热议焦点。江西宜春，更是提出了"宜春，一座叫春的城市"这一口号，热辣火爆，引起广泛争议。但据说，宜春明月山的旅游因此而空前火爆。浙江普陀山，作为四大佛教名山之一，提出了"越来越好"这个充满双关的广告口号，成为宗教旅游中格外热门的景区。

城市和省份区域的品牌也密切相关，中国第一个为省区做品牌推广的是山东，提出了"好客山东"的品牌口号，将山东人好客、仗义、豪爽的性格突现给消费者。山东有很多值得宣传的卖点，山东是孔孟之乡，中国礼仪之邦，齐鲁文化发源地，泰山被称为五岳之尊，东瀛是黄河入海口，烟台有蓬莱仙境，临沂是革命老区，菏泽是牡丹之乡，在诸多宣传点上，山东聚焦于"好客"，打造出了独特的城市魅力。继"好客山东"以后，中国几乎所有的省区，都开始进行品牌推广。这其中有"活力广东""清新福建""七彩云南""好玩四川""多彩贵州""灵秀湖北""晋善晋美（山西）""江西风景独好""美好江苏""风尚辽宁""精彩吉林""绚丽甘肃""大美青海""神奇宁夏""文化河南"，都从某个角度传递着区域品牌的独特基因和独有魅力。

不光是城市、省区在打造区域品牌，每个街道和商圈，也都在打造着各自的品牌。我们以上海徐家汇商圈为例。上海的城市综合体林林总总，区域经济中心大同小异，同样的奢侈品专卖店，同样的百货品牌和超市品牌，同样的餐饮，同样的儿童乐园，包括顶楼同样的电影城，使得上海的区域商业中心和城市综合体，完全处于同质化竞争的阶段。徐家汇作为上海的"上只角"，向来是市民居住向往的地方。因此，徐家汇区域的住宅地产被过度开发，留给商业发展的空间又相对狭小。徐家汇商圈拥有港汇、东方商厦、太平洋、汇金百货、第六百货、美罗城等梯度清晰、层次分明的商业结构。但中间横穿几条马路，使得商圈人气集聚能力略感不足，在新的体量更大、影响力更大的徐家汇中心建成之前，如何让徐家汇商圈产生更大影响力，能有更多的差异化竞争定位，便是徐家汇商业品牌营造的关键。

为此，我们和徐家汇商城、美罗城等机构的高层联合谋划了新的深度时尚的商业定位。这种深度时尚的商业定位表现为三个方面：

一是大量引入二线小众品牌，使其产品和其他商圈产生巨大差异性。例如，美罗城欧风街、五番街，主打的便是欧洲和日本题材。引进的是欧洲和日本小众品牌甚至是设计师品牌。这些品牌，在上海其他区域很难拥有，构成了消费的差异性。

二是增加文化元素，美罗城在其5楼开辟出"上剧场"，引进著名话剧导演赖声川先生，赖先生的话剧《暗恋桃花源》在上剧场常演不衰，凝聚起了一大批话剧爱好者和白领小资。此外，还引进了颇具规模的新兴书店样式，为徐家汇这个充满书香特征的区域增添了一抹文化亮色。

三是强化消费体验。今天的城市综合体，开始由购物主导走向体验主导，过去城市综合体的标配是7层购物，2层餐饮，1层娱乐；而今天，城市综合体的标配，已经调整为5层购物，3层餐饮，2层娱乐。有些地方的城市综合体，更是将餐饮比例调整到了40%以上。餐饮和娱乐带来了互联网购物难以取代的体验感，集聚人气，释放能量，成为都市的魅力所在。当然，徐家汇商城的探索，是初步的。我们希望通过这样的个案，引起更多有识之士对于差异化定位的思考，对于区域品牌独特魅力的思考。改变"千城一面""千店一面"的呆板格局。

总而言之，品牌是一种烙印，如果说商标是注册在工商局的，那么品牌是注册在老百姓心目中的。品牌是软实力的象征，唯有品牌化的城市，品牌化的区域，才有差异化的体验，独特的魅力。在今天，科技改变世界，体验提升品质。我们希望有更多的城市区域，来关注品牌、营造品牌、提升品牌，为供给侧改革和消费升级提供强有力支撑，为人们对美好生活的向往提供更多的选择，为中国梦的实现提供重要的抓手。

传说中让中国制造业腾飞的"一剂良药"，德国二元制真的万灵吗？ *

张　磊 / 上海交通大学安泰经济与管理学院经济系副教授

去年 8 月，花旗银行和牛津大学发布的一份预测称，到 2020 年，中国 77% 的工作都可能被机器人替代，"人机协作"将成为未来工业智能化的主流。虽然"机器人取代人"不太可能大范围发生，但是因技能不足、知识老化而导致的失业威胁的确存在。很多人把希望寄托于职业教育，那么职业教育能否帮助我们抵御新技术挑战呢？

‖ 为什么德国"二元制"职业教育模式很难完全复制

几年前，李克强总理与德国总理默克尔共同考察安徽合肥学院时表示，中国正加快发展现代职业教育，愿借鉴德国职业教育的先进理念和经验，让"崇尚一技之长"的理念成为社会风尚，为推动"大众创业万众创新"、对接"中国制造 2025"和德国"工业4.0"提供支撑。德国的二元制（dual system）也因此走入大众视野，成为了传说中可

---

* 　原文发表于 2018 年 1 月 2 日上观新闻。

能让中国制造业腾飞的"一剂良药"。

"二元制"即企校合作办学的职业教育模式，企业为主导的"一元"，职业学校为辅助的"另一元"。签订教育培训合同之后，学生便成为企业的学徒工，三分之二的时间在企业参加实践活动，由企业资深师傅"传帮带"；三分之一的时间在职业学校学习理论知识和部分课程大纲中的实践课。

毫无疑问，"二元制"在德国获得了成功实践。但是，当我们考察该模式时，不能忽视了德国的历史发展和制度背景。德国的职业教育之所以能够成功帮助年轻人完成从学校到职场的过渡，并提供良好的培训，有其特定的历史原因：中世纪以来，德国的行业协会特别发达，在德国势力强大。政府和行会、工会、企业一起联合进行职业教育，行会在这中间起着制定培训标准、课程大纲、考核标准、与行业中的企业协调谈判等重要作用。而企业则根据行会的统一要求，提供高质量的全面培训，职业学校则提供行业专业知识以及一定量的通识教育。通过职业培训的考试拿到行业资质证书的合格学徒，毕业后可以在行业的任何企业里找工作。此外，在德国工会势力强大的背景下，工人一旦拥有行业证书，就好比拥有了金饭碗，不容易被企业辞退，再加上德国的高税收等背景，社会不同阶层不同行业差距不是非常大，因此职业教育成为还不错的一条发展路径。

再把目光投回中国。中国的职业教育的理念和实际发展可以用起起伏伏来形容。新中国成立之初，百废待兴，发展职业教育、培养急需的技术人才，成为迫切的国家任务。改革开放之后，中国经济进入快速发展通道，国家确立大力发展职业教育的方针。其间，一方面调整了中等教育结构，着重推进中等职业教育的发展；另一方面建立了以职工大学、技术专科学校为主的高层次职业教育。20世纪90年代，随着大学扩招，普通高中变成了求学者的优先选择。直到近几年，才又开始重新强调职业教育，并开始讨论将一些普通大学改为职业技术大学，满足高端职业人才培养的需要，并促进就业。但相对于普通教育来说，职业教育虽然同属国民教育体系，但其所享受的资源以及受到的关注依然不足。

从企业角度来说，在德国，主要的职业教育成本由企业承担，政府大概承担剩下的20%—30%。但在中国，企业已经面临日益高涨的生产成本，加之市场竞争激烈，若再承担培训责任的话更难以负重。此外，在中国居高不下的跳槽率使得提供培训的企业自身很难成为培训的直接受益者，因而企业没有任何积极性提供培训。

‖ 研究发现：职业教育见效快，通识教育走得远

除了上述德国个案，职业教育本身也存在一定缺陷。

到目前为止，一般的职业教育研究往往只关注短期就业问题，过于关注学生是否顺畅完成从学校到职场的转型，而忽视了他们是否掌握社会长期发展中应对技术和经济结构发生改变时及时转型的能力。为此，我和我的研究团队作了一项研究，我们把目光投向全球，通过分析不同国家的数据，来研究通识教育、职业教育与长期就业和收入的关系，尤其是比较接受职业教育和通识教育者在整个生命周期中就业结果的差异。

在研究过程中，我们使用1994—1998年国际成人读写能力调查（IALS）数据，采用双重差分方法（DID），比较不同教育类型国家中接受通识教育和职业教育的年轻人与年长者在劳动力市场的表现。结果表明，虽然比起"供不应求"的职业教育毕业者，接受通识教育者一开始的就业率比较低，但这一差距随年龄逐渐缩小。到50岁左右时，接受通识教育者平均就业率就会超过接受职业教育的人群。值得注意的是，这种变化趋势在"学徒制"（结合学校教育和工作岗位实践的教育体制）国家——德国、丹麦和瑞士表现得最为明显，而在没有正式职业教育体系的国家（如美国）则不存在。

同时，职业教育的早期就业优势并不足以弥补其后期对就业的不利影响。我们计算了三个学徒制国家接受不同教育类型的劳动力的终身收入现值，结果表明，在德国和丹麦接受通识教育者收入现值更高，而在瑞士则相反。主要原因是，德国和丹麦过去几十年的经济增速高于瑞士，技术进步也更快。这一关联进一步证实了研究的出发点，那就是——接受职业教育者较难适应社会技术的快速变化。进一步考察三个学徒制国家，我们发现随着年龄增长，接受通识教育者比接受职业教育者接受职业相关的培训机会更多，这也部分解释了为什么前者相对后者更具有长期就业优势。

我们在研究中使用的是 20 世纪 90 年代的数据，论文完成后，我们的德国合作者又利用最新得到的 2011—2012 年的数据进行了同样的分析。结果表明了一样的规律，即技术变革越快，接受职业教育的人更处于劣势，而接受通识教育的人有更大的长期优势。这也回答了文章开头提出的问题，即职业教育是否能够帮助抵御新技术的挑战？答案是，很难。职业教育传授的特定技能可能在短期中帮助青年人从学校向职场过渡，但这些特定技能会随着科技进步而过时，如果不能及时调整转型，这些年轻人将无法保持长期良好的就业状态。

‖ 针对性地完善现有职业教育制度

那么，这是否意味着要放弃职业教育？显然不是。应该看到，随着社会的发展，年轻人的就业问题越来越受到政府关注，其中就包括他们能否顺利完成由学校到职场的过渡。职业教育因为能够培养年轻人现有工作岗位需要的特定技能，所以通常被认为是帮助年轻人完成这一过渡的有效手段。所以，对于职业教育不应该是放弃，而应该是有针对性地加以完善。

一方面是根据中国国情不搞一刀切，允许各地探索适合自己的职业教育发展模式。

根据媒体的报道，2017 年上海全日制普通中职校毕业生的就业（含升学）率持续保持稳定，达 98.37%。这是一个很亮眼的数字。但不能把上海的水平当作全国的水平，而应客观认识到，上海是特例。作为老工业基地，上海的职业教育中学校和企业关系紧密，可以有针对性地进行联合培养。但在全国范围，尤其是中西部地区，如何帮助毕业生就业，是一个很难的问题，这些地区优质企业相对少，相继而来的就是就业机会少、地区之间缺少对职业教育课程互认机制等局限。与此同时，上海的基础教育质量为全国之首，学生基础较好，更容易在职业学校中学到相应的技能。而在中西部农村地区，基础教育质量相对偏低成为职业教育难以保障质量、中职毕业生难以顺利就业的症结。

目前，中央政府已经在农村义务教育阶段对贫困家庭学生实施"两免一补"的措施，如果在中小学的基础阶段有更大投入、提高教育质量，那么高中阶段的学业水平将有所保证，并可以进一步培养学生自身的逻辑能力、分析能力，授之以渔，提升长期发展的优势。

另一方面，职业教育的改革方向，应该是对于基本学习能力的强调，并加上终身学习的理念。

政府和教育部门在职业教育的政策制定上，应做好长短期利益的均衡，为行业输送职业人才的同时，要关注通识教育对于人才长期发展的重要性，在课程体系、师资等方面加大投入，重视通识教育，给学生打好底子，强调逻辑思维、分析能力、思维方式的培养，以应对不确定性的挑战。

可喜的是，从一些新政策中，我们已经看到了这方面的一些转变：2017年9月，中共中央办公厅、国务院办公厅印发《关于深化教育体制机制改革的意见》中就指出，要完善提高职业教育质量的体制机制，加强和改进公共基础课教学，大力增强职业教育服务现代农业、新农村建设、新型职业农民培育和农民工职业技能提升的能力，改进产教融合、校企合作的办学模式。健全行业企业参与办学的体制机制和支持政策，支持行业企业参与人才培养全过程，促进职业教育与经济社会需求对接。党的十九大报告也指出，完善职业教育和培训体系，深化产教融合、校企合作。这标志着，中国的职业教育正在朝着好的方向努力。

第三篇
企业发展
与管理艺术之探微

技术、经济、社会的深化变革对企业和团队管理提出了更大的挑战，不管是企业家精神的提出、企业"家文化"的建设，还是团队自省和企业社会责任的分析探讨，都是对这种挑战的尝试和应对。这种基于国家、社会、企业、团队和个人层面的管理方式的改革和创新，是否能为我们带来更有利的发展机遇？本篇将逐一呈现这些研究与分析。

美联航：都是价格歧视惹的祸！ *

陈宏民 / 上海交通大学安泰经济与管理学院应用经济系教授

美联航的"逐客风波"还没有平息。正所谓"一石激起千层浪"，原本是一个座位超订后的协调问题；因为没有及时处理好，于是就从危机处理问题上升到服务质量问题，进而还衍生出种族歧视等问题。"座位超订"这块"石头"激起的波澜一圈又一圈地往外扩展，然而，舆论似乎更加关注的是那向外延伸着的"涟漪"，而对当时"石头落下"的位置，以及为什么会激起波澜，反倒没人关心了。

美联航面对巨浪般扑来的负面关注，想赶紧大事化小，小事化了，一副就事论事的样子。公司领导反复保证，今后再也不会因为公司员工搭乘而强迫乘客离机；却不曾对未来要如何解决因超订引起的超员矛盾作出任何承诺。

本文并不旨在讨论该事件暴露出来的服务质量问题以及种族歧视问题（关于这一点已经有太多的文章涉及），而是重点关注航空公司采用座位超订策略的缘由、合理性以及造成超员后的解决办法。

座位预订是许多具有一定供应能力的服务行业所采取的一项服务，餐厅、宾

---

* 原文发表于 2017 年 4 月 27 日交大安泰经管学院官方微信号。

馆以及一些医院都有类似的服务项目。可是航空公司为什么对机舱座位实行超订（overbooking）呢？飞机不像火车那样，允许有站位，它又怎能超订呢？说到底，这是航空公司基于价格歧视的收益管理模式所决定的。

价格歧视就是把本质上同样的商品或服务以不同价格卖给不同的顾客。这类定价策略若运用得当，既可以提高企业的销售额与利润，又能增加消费者的利益。我国航空、铁路、移动通信等领域的服务定价，都经历了从单一定价到价格歧视（或叫"差别定价"）的过程；正是这种定价策略，才大大促进了这些行业的飞速发展，用户也因此获得了不同的收益。飞机上的乘客，如果前后左右问一圈，会发现彼此的票价都不一样，也不会觉得有什么不公平。所以"价格歧视"本身是中性词，并没有价值判断因素在内。

航空公司的定价体系基于经济学的所谓"三级价格歧视"原理，即把用户分解成若干支付能力不同的细分市场，对每个细分市场对应制定不同的价格。从理论上讲，航空公司把乘客大致分解为两大类：公务旅行和自费活动。前者对价格的敏感性自然大大低于后者；所以如果航空公司能够有效区分这两类乘客的话，就能够以高价将同样舱位卖给前者，以低价卖给后者。

而现实中，对乘客进行有效区分是非常困难的。小商小贩或许可以通过问顾客"是否要发票"来加以区分，"高大上"的航空公司显然难以这么做。于是经过长期反复调研分析，航空公司选择了"时间便利性"作为区分两个市场的重要指标，即在座位上附加时间便利性作为价格歧视的基础。公务旅行的乘客一方面更在乎时间便利，另一方面又不太在乎价格高低，所以"时间便利性"便成为让乘客"自我显示"其类别的基础。

航空公司把时间便利性分成许多等级，包括购票时间的选择、航班的选择、中转地的选择以及变动次数的选择，等等，每一种自由度都可以成为有偿的服务。这样的定价模式大大提高了价格歧视的自由度，有效增加了公司的收入和利润，同时也让更多期望低价出行的自费者享受到航空的快捷服务。

与其说航空公司把时间自由度卖钱，不如说它们是以时间便利性为抓手，对乘客进行逐级细分，根据各类乘客的实际购买力来实行价格歧视，或者菜单定价。

然而，这种定价模式却把机票与每个具体航班的舱位逐渐分离了。尽管你买了某个航班的机票，只要你这张机票上包含了一定的时间便利性，你就可以免费改签到其他航班；同样其他航班上的乘客也可能改签到你的这个航班来。一架飞机的座位数是固定的；但是在拥有众多名目繁杂的机票类别情况下，打算乘坐这个航班的乘客人数却在不断变化之中。如果航空公司不允许座位超订，待到起飞时很可能坐不满。于是，就出现了座位超订的策略。根据历史数据，航空公司会允许 5% 左右的座位超订；这样在部分乘客出现改签情况下，仍能保证航班的基本满座。

航空公司采取座位超订策略的缘由，具有一定合理性。在 20 世纪 60 年代以前，航空公司并没有意识到可以运用时间便利性来识别细分市场，所以乘客可以像餐厅酒店那样免费预订和取消座位；60 年代之后才开始普遍实行基于时间便利性的差别定价。事实表明，这种收益管理模式大大增加了航空客运的需求量，也增加了公司收入和利润。

发展在解决老问题的同时总在不断创造新问题。由此带来的新问题是，如何处理好超订可能引起的超员问题？既然采取超订策略，就必然会出现乘客超员的事件。这时飞机上不让站，也不能叠坐，怎么办呢？这还得在时间便利性上做文章。

‖ 应对策略一：事前的时间便利性"减持"

即在出售机票时包含一些"时间便利性"很低的机票。在欧美航空公司的定价系统中，有一些被称为"最低优先级"（last priority）的机票，在购买时就被告知，如果所订航班不幸超员时，必须自动改签到下一趟航班。在美国搭乘国内航线时，有时会遇到这样奇葩的场景：在机场的候机室里，登机广播会如此播报："斯密特先生，你可以搭乘本航班；泰勒先生，很抱歉你不能搭乘本航班……"等在候机廊桥口的旅客居然被告知不能搭乘这个航班。这便是"超订"惹的祸！然而，那些乘客在买票时就被告知附带有这样可能的"孔融让梨"的责任；相对应地，"孔融"们的票价会很便宜，有时甚至会低至标准价格的一折或两折！

‖ 应对策略二：事后的时间便利性"减持"

在实践中，航空公司发现很难在事前把低折扣票的乘客与超订引起的超员情况精确匹配，因为在大多数情况下，超订未必会引起实际上的超员。如果在许多航班上出售这类低折扣票，航空公司的利益会受到损失。倒不如在超员发生时直接向乘客"购买"时间便利，即补贴个别乘客，让他们自愿搭乘下一个航班。

然而问题是，这种"事后减持"的价格是以事发后向乘客拍卖的方式决定的，而航空公司又对这个拍卖价封顶，于是拍卖成功与否就有了不确定性；而航空公司的关于不接受封顶拍卖就必须对乘客强制离机的规定显然是"霸王条款"，因为它并没有事先向所有乘客"宣贯"，所以才出现了文章开头的那场不愉快的风波。

在航空公司继续普遍采取座位超订策略的前提下，机舱超员发生的可能性仍会继续存在。公司既不愿意"事前减持"，又难以推行"事后减持"，怎么办呢？

我认为可行的做法或许是将上述两种应对策略折衷一下，推出一个基于"事前定价"的"事后减持"。这种模式是这样的：航空公司推出一类低折扣票，或者规定折扣低于某个水平（比如五折）的机票含有一种"有偿的时间便利性可能减持"性质，即如果遇到机舱超员，持有这类票的乘客必须参与转搭下一班的"竞价拍卖"；如果拍卖不成功，则采取随机抽签的方法。

这是一种"事后减持"策略，却并不是针对所有乘客，而是仅针对部分低折扣乘客；但这又是一种"事前定价"，乘客购票时可以选择是否愿意承担这种风险。与原先的"事前减持"策略相比较，因为发生概率很小，而且即便发生还能获得补偿，所以对有些乘客而言损失并不大，航空公司不必为此给予很大的折扣。

事实上，当超员发生时，航空公司也是按照这个思路，低折扣乘客优先"减持"。但是因为购票前并没有向乘客"宣贯"，乘客也不清楚怎样的折扣可以规避这样的风险，所以一旦发生类似情况，就会引起乘客的不满和航空公司员工的"委屈"。

总的来看，航空公司的座位超订策略还会继续推行，机舱超员现象也会继续发生。解决此类问题的方法是完善航空公司的定价策略，对乘客时间便利性"事前减持"和"事后减持"两种模式加以折中，关键在于根据历史数据，明确怎样的折扣价格才必须承担被安排到下一趟航班的"减持风险"，以此完善公司与乘客之间的责任与权利。

企业家和企业家精神的若干视角*

陈　宪 / 上海交通大学安泰经济与管理学院应用经济系教授

　　"企业家"这个称谓（也是一个概念）的出现，有一个比较有趣的过程。"我们最早使用的'企业家'（entrepreneur）一词源自中世纪末期，当时这个法国贷款术语被用来形容一名战场指挥官。后来，它的意思逐渐扩展到商业领域。同时，它也被用来描述'某个公共音乐机构的主管或管理者'，这要早于19世纪末经济学家理查德·埃利在《政治经济学导论》一书中对它略带不屑的阐述：我们不得不从法语中借用一个词语来形容组织和管理生产要素的人，我们把这些人称作企业家。《牛津英语词典》认为，自理查德·埃利之后的经济学家，包括凯恩斯，无疑还有熊彼特，都已经使用'企业家'这个词，虽然当时的高等学府尚未认识到研究和培养企业家的价值。"（《历史上的企业家精神：从古代美索不达米亚到现代》）

---

* 原文发表于2017年11月1日《文汇报》智库栏目。

‖ 马歇尔视角，组织或企业家才能的视角

如果说企业家最初是指"组织和管理生产要素的人"，我们就必须看看阿尔弗雷德·马歇尔在 1890 年的《经济学原理》中是怎么说的。他第一次在传统的生产三要素的基础上，提出了第四个生产要素——组织。该书第四篇的标题为"生产要素——土地、劳动、资本和组织"。他提出的"组织"要素与资本有关。

在马歇尔那里，"组织"这个要素至少有两个层面的涵义。其一，产业组织。主要指组织能够带来效率的方面，分别论述分工、专门化、集聚和大规模生产等。其二，企业家才能。他指出："在大多数经营中，都有企业家这个特殊阶层参与。"尽管他隐约地指出了企业家和经理人的区别，如"将销售交由专门的人来经营"，但是，关于企业家，马歇尔主要是在讲经营才能，他用很大篇幅讨论经营资本的才能的供给价格。后人将马歇尔提出的"组织"视为企业家才能。因此，在经济学的框架中，企业家首先是一种才能，配置资源、发现市场的才能。

后来的富兰克·奈特、罗纳德·哈里·科斯，深化了企业家才能的研究。奈特认为，在不确定性的假设下，决定生产什么与如何生产优先于实际生产本身，这样，生产的内部组织就不再是一件可有可无的事情了。生产的内部组织首先是要找到一些最具管理才能的人，让他们负责生产和经营活动。而且，世界上只有少数人是风险偏好者，而绝大部分人是风险规避和风险中性者，后者愿意交出自己对不确定性的控制权，但条件是风险偏好者即企业家要保证他们的工资，于是，企业就产生了。也就是说，在企业制度下，管理者通过承担风险获得剩余；工人通过转嫁风险获得工资。到了晚年，奈特在 1967 年出版的《企业家精神：处理不确定性》一书中，将企业家才能与企业家精神等价了。奈特对企业起源和性质的讨论对包括科斯在内的所有经济学家，尤其是新制度经济学家都有着深远的影响。

科斯并不同意奈特的观点。科斯也在问，为什么在市场经济中要有企业存在？科斯 1937 年的论文《企业的性质》，以演绎推理的方法独辟蹊径地讨论了企业存在的原因

及其扩展规模的界限问题，并创造了"交易成本"这一重要概念来予以解释。他的假说是，"可以假定企业的显著特征就是作为价格机制（市场）的替代物"。为什么要替代？企业的存在是为了节约市场交易费用，即用费用较低的企业内交易替代费用较高的市场交易。所谓"交易成本"，即"利用价格机制的费用"或"利用市场的交换手段进行交易的费用"，包括提供价格的费用、讨价还价的费用、订立和执行合同的费用等。在交易成本间进行选择，是企业家才能的集中体现。

在奈特和科斯那里，企业和企业家是混用的。他们的两种解释都可归结到企业家才能。市场并非万能，企业家有时比市场更有效率，企业家是市场的替代物。科斯认为，当市场交易成本高于企业内部的管理协调成本时，企业便产生了，企业的存在正是为了节约市场交易费用，即用费用较低的企业内交易代替费用较高的市场交易；当市场交易的边际成本等于企业内部的管理协调的边际成本时，就是企业规模扩张的界限。也就是说，节约两种交易费用，扩张还是收缩企业规模，都是企业家才能的具体运作。

‖ 熊彼特视角，创新的视角

"研究企业家和企业家精神的多数人，都深受熊彼特的研究所启发，特别是他论述企业家精神的经典论文，当然也包括他的其他许多著作。"尽管熊彼特将创新视为企业家的特质，几乎在二者间画了等号，但他对创新的定义是专一的、特定的，对企业家精神的定义却比较宽泛。

熊彼特明确指出创新与发明的区别：创新不等于技术发明，只有当技术发明被应用到经济活动中才成为创新。创新者专指那些首先把发明引入经济活动并对社会经济活动发生影响的人，这些创新的倡导者和实行者就是企业家。因此，企业家既不同于发明家，也不同于一般的企业经营管理者，是富有冒险精神的创新者，创新是企业家的天职。经济增长的动力是创新者——有远见卓识、有组织才能、敢于冒险的企业家。经济增长的过程是创新引起竞争的过程：创新—模仿—适应。企业家精神是企业家为了证明自己出类拔萃的才能而竭力争取事业成功的非物质的精神力量，它支配着企业家的创新

活动。

熊彼特还通过区分创新活动中的"适应性回应"和"创造性回应"，指出了一般管理活动和创新创业活动的区别。他解释说，"如果创业活动和一般管理活动之间不一定存在着明显的分界线"，则"对给定条件的适应性回应和创造性回应之间可能就不存在恰当与否的问题，但两者有着本质上的区别"。这个区别就是，前者是一般管理活动，后者是创新创业活动或企业家精神之所在。在熊彼特看来，市场经济增长的主要推动力是企业家精神。企业家的职能是把生产要素带到一起并组合起来。所谓"资本"，就是企业家为了实现"新组合"，把各项生产要素转向新用途，把生产引向新方向的一种杠杆和控制手段。因而资本的主要社会功能在于为企业家进行"创新"提供必要的条件和手段。

熊彼特还观察到一个即便在今天都很有意义的现象："创业才能不一定体现在某个自然人，特别是某个具体的自然人身上。"此话怎讲？其实，熊彼特当时就看到，创业更多的是一个团队的活动，法人组织的活动，而不是自然人的活动。通过合伙人的制度安排，可能提供更大的投入并分散风险；创业创新团队成员，在各种特质，如冒险精神、组织才能和性格等方面互补，将有助于提高创业创新的成功率。

尽管"熊彼特创新"不是一个技术概念，而是一个经济概念，也是一个狭义的创新概念，但是，今天以科技创新为核心的全面创新，是包括科学发现、技术发明（进步）、文化创意和制度变革，以及企业家创新在内的广义创新。企业家在这里的关键性作用，是作为创新成果走向市场（产业化）的试错者和组织者。科学发现、技术发明、文化创意和制度变革的成果，都是企业家主导的产业化过程的投入要素。因此，创新，特别是技术创新，向来都是企业家精神的产物。这是熊彼特视角的精髓。

‖ 鲍莫尔视角，制度的视角

在鲍莫尔看来，"'企业家'就是那些能够敏锐洞察机会而主动从事某项经济活动以增加自身财富、权力或声望的人"。他认为，"把这种活动进一步分为两类不无裨益。第一类包括可复制的，或从事同现有企业极其相似或相同活动的所有企业。新开设一家鞋子专卖店是这类可复制的企业创建的极好例子。相比之下（即第二类，引者注），创新型企业家创办的企业要么提供新产品或采用新生产工艺，要么进入新市场或采取新的组织形式。创新型企业家的主要作用不是发明（这一观点来自熊彼特，引者注）。相反，他们为前景可期的发明构思最佳用途并将这些发明推向市场，以此来确保这些发明的利用。"尽管鲍莫尔将这两类活动都视为企业家所为，但我以为，第一类是商人的活动，第二类是企业家的活动，商人和企业家是两类人。鲍莫尔同样强调，企业家的作用在于用新技术、新产品开拓新市场。也正因为如此，第一类活动不应作为企业家的活动。他指出，詹姆斯·瓦特这位伟大的发明家是在马修·博尔特充当了企业家角色后，才把瓦特机推向市场，并用于生产性目的，并说道："这无疑是创新型企业家及其对经济增长作出贡献的绝佳例子。"

鲍莫尔肯定了文艺复兴和工业革命对于生产性企业家精神的促进作用，并将这段时期视为生产性企业家精神盛行的诞生期。他从历史角度的阐述，以及诺奖得主道格拉斯·诺思强调的，正是"社会制度可以促成创业活动在相当大程度上从寻租和军事暴力转向创新和生产"的观点，向人们表明，"这种法治的演变可能是促成生产性企业家制度茁壮成长和资本主义诞生的最重要的因素"。

鲍莫尔详细地说明某些关键性制度，如专利制度、反托拉斯法、破产保护和银行体系，推动了生产性创业活动的兴起和发展。这些制度被视为历史上促进了创新型生产性企业家成长的制度。然而，专利的早期使用并不是为知识产权的创造者提供保护，恰恰相反，它旨在激励知识产权转让以及帮助其他国家提高生产率。直到后来，由于议会不满皇室滥用专利证书奖励其宠臣或将专利用于同良好的知识产权管理无任何关联的目的，专利才变成保护发明者的一种工具。英国在 1624 年实施的《垄断法规》将现代的专利使用方法引入法律，美国宪法将专利明确写入其中，都是不寻常之举，都在推动国家经济雄霸全球中起到积极作用。

过去一个多世纪以来，反托拉斯法及其导致的竞争，也在鼓励创新中发挥了重要作用。另一项产生了同样作用的制度是破产法。破产保护无疑成了创新努力的一种重要鼓励，或者说，成了制度意义上的容错机制。企业家创建企业的规模和经营业务的市场规模，是一个决定企业和企业家发展的问题。银行的出现成为解决这个问题的重要途径。银行提供的金融工具、银行体系和相关的制度，对企业家成长的作用是不言而喻的。

‖ 韦伯视角，文化的视角

韦伯研究专家斯蒂芬·卡尔伯格，为《新教伦理与资本主义精神》（罗克斯伯里第三版）写过一篇"导读"。在这篇"导读"中，卡尔伯格就韦伯关于现代资本主义兴起，现代资本主义精神起源的思想做了一个梳理。他写道："尽管《新教伦理》经常被理解为对现代资本主义的兴起，甚至对我们今天世俗的、都市的和工业的世界的起源提供了说明，但其目的实际上远比这更为谦虚。韦伯希望阐明现代工作伦理和物质成就取向的一个重要来源——他称之为'资本主义精神'，是存在于'入世'的功利关切和商业精明之外的领域中的。……韦伯坚称，任何关于资本主义精神起源的讨论必须承认这一核心的宗教源泉。"这里，我们要特别注意"更为谦虚"和"之外的领域"这两个提法。所谓"更为谦虚"是指韦伯所称的"资本主义精神"（即现代资本主义精神。在韦伯那里，资本主义和现代资本主义是有原则性区别的），其实就是职业精神，企业家精神是职业精神的一种，产生的是激励作用；"之外的领域"是指他所要承认的"宗教源泉"的背后就是新教伦理，就是清教徒入世的禁欲主义，产生的是约束作用。因此，"新教伦理和资本主义精神这二者在促进现代资本主义兴起上发挥了重要的推动作用"。

韦伯强调"现代资本主义精神乃至一般而言的现代文明的诸构成成分之一，是在天职观念的基础上对生活进行理性组织。这诞生于基督教禁欲主义的精神"但是，"韦伯坚持认为，……新教伦理在资本主义精神的形成过程中起到了'共同参与'作用"。也就是说，尽管他评价并批评犹太教、天主教，但他并没有将基督教入世的禁欲主义即新教伦理，作为资本主义精神的唯一来源，而是强调"（现代）资本主义精神……在现代资本主义企业中找到了它最合适的形式，另一方面，……资本主义企业也在这一思想框架里发现了最适合它的驱动力，或者精神"。如上所述，新教伦理在促使激励精神和约束精神之间平衡的方面，提高了创业者、企业主人格试错为"对"的概率，进而在新教徒中产生了更多的企业家，最终，新教徒集中的国家和地区的资本主义得到先发优势。这是历史事实，也符合韦伯的分析逻辑。但这并不表明，企业家精神的文化基因是一元的。

桑巴特在阐述资本主义与犹太教义之间的联系，以及犹太教义之于现代经济生活的重要意义时，也同时声明："我在不同的教义中看到同样的精神。"（《犹太人与现代资本主义》）所以，被韦伯和桑巴特称为资本主义精神的企业家精神，乃至职业精神是一般；新教、犹太教，以及其他教义，抑或准教义，如"儒教"，都是特殊，都可能对企业家精神的产生起作用。企业家阶层、企业家精神的文化基因是多元的，可以来自有神论的文化，也可以来自无神论的文化；可以来自先发的文明中，也可以来自后发的文明中。

因为企业家才能和企业家精神是一种天赋的潜质，所以，要经过创业者持续地试错，最终在极小众的人身上表现出来。现实表明，企业家精神是人类社会最为稀缺的经济资源。接下来的问题是，试错在哪种文化环境里进行，最有可能为"对"。生物学家告诉我们，一个人的遗传特性是由遗传物质 DNA 的碱基序列，即基因所决定的。但是，环境因素的后天影响，会改变基因表达，使原来的基因不能正常地工作和表达，或相反，使原来的基因能够正常甚至更加优化地工作和表达。现在关于创新生态系统的研究表明，这种文化环境恰是其中的重要组成部分。创新生态的文化有着来自多方面的构成要素，决定着创新生态中创业创新的成功率。

技术、经济、社会变革对管理学的颠覆性挑战 *

孟宪忠 / 上海交通大学安泰经济与管理学院市场营销系教授

必须说明的是，我不能说我的观点完全正确，但我提出的问题和表达的观点是明确的：我们的管理学研究、管理学教学滞后于今天变革的实践、创新的实践。

进入 21 世纪以来，我们面临着人类历史上从来没有过的巨大的技术、经济、社会变化，这些变化与以往的变化比较起来不仅仅是变化的规模不同，而且还是性质不同。我们需要深刻地认识这些变化，深刻地认识这些变化对管理学的挑战。我们今天的任务不是再依凭奠定在工业经济基础上的经典的管理理论去构造什么体系，而是介入和融入变革的实践、创新的实践，分析这些实践对经典管理理论的挑战，反思我们以往的理论需要突破、创新之处，以创新的理论引导创新的实践。

我们可以从一个产业实际说起：

1886 年德国工程师卡尔·本茨（Benz）发明了汽油机动力的汽车，开创了奔驰汽车乃至汽车工业的历史；

1916 年宝马成立，用速度与激情诠释了极限驾驶与高峰体验之悦；

---

* 原文发表于 2017 年 10 月 6 日"远见创新"微信公众号。

1911 年亨利·福特率先使用汽车装配线，极大提高了生产效率，一举称霸世界；

1927 年小阿尔弗雷德·斯隆通过多品牌市场细分、贷款购车、二手车置换等创新的市场策略将通用打造成年产上千万辆的世界上最大的汽车帝国。

一句话，奔驰的历史让你无话可说，宝马的优势让你无话可说，福特的流水线让你无话可说，通用的规模让你无话可说……这都是一个世纪的辉煌。

但在今天，它们都面临着生死抉择。

我们来看不拥有汽车基础的年轻人都在做什么？这些大卫是如何挑战哥利亚的？

谷歌的 WAYMO 汽车公司不是要生产 20 世纪最好的汽车，它是要颠覆传统的汽车，要生产不用人驾驶的无人驾驶汽车。它的使命是"开辟汽车新的行驶方式"。在谷歌看来汽车的本质是数据处理，是传感器、中央处理器、操作设备的统一数据处理。而只有更精确的无人驾驶智能技术才能减少、避免全世界每年人为驾驶造成的 120 万死亡事故。

特斯拉汽车成立于 2003 年，至今不过才十几年历史，产量也不过 10 万辆，但特斯拉的股票市值远远超越了年产千万辆的全世界最大的美国通用汽车公司。因为特斯拉不仅仅是要生产汽车盈利，它的使命是："加速全球向可持续能源的转变"。而这一使命适应着未来。挪威宣布 2025 年不再使用燃油汽车、德国在讨论是否在 2030 年淘汰燃油汽车，中国也在研究燃油汽车退出时间表。特斯拉代表了未来，今后的汽车再也不会是汽油机、柴油机动力。

汽车当然是在道路上行驶的，但今天偏偏有一些无拘无束的年轻人要汽车飞起来。2009 年 3 月飞行汽车"飞跃"（Transition）在美国实现首飞；斯洛伐克工程师斯蒂芬·克莱因（Stefan Klein）研发的飞行汽车 AeroMobil 是最优雅美丽的车型，该车地面最大时速 160 公里，空中时速 300 公里，油耗 15 升，收起翼展几乎与奔驰 S 同宽，可以轻松驶入车库。这些飞行汽车公司的愿景是："开辟空路时代"。飞行汽车不是梦，李书福今年 6 月 24 日收购了硅谷飞行汽车公司 Terrafugia，要飞行汽车助力吉利的未来。

有史以来，汽车都是有数万零部件，都是在工厂装配线最后组装完成。现在竟然有

企业彻底推翻了传统汽车生产模式，不要零部件厂，不要总装厂，一次打印成型汽车。总部位于美国亚利桑那州凤凰城的 Local Motors 实现了 3D 打印汽车技术，并将其产业化，现在不但可以打印小型乘用车，还可以打印大巴。CEO 约翰·罗杰斯说，他们的使命是："今后将不再生产汽车，而是塑造汽车"。

谷歌的 WAYMO、马斯克的特斯拉、斯蒂芬·克莱因的飞行汽车、Local Motors 的打印汽车横空出世，给了我们什么启示呢？

我们必须看到这四家汽车公司与 20 世纪最伟大四家汽车公司的巨大差异，它们所做的正是颠覆性创新。

‖ 客户价值发生了根本变化，给客户创造了从来没有的巨大价值

传统的汽车给客户提供了空间移动，时间节省。但今天，谷歌提供的是无人驾驶、身心轻松，特斯拉提供的是节省能源、生态环保，Aoremobil 带给您无阻的交通、放飞灵魂的自由，Local Motors 则是节省大量耗材，完全的个性化……这一切都是传统汽车所没有与做不到的……

‖ 竞争方式发生了根本变化，原有的竞争方式根本不管用

传统的竞争都是在同质基础上的差异化竞争。所谓"同质"，即所有车厂生产的都是汽油机、柴油机汽车，区别只是我生产的是 4 缸、你生产的是 6 缸，我的发动机是直列式，你的发动机是横列式，我是 5 速变速箱，你是 7 速变速箱，你少了一些配置，我多了一些配置……今天则是没有了燃油发动机，没有了变速箱，没有了司机，没有了成千上万的零部件，汽车不仅是地上行驶还飞上蓝天……今天的竞争不仅仅是在同质化基础上竞争谁做得更好，而是竞争谁更智能，谁更从来没有的创新。

‖ 产业的性质发生了根本变化，原来的产业性质比重在不断降低

汽车是什么产业？整整一个世纪，我们都将汽车定义为行走机械产业。今天，汽车还仅仅是行走机械吗？它是智能产业，是新动力、新能源产业，是飞行产业，是 3D 打印产业，一句话，是多产业、多技术的融合产业。

而引起这些颠覆性变革的人工智能、大数据、云计算和物联网，与工业化时期引起经济、社会变革的工业机械技术以及自动化技术有着本质的不同。

面对汽车业的颠覆性创新，我们还不得不思考：为什么百年奔驰、宝马、福特、通用没有率先探索汽车发展的智能化、节能化、空路化、3D 打印的新方向呢？

可能有两个原因：一是保守现有利益。这些汽车公司都是燃油汽车最大的市场拥有者，都是传统燃油汽车的获益者，开辟新的汽车方向等于否定自己现在的市场与利益，这是一难。二者，正因为这些都是最大的汽车厂家，它们也都认为自己的规模优势足可以阻挡一些小企业的创新探索。但历史的变革、创新潮流是阻挡不住的。我们今天特别应该感谢谷歌、特斯拉、Aoremobil、Local Motors 公司，正是它们的尝试、创新促进了传统汽车大厂也开始汽车产业的全面创新；同样从这个意义上，我们也应该感谢吉利、比亚迪、奇瑞等业外公司造车，正是因为它们生产了性价比高的大众车才逼迫传统大厂汽车降价。

人类历史上遇到过的变革从未有如此之巨大、如此之不同。从古到今，人类社会经历了农耕文明、工业文明，现在开始过渡到信息文明。今天变革的基础是信息智能，就像工业社会需要不同于农业社会的工业管理理论一样，我们也需要不同于工业社会的智能时代管理理论。变革的基础和本质被颠覆的绝不仅仅是汽车产业，还有众多包括管理学教育乃至整个教育在内的产业。我们岂能对大概率的变革"灰犀牛"视而不见。

如果技术、经济、社会都发生了巨大变革，管理学不变行吗？

在今天，我们都知道创新的重要，但我们讲了太多的创新，为什么现实中还缺少创新呢？创新中最重要的是创新方式的创新，工业化时期形成的企业实验室、公司研究所

自给自足的创新方式亟须突破。近年来，世界上成功创新的企业都在这样实施：从企业内实验室、公司研究所创新向平台创新的转变，从"研发"到"购发"的转变，从单纯自主向自主合作的转变，从产业技术研究到跨产业、数字化基础研究的转变，……，我们不跟踪、研究这些新的创新方式，我们的创新理论必然滞后。

在今天，我们都知道跨界融合，我们看到汽车产业是多个产业的融合，但我们的管理学理论一个重要的分析框架就是迈克尔·波特的产业经济学。核心竞争力的提出者加里·哈默尔说："今天，产业的边界正在变得模糊化，各行各业之间的界限越来越不清楚。事实上，我认为不应该再使用产业这个词，因为它已失去了实际意义。这是一个十分危险的词，因为它会使公司局限在过去的产业之内，分不清谁是竞争对手。"C.K.普拉哈拉德也说："今天许多行业已经渐渐走上了融合的道路……我们已经不大容易去区分某项产品属于何种类别，每项产品对于消费者有什么不同意义。比如个人电脑是属于哪一类产品？它的主要功能是家庭娱乐、工作、休闲，还是辅助生产工具？其实都正确，只不过要看当时使用的目的来决定。"我们的管理学亟须突破单一产业经济的基础。

再如战略，我们当然承认迈克尔·波特的战略理论的历史地位。他的《竞争战略》《竞争优势》《国家竞争战略》一时洛阳纸贵。但我们必须看到迈克尔·波特的战略理论本质上是工业化时期技术、产品相对稳定时期的现有市场竞争战略，本质上是如何做好确定性的技术、产品。

时过境迁，今天是 VUCA 时代，是充满不确定的动态复杂时代，我们再也不能单纯地只看到现有市场上的竞争对手，我们今天最大的对手是时代变革、是新生的趋势。我们需要的是为现有市场竞争、新生市场转型、未来市场做准备的多重战略思考。需要的不是一成不变的僵化战略，而是弹性能力、多元准备、实时决策、追踪调整的战略。

再说文化。我们都看到了特斯拉的成功，但以马斯克为代表的特斯拉为什么能够成功呢？马斯克说，特斯拉的文化是他们最伟大的资产，特斯拉的企业文化是：做不可能的事，遵循第一原理，快速行动，持续创新，像主人一样思考，我们全力以赴……

在这里做不可能的事不是蛮干，而是遵循自然规律第一原理前提下，做别人认为困难，别人认为不可能的事。

我们的管理学研究、教学中很轻视企业文化，认为它是不能直接带来金钱的虚的东西。伟大的目标才能产生伟大的动力，企业的愿景、价值观是企业的目标导向和动力源泉，灵魂有时比肉体重要，指南针有时比地图更准确；同时文化也是伟大的能力，是渗透在企业的技术、产品、生产、营销、服务所有环节的力量。一句话，谷歌、苹果、亚马逊、Facebook、微软、华为、海尔的成功首先是文化的成功，必须深入研究这些伟大公司的文化基因。

著名文化学家、牛津大学教授西奥多·泽尔丁针对21世纪经济与文化一体化趋势，明确提出商学院教学应该适应这一趋势，MBA首先应该是MCA。这里的"C"是指Culture、Civilization、Communication、Co-operation，可谓一语中的。

不能不说管理与决策。工业化时期管理的主要目标是效率，是最大化地使用现有资源、减少成本产生的效率，今天即使谈效率也是创新带来的效率最高。管理的目标既要实现现有资源的效率，更要放在促进价值创新创造更高的效率上。同时管理的目标还在于升华人性、赋能员工。

在今天，我们看到一切生产都将逐步过渡到智能化的生产上，一切产品也将是智能化的产品，那么人机共存的生产，甚至无人工厂的智能生产管理与工业化时期全人工的机械化生产管理能一样吗？人机混合思维的决策与传统工业化时期只是人做决策能一样吗？

奠定在智能化基础上的人机共存生产、混合思维决策的管理绝不同于奠基在工业化基础上的管理。

更重要的是，在今天，生产的主体即管理的对象都发生了根本的变化。

"谁是生产主体"这个问题在20世纪是天然自明的，当然企业是唯一的生产主体，一切产品、服务都由企业提供。可在21世纪的今天，再仅仅认为现有形式的企业是唯一的生产主体的话，我们就可能从根本上狭隘了生产，狭隘了产品，狭隘了更广阔的生产力量。

农业社会的手工生产有作坊，工业社会的规模化、机械化有流水线的企业组织，后工业社会的3D/VR/AI有相应的创客组织，互联网下有网络化的平台组织。

所以，在今天这样一个时代，现有形态的企业需要持续升级突破，以变得更柔性敏捷、更员工赋能、更无缝整合，无边界、扁平化、去中心化、阿米巴、自组织、合弄制

等组织变革由此应运而生。

概言之，除了现有企业的进化优化外，各种创客、各种平台及生态组织更应是未来重要的生产主体，且这些新兴、新型的生产主体与工业化以来形成的企业主体有许多不同的特点、不同的发展路径，我们要深入研究这些新的主体，推动和促进其发展，才能从根本上提高全社会经济系统发展能级与成效。

在今天大变革背景下，管理涉及的生产、制造、物流、服务、营销、品牌等理论也都需要与时俱进地重新审视、不断创新。在这里不一一赘述……

我不是历史虚无主义者。

这是管理学的相对论时代。

我们并不否定经典管理学理论的历史价值，也不否定其现实价值，更不否定对它的继承。就像我们不会因为有了爱因斯坦的相对论就否定牛顿的经典力学。但是，我们必须看到就像牛顿的经典力学在高速大尺度空间缺乏适用性一样，单一的经典管理学理论也不足以适应今天人类历史上从未有过的变革实践。

总之，我们应该看到，智能化、大数据、云计算、物联网等引发的技术变化、经济变化与社会变化对管理目标、管理对象、管理内容、管理理论、管理方式都提出了众多挑战。我所说的具体挑战内容不见得正确，但我真诚地呼吁：我们的管理学不能固步自封，我们的管理学不能闭门造车，我们的管理学不能急于建立比肩世界的理论体系，而要深入变革的实践、创新的实践，在实践中汲取鲜活的思想，推陈出新，引领并服务于实践。

企业"家文化"运动：时空错乱还是组织创新？

许永国 / 上海交通大学安泰经济与管理学院经济系讲师

近年来，中国企业开展"家文化"建设的报道似乎多起来了，比如大家熟悉的海底捞案例，已经登上了《哈佛商业评论》。甚至有学者声称，中国的企业问题终究得靠传统"家文化"来解决。然而，也有很多人对此不以为然，认为这是在开历史倒车。时常有工商管理学子们跑来打探我这个门外汉的看法，本文就试图从组织经济学的新视角回应一下他们的困惑，权当抛砖引玉。

大家知道，企业与家庭是支撑起现代市场经济体系的两大主体，也是我们大多数人日常活动的主要场所。二者之间存在密不可分的相互依存关系。费雪（Fisher, 1930）曾在《利息理论》中说过，生产经济学的终点，是家庭经济学。其言外之意是家庭是一个消费组织。经典的经济学教科书至今仍是这样处理家庭的。然而，普通人的体验是，家庭也是一个生产孩子、商品、感情与天伦之乐的组织。所谓消费，其实也可被视为对人力资本与健康资本的生产。贝克尔（Becker, 1981）正是这样打开家庭的"黑匣子"的。他把家庭视为基于长期婚姻合同与专业化分工的家庭成员联合生产单位，并强调了相互监督、家长调解、道德与宗教惩戒尤其是内部利他主义对遏制家庭成员偷懒、偷窃与欺骗等行为的重要性。但是，这种极富洞察力的刻画并未完全抓住中国传统家庭的根本特征。

还是费孝通先生在《乡土中国》中一语中的，指出"乡下人"和"土气"这两个词，里头隐藏着深层解读中国传统（农业）社会与家庭组织（包括文化）的密码。附地而生、世代务农、聚村而居、生于斯死于斯，是中国传统家庭成员千百年来固有的生活常态。自给自足式的农产品与手工艺品生产，是中国旧式家庭特有的经济功能。换言之，中国传统家庭实质上是个农业生产组织。（您读过《白鹿原》吗？）

既然现代企业和中国传统家庭都是生产组织，那它们在经济性质上有何异同呢？文化在这两种组织中分别扮演什么角色？中国传统家庭文化的精髓是什么？它能否被移植到现代企业中去？要回答这些问题，我们得从交易成本经济学与合同理论角度审视一下企业组织与企业文化。分析的起点是科斯（Coase，1937）对新古典"黑匣子"企业理论——称为厂商理论更恰当——的经典诘问：为什么按计划与命令配置资源的企业会取代按价格机制配置资源的市场？他给出的答案是，使用市场是有交易成本的。企业的有形之手节约了交易成本，于是取代了市场的无形之手。

威廉姆森（Williamson，1971，1975，1985）将企业视为一个有上下级服从关系的科层制，并认为这种等级制是防范不确定性下由专用性投资所诱发的事后机会主义行为的有效治理结构。设想有一家火力发电厂把厂建在煤矿附近，并与煤矿签订了长期供煤合同。但是，由于未来难免会发生无法预料到的或有事件，这份合同必定是不完备的，由此可能诱发的敲竹杠行为将产生大量的交易成本。此时，通过纵向一体化统一所有权或许有助于提高交易效率。科层制的主要优势，就是企业内部的纠纷可以通过拥有权威的管理层来协调，无需通过成本高昂的正式法庭来解决。

阿尔钦和德姆塞茨（Alchian and Demsetz，1972）否认权威或命令是企业的本质特征，他们将古典资本主义企业刻画为多个要素所有者与一个中央代理人签约的团队生产组织。由于难以度量团队成员的边际产出贡献，必须设立一个专门的监督者来遏制成员搭便车的冲动。可是如何监督这个监督者呢？赋予她对企业剩余收益的索取权。为有效打击偷懒，她还必须有权调整单个成员的合同条款，并能单方面解除与任何成员的合同关系。他们特别提到了企业可以通过灌输团队精神与忠诚来减少成员偷懒，但指出这对员工提高产出和收入也有帮助。

张五常（Cheung，1983）从合同选择视角重新审视了企业的本质：拥有私人产权的要素所有者为什么会自愿让渡使用权，跑到企业里面听从管理者的指挥？他的答案是，直接度量每项投入要素的产出贡献并单独定价的成本太高。而间接（比如基于劳动时间）度量投入要素相对容易且有市场价格（比如工资）参考。这意味着需要经理人用有形之手来监管投入要素的贡献，指挥员工和其他投入要素的使用安排。换言之，企业实质上是用生产要素合同替代了产品合同。

这就是说，企业不仅是一个投入产出函数，更是一种与市场截然不同的组织发明。企业的本质，是用有管理的集中协调取代了市场分散化协调；是平等的要素所有者之间自愿签订的一份看似不对等的科层式合同或团队生产合同，是用生产要素合同取代产品合同。企业组织的价值，是降低复杂和不确定性交易环境下由交易各方的自利行为等产生的摩擦，节约交易成本、提高效率。但是，经济学者们很快意识到，依靠正式的监督与控制手段的企业组织安排并不完美。

1984年，斯坦福大学经济学教授戴维·克雷普斯应日本工商界邀请，撰写了一篇企业文化的开创性经典论文。此文基于威廉姆森的科层制理论：在许多持久交易中，往往会发生签约时双方都难以预料的偶发事件，这意味着不可能签订完备的合同。应对这类偶发事件的一种常用适应或裁定过程是，事先约定让交易某方主导应对未来偶发事件的决策权，也就是采用科层制。但是，雇员凭什么相信企业会公平地行使这种权威或者上级不会滥用权力欺负下级呢？答案是，企业可以将自己变成声誉这种无形资产的载体。不依靠法庭执行的隐性合同即声誉可以补充建立上下级之间的信任，因为一个企业应对偶发事件的方式可以被大家观察到。问题是，声誉必须靠与之重复博弈的未来交易伙伴们观察监督以及惩罚才能建立。在无法预见的偶发事件发生之前，交易伙伴们如何确定究竟该按什么原则来判断企业究竟是守约还是违约？

克雷普斯（Kreps，1990）的回答是，类似谢林提出的"聚点原则"的普适性、简明通则可以充当交易各方的参考基准。他特别强调了传达原则的重要性：潜在的交易伙伴在评判企业的决策者是否诚实地运用这些原则；局外人也需要知晓这些原则。更重要的是，企业的原则被传出去以后还可以成为甄别潜在交易伙伴的手段。所谓企业文化，就是企业采用的这些应对无法预料的偶发事件的一般原则，以及这些原则被传达给科层上下级的方式。企业文化也是考评上级决策者绩效的方式：企业高层应该根据某种清晰的原则（文化）行使自己的权力，因而事后更加容易监督其绩效。在克雷普斯看来，企业文化主要是为了约束企业和高管们的行为，因为决策权掌握在他们手里，而员工处于不断流动中。

其后的米勒等也认为，科层组织仍然存在自身的困境，而且无法借助正式的治理机制或加强对员工的控制来解决。此时企业可用非正式的规范和社会传统加以补充，为各方达成共识提供参考焦点。这就是企业文化。贝赞可等总结了企业文化的价值：（1）文化与正式的控制体系互补，降低了监督成本；（2）文化塑造了个体对共同目标的偏好，降低了协商与讨价还价成本。巴雷总结了企业文化成为持续竞争优势来源所需的条件：（1）必须与企业为客户创造价值挂钩；（2）必须是企业特有的；（3）必须难以被操纵和改造，难以被模仿。这就是说，企业文化是一种与正式的激励控制制度互补的非正式制度，同时也是甄别潜在交易伙伴的机制，节约了监督和议价等交易成本。优秀的企业组织必须软硬兼施，对企业文化和激励控制两手一起抓。

然而，一千个人眼中，至少有一百种企业"家文化"。有人说是优厚福利与利润分享（比如京东、金斯顿）或人情化管理（比如海底捞）；有人等同为人性化管理或民主化管理（比如巴西塞氏公司）；有人把它狭义地理解为家族企业的文化，有人把它宽泛地定义为企业把员工当家人、员工把企业当家；还有人干脆把它当成掩饰劳资矛盾的幌子，或诱逼员工顺从感恩老板、搞家长制的洗脑术……那么，中国传统"家文化"的精髓究竟是什么？要回答这个问题，首先必须搞清楚中国传统家庭作为一个生产组织与现代企业究竟有何异同。

多数人类早期社会都是依靠庞大的血缘集团（氏族、部族、宗族）来保全成员的生命财产、提供社会保障。但是，大约在公元 1000 年前后，欧洲与中国发生了文化与制度的大分流：小规模的核心家庭逐渐成为欧洲的主导模式，并依靠自愿、互利和自治的永久性社团，还建立了超越血缘纽带的自治城市。正式的法律执行促进了陌生人之间的合作。在中国，以宗族为代表的大型血缘型组织却依然强势。人们通过宗族获得教育、宗教、救济等公共品，相互合作靠内在激励（忠诚、利他）和声誉来维系，争端往往通过非正式的仲裁内部调解。这种封闭集体主义文化和非正式执行机制制约了宗族间合作，也抑制了中国城市与贸易的发展（Greif，2006）。

那该如何解释中国传统社会曾长期引领世界经济呢？张五常（2012）指出，中国传统家庭显然是一个与企业类似的科层式（农业）联合生产组织。与企业不同的是，家庭成员之间不仅由血缘纽带和亲情维系，而且各自的权力等级排列明确（您读过《红楼梦》吗？），家长掌握着包括子女人身在内的资产主宰权。此外，家庭的生产要素（尤其是劳动力）并无市场价格（工资）。但是，只要农产品有市场价格，家长清楚子女们从事各项不同劳作的机会成本，就可以在产品价格的引导下，用有形之手指挥子女们的劳动力配置，实现与工资引导下几乎同样的最优结果。

但是，为什么家庭成员们（尤其子女）会甘愿接受这种非市场化的不平等人权安排呢？回答是，正是今天被很多人所诟病的传统礼教约束着家庭成员的行为，降低了家庭生产的交易成本。传统家文化，其实就是基于儒家文化的帝国礼治在家庭的微观展现。伦常和礼法是后天教化的外在行为规范，其核心是内外有别、亲疏有差、长幼有序。这才是传统家文化的精髓。我们的历代先民都是靠农桑种植。附地而生的农耕民族，与逐水草而居的游牧民族和追波逐浪的航海民族最大的不同，是我们始终在熟人社会里分工合作，生于斯，长于斯，死于斯。等级森严、讲人情的礼治，而不是讲究平等自由签约的法治，是对这种乡土社会治理成本最低的。当然，代价是会禁锢自由思想与创造精神。

因此，现代企业和中国传统家庭同样是等级制联合生产组织，同样是靠有形之手指挥和私人秩序治理，但一个基于平等的陌生人之间自由签订的契约，一个基于有血缘纽带的亲人之间的不平等人权排列，一个更强调利己、个人主义和外在激励，一个更注重利他、集体主义和内在激励。体现在软性的组织文化上，前者更多强调了对企业高管人员的制约，后者则突出了对家长或族长的顺从。两种组织在文化基因上似乎天然存在着冲突，如何能够把传统的"家文化"嫁接到现代企业组织中去？这就难怪了。你也许听过柳传志先生提醒员工别把企业当家、老板一言不合就翻脸的诛心之论，听过企业强迫诱导员工孝敬顺从感恩领导、把"家文化"变成员工单方面义务的奇葩例子，还听过强推"家文化"结果招来阿谀奉承之徒，员工阳奉阴违、勾心斗角或缺乏创新精神、组织纪律松懈的悲剧，但你听过多少靠"家文化"做大的企业甚至是家族企业的成功案例？

回头再看被黄铁鹰教授成功地树立成"家文化"管理典范的海底捞。与更像是给老板做精神布道、搞大家长制的胖东来相比，海底捞在"家文化"上不仅领导亲自垂范，而且在员工身上投入了巨大成本。张勇还曾公开表示海底捞要拒绝KPI考核。但是，随着门店与人员规模扩张，海底捞势必会面临着人员甄别成本高、福利成本高、文化传递成本高等严峻挑战，而且管理跨度变大后更难以推行统一的企业文化。2015年，张勇公然否认"家文化"是海底捞的根基，甚至说这是媒体、（黄铁鹰）教授还有员工自己想象出来的。然而，在最近爆出门店卫生丑闻之后，我们又看到他摆出一副大家长护犊子的架势，甚至表示事后也不追究员工，暴露出了他对"家文化"的纠结甚至机会主义心态。也许黄铁鹰教授还是说对了，海底捞，你学不会。故乡，好像真的回不去了。

如此，我们似乎有一百个理由断言，中国企业当前方兴未艾的"家文化"运动是一场不合时宜的荒唐闹剧。但是，且慢先下定论，请思考一下，为什么近年来会有这么多中国企业回头向（传统）"家文化"寻求管理偏方？（传统）"家文化"的某些元素在现代企业或企业的某些局部是否有其存在的价值？比如，也许是创业企业遇到了管理难题，背井离乡的员工渴望温情，工人在日益机械化的环境当中感觉被异化，新生代的独生子女员工难以驾驭，新劳动法与社保政策干预或者社会信任普遍缺失带来了管理的挑战。我们还要指出，现实中很多中国企业实践的企业家文化，往往是各种儒释道精神的混合体，并非都是以等级制为特征的纯粹传统"家文化"。另外，我们也不能忽视制度与文化具极强的历史路径依赖性（Greif et al., 2010）。然而，无论有何隐衷，我们都建议企业家和管理者先努力搞清楚问题的症结，再对症下药。这就好比一个人得了西医无法解决的疑难杂症，不能胡乱吃中药，但可以用中医的合理元素（比如针灸）加以调理。

正如不适应环境的生物组织会被淘汰，无效率的经济组织同样会被市场踢出局。大浪淘沙，始现真金。作为旁观者，我们还是本着宽容、开放之心，尊重中国企业家们的大胆试错吧。作为研究者，我们更应深入基层，调研中国企业"家文化"探索的鲜活实践，并采集真正无偏的——事实上我们也听过搞"家文化"成功的故事——企业样本，设计恰当的企业文化代理变量，开展科学的经验研究，搞清楚传统"家文化"的哪些方面可以移植到企业当中、它们在何种环境下有效、如何有效等。中国企业火热的"家文化"运动，正是中国管理和经济学者们开展原创性学术研究的广袤沃土。

‖ 参考文献

［1］费孝通：《乡土中国》，北京大学出版社 2016 年版。

［2］欧文·费雪：《利息理论》，商务印书馆 2013 年版。

［3］黄铁鹰：《海底捞你学不会》，中信出版社 2011 年版。

［4］张五常：《经济解释》，中信出版社 2012 年版。

［5］Alchian，Armen A.，and Harold Demsetz，1972，" Production，Information Costs，and Economic Organization"，*The American Economic Review*，Vol. 62，No. 5. Becker，Gary S.，1981，*A Treatise On the Family*，Cambridge，MA：Harvard University Press.

［6］Cheung，Steven N. S.，1983，"The Contractual Nature of the Firm"，*Journal of Law and Economics*，Vol. 26，No. 1：1—21.

［7］Coase，R. H.，1937，"The Nature of the Firm"，*Economica*，Vol. 4，No. 16：386—405.

［8］Greif，Avner，2006，"Family Structure，Institutions，and Growth：The Origins and Implications of Western Corporations"，*American Economic Review*，Vol. 96，No. 2：308—312.

［9］Greif，Avner，and Guido Tabellini，2010，"Cultural and Institutional Bifurcation：China and Europe Compared"，*The American Economic Review*，Vol. 100，No.2：135—140.

［10］Kreps，D.M.，1990，"Corporate Culture and Economic Theory"，In J.E. Alt and K.A. Shepsle (eds)，*Perspectives on Positive Political Economy*.

［11］Williamson，Oliver，1971，"The Vertical Integration of Production：Market Failure Considerations"，*American Economic Review*，May 1971，61：112—123.

［12］Williamson，Oliver，1975，*Markets and Hierarchies：Analysis and Antitrust Implications*，New York：The Free Press.

［13］Williamson，Oliver，1985，*The Economic Institutions of Capitalism：Firms，Markets，Relational Contracting*，New York：The Free Press.

恩威并施，德行表率：谈家长式领导的利与弊[*]

张新安 / 上海交通大学安泰经济与管理学院管理科学系教授

回首近年来中国企业崛起与失败的案例，人们总是能在其中发现领导者个人的身影。说起华为的成功，任正非和他设计的出海战略会令人心驰神往；谈及科龙的衰败，顾雏军和他钟爱的资本游戏又会让人不胜唏嘘。在现代商业组织中，领导者所处的位置赋予了他们改变企业前进方向的可能性，人们总是愿意相信企业的命运在相当程度上掌握在领导者手中。领导者之所以对组织至关重要，是因为他们的行为能够在组织内产生自上而下的深远影响。描述和检验领导者的行为模式及其所产生的影响，是组织管理研究中最为津津乐道并且经久不衰的话题。

在华人企业中，领导者的行为模式通常被描述为家长式领导风格。台湾大学的郑伯埙教授和他的同事根据他们十多年的观察分析，将家长式领导风格区分为三个不同的行为侧面，即立威、施恩，以及德行。立威行为体现了家长式领导严厉的一面，他们强调自己在组织内的地位不可动摇，不能容忍下属的公然挑战和质疑，要求下属对自己绝对的服从和忠诚；施恩行为则体现了家长式领导仁慈的一面，他们关心下属的想法，帮助

---

* 原文发表于微信公众号"管理心理与行为"。

下属解决困难，甚至有时将这种关心拓展到生活领域；最后，德行体现了家长式领导对于自身公众形象的维护，他们希望在下属的眼中成为无私奉公的典范，尽可能避免那些会招致道德质疑的事情和做法。如果用一句话来概括，家长式领导风格应该可以用"恩威并施、德行表率"得到最好的描述。在下面的文字中，我们将会对家长式领导风格的运作环境，以及对组织的促进和弊端进行分析评论。

‖ 长权力距离是家长式领导的生长土壤和运作空间

领导者绝不是一个单枪匹马完成所有组织任务的超人，他们必须通过影响他人的态度和行为才能实现自己的意志和想法，从而对组织的发展产生推动作用。从这个角度来说，影响就是领导过程的本质。影响的发生离不开社会与组织环境，因此，在分析一种领导风格之前，需要先了解这种领导风格产生影响所需的运作环境。

对家长式领导产生环境的追溯往往会聚焦到中国农业社会中长期以来父权主导的家庭结构。家庭是中国社会的基本单元，大多数中国人的青少年时期都是与父母以及兄弟姐妹生活在一起，他们行为模式的塑造（社会化）会在极大程度上受家庭运作特征的影响。在传统的大家庭中，父亲通常是具有最高权威和影响的角色，他一方面要树立自己的威信以便于更好地约束家庭成员的行为，另一方面也要表现出对家庭成员的关爱以赢得他们的支持，同时还要不偏不倚、大公无私以维系自身的形象和领导地位。由于父亲角色在家庭生活中的地位最为突出，中国人的成长过程往往深受父亲行为的影响，潜移默化的模仿和观察学习使得他们一旦处于领导者的地位，便会自然而然地表现出类似于父亲管理家庭的家长式领导风格。

对家庭以及父亲角色的分析有助于我们理解家长式领导风格的由来。然而，这些分析并不能告诉我们很多关于家长式领导风格运作环境的更深层特征。毕竟，在现代商业社会中，不断演化的组织架构与农业社会的家庭结构已经大相径庭。管理大家庭的领导风格在当今各类不同类型的组织中的效果如何，需要从新的角度去思考和审视。在下面的分析中，我们将从组织权力距离（power distance）这一特定角度展开讨论。

权力距离概念来自于跨文化管理专家郝夫斯特（Geert Hofstede）所提出的文化维度理论，用于描述群体成员对于地位差距的态度。在权力距离比较长的群体中，成员倾向于认为人与人之间的地位本来就是不平等的，因此此地位差距是可以接受的；而在权力距离比较短的群体中，成员则倾向于认为人与人生来就是平等的，不太容易认可人际间的地位差距。因此，如果将权力距离放在组织情境中，它的长短将会影响到下属怎样看待他们和上司的地位差距，从而在很大程度上影响到上司领导风格的有效性。

显然，家长式领导风格蕴含了父亲角色和其他家庭角色在地位上存在差距，它代表了一种从长权力距离情境中演化而成的领导风格。长权力距离的文化情景之所以会孕育出家长式领导风格，一个很重要的原因在于家长式行为能够帮助领导者最有效地维护和巩固他们的地位。在长权力距离的组织中，领导者很容易意识到自己的一切特权都来自于他们高高在上的地位，因此保持和下属的地位差距往往是他们的首要任务目标；立威、施恩，以及德行都是为这个首要目标服务的行为。比如，为了让下属对自己心存敬畏之心，家长式领导者不会选择真正授权给下属，而是选择用指令来控制下属的行为。在同下属沟通时，家长式领导者也会故意隐藏一些关键的信息，从而增加下属对他们的信息依赖性。他们有时还会有意贬低下属的贡献，对下属的出色表现似乎无动于衷。这些立威行为提醒下属时刻要注意同领导者的地位差距，要想获得领导者的认可和支持，下属就必须顺从领导者的意意，表现出无条件的忠诚。

对于权力距离的分析告诉我们，只有在地位不平等的组织环境中，立威、施恩和德行等家长式行为才能够帮助领导者像父亲一样一方面维护自己的地位，另一方面又保证了组织的稳定。换句话说，长权力距离是家长式领导有效运作的空间，组织的权力距离越长，家长式领导的运作就越为顺畅。首先，就立威行为来说，只有在长权力距离的组织中，下属才更容易因为领导者的威严而心生敬畏，从而表现出相应的顺从行为。如果组织中的权力距离比较短，领导者的立威行为不仅不能够树立威严，反而容易招致下属的反感，进而表现出反抗行为。同样道理，长权力距离也会放大施恩行为对于下属的影响。如果下属在心目中认为领导者属于高高在上的贵人，来自于领导者的恩惠就更容易打动他们，从而激发出更大的回馈动力。最后，德行行为也会受到权力距离长短的影响。长权力距离组织中的领导者由于其地位高高在上，其行为更受下属的关注和效仿，领导者个人的德行行为给组织所带来的扩散效应就更明显。

在当前我国社会的各类组织中，国有企业由于长期受政府的影响或者直接脱胎于政府事务部门，往往对于地位差距比较敏感，权力距离通常比较长。与之相反，外资企业则因为受西方个体主义文化的影响，比较重视人际间的平等，权力距离往往比较短。因此，我们不难理解，家长式领导风格为何在国有企业中更为普遍，而在外资企业中却相对较少。

‖ 统一思想、感化下属、模范表率是家长式领导的三大利处

家长式领导的一个直接后果就是下属对于上司心存敬畏之心，放弃自己的主动思想，完全听命于领导者的指挥。这主要是立威行为和施恩行为交替作用的结果。家长式领导者通常深谙"打一巴掌，再给块糖"的大家庭管理之道，他们一方面强调自己的威严不可冒犯，另一方面又给予下属足够的关心照顾，使得下属时刻清醒自己同领导者之间的地位差距，深知要想在组织中得到认可和支持，就必须服从领导者的意志。因此，在强有力的家长式领导的带领下，团队和部门的思想很容易统一，大家都唯领导者马首是瞻，做无条件的跟随者。尤其是当部门或团队内派别林立，各种利益冲突难以协调时，家长式领导风格所能发挥的作用越大，越能够"镇得住"分崩离析难以控制的局面。

需要指出的是，依靠家长式领导行为来达成的统一思想，从团队管理的角度来看，有别于基于积极的团队过程所达成的共识（consensus）。团队工作之所以优于个体工作的一个主要原因在于它可以整合不同团队成员的观点、知识、经验，以及投入等资源，激发出积极的协同作用，产生"一加一大于二"效应，完成单靠个体成员简单相加而无法达成的复杂任务。家长式领导行为虽然也能够让团队很快形成统一的方案，但在这个过程中，团队成员的参与度往往非常低，这个方案仅仅是领导者个人偏好的体现，不能从多个角度整合不同团队成员的贡献，方案的决策质量通常要劣于通过积极的团队过程比如合作式冲突管理所达成的共识方案。此外，团队成员由于没有积极参与到方案的制定过程，他们对于这个方案的承诺感往往也不高，在实施中遇到困难很容易放弃或者选择糊弄过关了事。

除了统一思想外，家长式领导风格对于组织的另外一个贡献就是感化下属的行为。在中国传统文化中，报恩的思想根深蒂固，下属往往报着"士为知己者死"的心态来回报来自于上司的恩典，家长式施恩行为能够强化下属同上司的心理纽带，收到远远超出简单经济利益交换的效果。事实上，不只是古代那些豢养家丁死士的王公贵族深谙此道，现代组织中的企业领导者也对此运用得颇为娴熟。他们不仅仅在工作中照顾下属的困难和感受，还往往将这种关心延伸到下属的个人或者家庭生活中，热衷于帮助未婚下属介绍对象，或者解决小孩入托求医甚至买房贷款审批等困难。家长式施恩行为的这些做法，在西方个体主义社会中所推崇的变革型领导行为中也能够见到身影，比如变革型领导者也会根据下属的具体情况给予不同的指导，鼓励下属从全新的角度来看待日常的工作任务等。然而，家长式施恩行为对于下属回报心态的影响通常会更强，一个关键的原因就在于变革型领导者对于下属的关心局限于工作领域，而家长式领导者照顾下属的范围还包括了个人家庭生活所致。

　　在家长式施恩行为的影响下，下属出于回报领导者的动力，就容易在工作中一方面把本职工作做到尽可能完美，另一方面去多做一些工作没有要求的任务，即超职责行为（extra-role behavior）或者组织公民行为（organizational citizenship behavior），比如帮助那些对工作环境还不太熟悉的新同事、热心参与组织所举办的各种志愿活动、向组织外的人正面宣传组织的好处，以及帮助维护部门的和睦气氛等。这些超职责行为虽然不在下属的工作手册中体现，然而对于组织的高效运作却是不可或缺的"润滑剂"，能够在很大程度上弥补由于工作设计缺陷或者分工不合理造成的整体效率损失。从这个角度来讲，家长式领导者的施恩行为对于组织效率能够起到非常积极的推进作用。

　　然而，家长式施恩行为却也会给组织带来一些出乎意料的负面结果。由于家长式领导者对下属的照顾涉及生活领域，看起来就更像是出自于个人而非代表组织的恩惠，使得下属在报恩时往往选择以领导者而非组织作为回馈的对象。这在《水浒传》中黑旋风李逵身上体现得最为明显，李逵一心只想回报宋江的知遇之恩，从不拿梁山泊甚至大宋王朝当回事，却唯独对宋江个人言听计从唯唯诺诺。当领导者留在当前组织中时，人们不会注意到这个问题，因为下属任劳任怨苦干多干，在报答领导者的同时也对组织有促进作用。然而一旦领导者选择离开组织，下属往往会追随领导者一起离开。当宋江被赐毒酒身亡后，李逵就选择放弃官职，以自尽的方式追随宋江而去。同样道理，那些有魅力的家长式领导跳槽时，往往也会导致整个下属部门被"连锅端"，大家都跟着领导者一起离开，给当前组织造成意想不到的损失。

家长式领导者对于组织的另外一个主要促进作用来自于他们的模范道德表率作用。根据社会学习理论，组织中的普通员工一旦在工作中遇到道德相关的两难问题，他们往往参考领导者的做法，作为自身行为的依据。正所谓"上梁不正下梁歪"，如果领导者自身不能够行得正坐得端，下属一级一级的效仿就会使得整个组织的价值观念出现严重的扭曲。综观中国社会发展的历史，几乎每个朝代中的社会组织都强调领导者要有超出一般水平的道德规范，希望领导者能够做到"德才兼备"，而"德"往往还会被放到"才"的前面，就是希望领导者能够展现出足够的正直品德，成为组织"正能量"的来源。从这个角度来讲，家长式德行行为强调领导者在道德上要严于律己、舍己为公，符合大家对于身居高位的领导者的道德期望，能够为下属树立起行为的标杆，引导整个组织道德行为规范的建立。

领导者的德行表率行为还能够在很大程度上促进下属积极的工作态度和行为。按照社会交换理论的观点，员工与组织之间的雇佣关系通常可以看作是一种交易：员工在工作中投入时间和承担责任，组织回过来给予员工相应的报酬和发展的机会。然而，在中国社会组织数千年的历史中，员工与组织的这种交换关系一直缺乏制度性的保障。即便在当前契约精神已经非常普及的商业社会中，中国各类社会组织中的员工还总是会感觉到自己势单力薄，一旦同组织出现纠纷自己的利益就会难以得到保障。而家长式德行行为则明确向下属传达了有关领导者个人价值判断的信号，让下属相信他们的利益诉求能够得到反映和保障，能够在很大程度上缓解下属对于组织不确定性的担心和忧虑，从而提高他们在工作中的投入程度。

‖ 缺乏远景、破坏公平、抑制创新是家长式领导的三大弊端

家长式领导风格的首要用途是在长权力距离的组织环境中维护领导者个人地位的稳

固，这意味着它同组织所追求的目标必然会出现分歧。事实上，即便领导者将家长式领导风格运用到炉火纯青的地步，仍然会在若干方面造成组织效率的损失。首先，家长式领导风格中忽视了领导者最为基本的任务，即远景描述。领导者之所以是领导者，并不仅仅因为他们身居高位，更在于他们比普通人站得高看得远，知道组织未来的走向，能够引领大家走出目前的困境。而家长式领导风格却不能为下属描述出这样一个值得追寻的远景目标，无论是立威、施恩，还是德行，都是以维护地位和控制下属为首要目的，缺乏对组织未来的思考。当组织的外部环境比较稳定优厚时，家长式领导缺乏远景的做法可能尚不会带来生存的危机，领导者依赖强权控制或者丰富的资源也能够让组织继续存续。然而，一旦外部环境出现剧烈的变化，比如技术出现革新换代的更替，或者商业模式出现颠覆传统的更新时，组织从上而下就会陷入惴惴不安的情绪，员工的行为需要一个明确的方向加以指引，家长式领导风格就很难带领组织应对环境的挑战。

远景目标之所以如此重要，在于一个清晰明确的远景目标会告诉追随者未来的方向。一旦下属将自己的工作同远景目标的实现相联系时，工作就不再是平淡无奇的琐事，而是成为他们实现自身追求和抱负的机会。当领导者清晰描述出一个富有吸引力的美好远景并以充满感召力的方式传达给下属时，他在很大程度上能够改变下属对于工作的认识，并从工作中获得价值实现和自我升华的感觉。然而，在家长式领导的带领下，下属无法从领导者那里获得对未来远景的展望，缺乏这个远景目标，下属就不清楚自己每天做的事情有什么意义，工作就会沦落成"为稻粱谋"的生计工具，下属也就很难在组织变革和转型的过程中全身心投入。

家长式领导风格的第二个主要弊端在于它对于组织公平环境的破坏。组织公平体现为三种形式，即分配公平（distributive justice）、程序公正（procedural justice）和交互公平（interactive justice）。其中分配公平指组织成员所得到的回报同所作出的贡献相匹配，程序公正指分配决策作出的过程透明合理，征询过大多人的意见，而交互公平指领导者在对待下属时考虑下属的个人感受，将下属作为一个平等个体来看待。组织公平感的作用毋庸多言，它对于员工的工作态度以及行为表现都会造成极大的影响。当分配公平感缺乏时，员工就会有意减少在工作中的投入，或者寻找其他更好的工作机会；当程序公正感缺乏时，员工就会对组织的事情变得漠不关心，或者索性溜须拍马以谋求个人利益的最大化。当交互公平感缺乏时，员工就会容易阳奉阴违，糊弄领导。不难想象，家长式领导行为对于三种形式的组织公平都会造成负面的影响：首先家长式领导为了巩固地位，通常任用亲信，给予他们特别的照顾和利益，这在很大程度上会破坏组织成员的分配公平感；其次家长式立威行为很容易给下属造成领导者专断独裁的感觉，破坏组织成员的程序公正感；最后家长式领导在对待下属时玩弄一手软一手硬的权术，又很容易毁坏下属所感受到的交互公平感。综合起来很容易发现，在家长式领导的治理下，下属很容易感觉到自己的努力没有得到相应的回报，声音没有得到相应的听取，尊严也没有得到相应的保护，三个方面的组织公平感都非常不好。

家长式领导行为的第三个弊端在于它会在很大程度上抑制员工的创新行为。创新是当前组织应对外部环境变化的最有效的有段。家长式领导者可能并不否认创新的作用，甚至会在台上鼓励追随者勇于创新，然而他们所表现出的行为却往往会有意无意扼杀下属的创新意识和行为。首先，创新的目的是要改变现状中不合理的成分，它是一种挑战性的行为，如果创新旨在改变的不合理现实恰恰是领导者所希望维护的东西，下属的创新举动就构成了对领导者个人地位的挑战，这对于家长式领导来说是绝对不能容忍的行为。其次，创新不是一蹴而就的事情，需要不断的尝试才能够找出最佳的方案，这需要领导者给予足够的授权和支持，而由于授权又会威胁到领导者的地位，家长式领导者从来不愿真正授权，他们习惯的做法是在下属创新的过程中不断地发号施令以体现自己的能力和贡献，使得一项创新举动往往最终沦落为领导者的面子工程。最后，家长式领导行为本身就会破坏下属创新的动力，下属在领导者威权和仁慈的夹攻之下，很容易丧失对于工作的内在热情，不敢犯错，中规中矩，以服从领导者的意志为第一绩效目标，也就很难在工作中有出色的创新表现。

一个值得思考的有趣问题是，家长式领导风格是否是中国企业缺乏创新性的主要原因？对于这个问题可能仁者见仁智者见智，将之全部归结到家长式领导头上似乎也有失偏颇。然而，我们相信，创新更多是一种源自个体内在主动性的行为，华人企业中风行的家长式领导风格应该为抑制中国企业的创新性负上部分责任。

用团队自省缓解"蓝领懈怠症"*

陈景秋 / 上海交通大学安泰经济与管理学院组织管理系副教授

每年春运，蓝领工人潮汐般踏上归家之路。中国制造业在过去几十年中，一直以低廉的人力成本占有优势。然而随着人口老龄化加剧，人口红利优势不再，企业成本逐渐提高，人人都在谈未来中国制造业的出路在于品牌和质量。可是品牌和质量背后的重要因素——那些默默付出的工人们，有没有受到重视呢？尤其是他们的心理健康问题，亟待我们的关注。

富士康的军事化管理颇具争议，我国制造业工人高压力和高离职现象背后的心理机制是怎样的？当我们把目光投注在"缓解工人的工作倦怠"这一主题上，我们发现，制造业工作具备单调枯燥和长时间高负荷的特点，工人感受到的已经不是一般意义上的压力，而是一种倦怠，即长期工作重压之下的身心疲惫和对工作的厌倦。

工作倦怠有以下三个特征：第一，情绪衰竭。感觉情感资源被耗尽，比如很多制造型企业的员工来自异地他乡，长期和家人子女分离、枯燥的工作环境势必产生这种折磨感。第二，去人性化。特征是觉得充满了挫折感，对组织、员工、团队产生幻灭或者不

---

* 原文发表于《中欧商业评论》2018 年 3 月刊。

信任的负面态度。第三，低成就感。特征是对个人能力的怀疑和个人成就感的降低，觉得"自己很没用"。

这三种工作倦怠的特征，都会对制造业的生产结果产生负面影响。我们的改进措施就是在制造业蓝领团队中引入团队自省的组织干预实践。

‖ 给"螺丝钉"工作增添一丝"人味"

团队自省是团队成员共同反思团队的目标、策略和过程，并相应进行调整的过程。这种实践方式最早的来源是，英国皇家空军在共同执行任务时，作为小团队，在作战前后进行"任务分配—执行—回顾改进"过程，通过反思来提高军队的作战能力。后来这种方式被美国和以色列商界借鉴，学术界也作了大量的研究，证明团队自省对于创新和绩效提升有积极作用。

团队自省往往通过事后回顾的方式进行，包括如下四个基本步骤：第一，自省和自我解释，团队成员会分析自己的行为并找出成功或失败的原因；第二，获得证据，帮助团队成员提出改变方案之前相互验证各自所持有的信息；第三，同伴反馈；第四，规划。考虑到以前的成功和失败，讨论并就未来任务的团队目标或行动计划达成一致。

迄今为止，团队自省的方法常常被知识型团队采用，旨在改善绩效尤其是创新绩效。那么，在劳动密集型的制造业工作团队中，团队自省是否有作用呢？就工作性质而言，制造业具有简单和程序化的特点，每个工人都是流水线上的一颗"螺丝钉"，不太可能随意改变自己的工作内容。因此，团队自省对于改变制造业团队的创新并不具备必然作用。但是，通过对工作目标的适时回顾，工人会对工作流程有更好的掌控、获得互相支持，并解决工作中的一些困难。这一过程会为程序化工作注入新的动力——思考和完善的动力，让每日的流水线工作增添一丝"人味"，每日工作结束后都可以与同伴交流和共同思考，无疑会缓解工作倦怠感。

工作要求—控制—支持模型（Job demands-control-support，JDCS）为理解团队自省如何积极影响团队成员的心理健康，提供了一个全面而简洁的框架。基于 JDCS 模型，我们阐述了团队自省如何引导团队成员感受到工作要求的降低，加强对自己的任务和工作环境的控制感，并进一步强化来自团队成员的社会支持感。

‖ 469 名工人的准实验研究

大部分关于团队自省的研究，要么是通过对企业员工的问卷调查，要么是通过在大学生中模拟团队工作的情境再自省。前者依赖员工的自我报告，可能带有主观性，后者则不是真实的企业情境。为了证明团队自省作为一项组织干预实践能够通过改变工人对工作环境的感知而有效降低倦怠感，我们与深科技旗下的磁记录公司合作，对工厂某车间的 469 名工人实施了这项为期 9 周的"团队自省"干预方案。

这一车间主要生产计算机硬盘盘基片，包括粗磨、精磨、运料、质检等系列工序。它并非完全自动化，有些工序需要工人之间相互配合和手工操作完成，这就对团队工作提出了要求。实验开始前夕，工厂接受我们的建议，依据工作内容，将 469 名工人细分为 73 个生产小队，不再设置领导，强调一种平等的合作氛围。

针对制造业工作特点，我们设计了标准化的自省回顾方案提纲，包括如下几个简单的问题：当日或本周的工作目标是什么？为了实现这个工作目标，哪些做得好，哪些做得不好？明天我们应该怎么做（保持什么和改进什么），才能更好地实现目标？

第一周，我们和人力资源部一起对每个参加自省的团队进行了方法培训。从第二周开始，正式将自省方案导入各个团队。企业培训了 9 名资深工人作为团队自省的培训师，在未来的三周深入各个小队，现场指导他们进行自省。

团队自省的重点是要平等，遵循好客观和透明的原则：在每个小组进行团队自省的过程中，并没有组长的角色，每个团队成员轮流主持自省晤谈，就工作目标实施和问题进行讨论，反省自身及团队做得好或者不好的地方。此外还有一个"大目标"，就是看工人是否对自己的工作目标提出质疑和改进。每日主持人会记录自省的主要问题。

团队自省的节奏由密到疏，但效率逐渐提高。一开始组织工人每天进行自省，第二个月降为每周三次，在实验结束后，公司将其固化为一周 2—3 次。在大家逐渐形成自觉习惯后，团队自省的次数减少，但会愈发高效：最初，每个团队进行自省的时间大约20—30 分钟，随着对自省方法的掌握，时间缩至 10—15 分钟；如果当天没有特别的问题发生，通过自省一切良好，时间甚至可以缩至 5 分钟。

我们发现，团队成员提出的建议往往针对流程改善，但没有对自己的工作目标提出质疑。从获得的改善建议来看，自省内容主要针对 6S 管理，尤其关注质量和安全问题。实验结果表明，经过各个团队的自省后，在诸多生产方面都得到了改善，如缺陷报废品减少，安全率上升等，且这种改善具有持续性。

可见，团队自省可以促进员工了解团队的实际运作，促成信息共享，提升团队的默契感和支持感。通过不断回顾团队目标，可以帮助团队形成新的理解，提出应对新兴条件和挑战的方法，改善不良工作流程并为实现目标而不断进步，这不失为一种提升制造业全面质量管理的有效手段。

‖ 通过赋权缓解工作倦怠

那么，团队自省是如何缓解工作倦怠的呢？我们发现，团队自省对于员工的健康状态具有很大好处，也可以明显提升团队的合作方式，帮助他们更好地完成工作，提升工作质量。这不失为压力管理和组织干预的有效方式，为企业管理者提供参考。

正如本文开篇所述，对于 JDCS 模型中的三要素，即工作要求、工作控制和工作支持来说，其中工作要求与工厂环境本身相关，属于硬性条件，很难进行改变；但后两者更偏软性，可以进行有效改善，提升员工的心理状态。

工作控制可以提升蓝领工人的工作成就感。参与团队自省的成员相信自己有能力识别和成功解决问题，因为团队自省之后，通过反思可以提升团队绩效，从而带动个人成就感。随着团队成员进行不断循环的行动和思考，他们不仅从错误和成功中学习，也意识到变革的机会。在一定意义上来说，团队自省可以促进对工作设计、社会关系和工作感知的重构与优化，这种干预可以为工人提供"赋权"的感受，让他们觉得自己可以更主动地控制工作过程，提升工作意义和价值感，减轻他们在高度重复性工作中"感觉被

剥夺的感受"，避免成为卓别林在《摩登时代》中扮演的那位差点发疯的工人。

工作支持可以避免员工产生情感衰竭和去人性化等心理症状。一方面，通过团队自省，团队之间更加紧密协作，在工作时间之外也有更多交流，成员对队友的信任感、心理安全感会逐步产生；另一方面，这种强化的支持也可以改变团队成员的思维方式，在团队集体氛围中，嘈杂、冰冷或者忙碌的工作环境可能变得没那么可怕了。

同时，团队的稳定性和持久性会发挥重要的调节效应，对成员的心理安全感产生重要作用。团队反思不仅是一个团队过渡的过程，而且有助于支持人际过程。团队越稳定、越持久，就越能够促进团队成员共享知识、加强信任，从而转化为更好的工作绩效。

‖ 双回路学习带来改进

以往关于团队自省的研究往往集中在如何提升创新和绩效，但我们的研究恰恰证明，团队自省不仅可以提升员工的心理健康状态，减少工作倦怠，还可以通过一种机制对团队绩效产生重要影响：工作要求、控制和支持发挥了一种中介效应，可以提升员工的积极心理（作为工作倦怠的反面）。这种"正能量"又会作为一个重要介质，带动他们提升对能力的信念，进而提升工作绩效。

这也许可以带来更多的启发：蓝领工人的压力干预和缓解不必局限于传统的工作再设计或个人压力干预，借助团队自省也许可以事半功倍，提高成员的幸福感。

组织理论专家克里斯·阿吉瑞斯曾提出"双回路学习"的概念，即不仅能够对当前的问题进行思考，也可以对问题的目标、源头进行反思，从而促进双向的改进，这被称为"双回路学习"。无论是蓝领还是白领，团队自省都可以让这种双回路学习促进工作中的创新，提升效率和质量。

我们不希望类似富士康工人"十连跳"的事件再次发生，更不希望中国制造业成为"血汗工厂"的代名词。中国的制造业正在面临转型时期，不仅是技术水平飞速提升，管理模式也需要进一步改进。"团队自省"，值得让制造企业借鉴，进一步激发制造业团队的双回路学习和创新，促进中国制造业转型，最终实现中国"质"造。

员工对企业履行社会责任
到底持何种态度和行为？

赵小平 / 安泰经济与管理学院组织管理系讲师

十多年前，企业要不要履行社会责任在中国还是个颇具争议的话题，绝大多数中国企业对社会责任的理解和认识也处于浅尝辄止的状态。但在十多年后的今天，越来越多的中国企业已经开始深刻认识到企业不仅仅需要承担经济责任，同时也应该承担与其他利益相关者（例如政府、消费者、员工、社区、环境等）有关的社会责任。随着企业越来越重视起社会责任，开始逐渐意识到员工作为企业利益相关者中的重要一员，无论在促进企业履行社会责任还是提升企业竞争力等方面都扮演着极其重要的角色。但是员工究竟对企业履行社会责任持有何种态度和行为，还没有一个比较完整的答案。

一方面，从员工关心自身利益的角度来说，如果企业履行的社会责任本身是对员工有利的，例如提高员工的福利水平、改善员工工作环境，那么员工对企业履行这类社会责任必然持有正面的态度和行为；但是，一旦企业履行的社会责任本身并不能直接增加员工的利益，例如企业发起并要求员工积极参与慈善和公益活动，那么员工有可能对企业履行这类社会责任持有漠不关心甚至负面的态度和行为。另一方面，员工也并非仅仅关心自身的利益，他们同时也会关心所在企业的其他利益相关者的利益。从这个角度来

说，即使社会责任并不能对员工自身的利益产生直接、正面的影响，员工对企业履行社会责任也可能会持有正面的态度和行为。

为了回答"员工究竟对企业履行社会责任持有何种态度和行为"这一问题，我们做了以下研究。首先，我们将企业社会责任进行总结和分类。从员工的视角来说，企业社会责任可以分为两类：（1）内部社会责任，此类社会责任对员工的利益有直接、正面的影响，例如提高员工的福利水平、改善员工工作环境等；（2）外部社会责任，此类社会责任对其他的外部利益相关者的福利有直接、正面的影响，而对员工的利益没有直接的影响，例如公司发起的慈善或环保活动等。接着，我们回顾了过去10年来理论界对这个问题的讨论。在理论回顾的基础上，我们提炼出了企业履行社会责任影响员工态度和行为的四种主要机制。这四种主要机制包括：（1）组织认同机制，（2）社会交换机制，（3）组织公平机制，（4）信号机制。前三种机制主要影响的是在职员工的态度和行为，态度主要包括组织认同、组织信任、组织公平、组织承诺和工作满意度，行为主要包括公民行为和主动离职行为。第四种机制（信号机制）主要影响的是潜在员工（求职者）的态度和行为，其中，态度主要包括组织认同、组织信任、组织公平等，行为主要是求职意愿与行为。图1总结了企业履行社会责任对员工态度和行为的影响。以下我们将详细讨论企业履行社会责任影响员工的四种机制，以及员工的态度和行为。

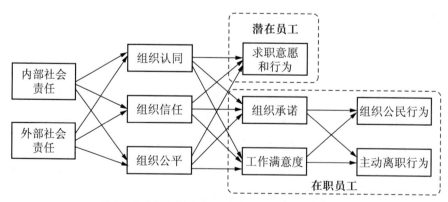

图 1　企业履行社会责任对员工态度和行为的影响

‖ 企业履行社会责任对在职员工的影响

组织认同机制。简单来说，组织认同指基于组织成员的身份，组织成员根据自己与组织相同的特质来定义自我，并且产生的一种归属感自豪感以及对组织忠诚的一种情感依附。对于企业来说，无论是履行内部社会责任还是外部社会责任，均能够提升员工的组织认同。第一，企业履行内部社会责任意味着企业重视在职员工的福利水平，因此在职员工通常会感受到更多的组织对自己的支持，也同时会产生对组织的归属感、忠诚感以及情感依附。因此，企业履行内部社会责任能够提升员工的组织认同。第二，企业履行外部社会责任，虽然不能对在职员工的利益产生直接的影响，但是作为企业的一分子和社会的重要组成部分，企业履行外部社会责任——社会和其他利益相关者期待和希望企业履行的义务和责任——能够给在职员工带来自豪感，而且在职员工会将自己所在的企业与其他没有履行外部社会责任的企业进行比较，进而形成有利的感知，认为自己所在的企业比其他企业更具有社会责任感，因而形成更高的组织认同。

社会交换机制。社会交换理论认为人们在社会生活中交换着各种物质和非物质的资源，并考虑以何种手段获得更多的社会交换收益。在职员工和企业之间的社会交换关系中，组织信任是影响二者交换关系的最重要因素之一。而企业履行社会责任，无论是外部社会责任还是内部社会责任，均能够增强在职员工和企业之间的组织信任。首先，如果企业能够通过为在职员工提供有竞争力的薪酬以及培训、晋升机会、组织文化、组织支持、组织关怀等方式来履行内部社会责任，根据社会交换理论，在职员工会积极回报给予自己尊重和重视的组织，并通过努力工作和对组织忠诚、自觉维护组织形象等换取组织的认同和奖赏。在这个在职员工—企业社会交换过程中，在职员工对企业的组织信任会得到逐步增强。其次，企业履行外部社会责任，虽然不能对在职员工的利益产生直接的影响，但是作为企业的一分子和社会的重要组成部分，企业履行外部社会责任能够让在职员工认识到所在的企业是一个对社会负责任的企业，依然能够增强在职员工对企业的组织信任。

组织公平机制。作为企业重要的利益相关者，在职员工非常重视所在企业的组织公平。在职员工判断其所在企业的组织公平的渠道之一就是企业是否履行了社会责任。当企业通过履行内部社会责任来体现该企业对员工的重视，在职员工会认为企业对待员工是公平的；因此，企业履行内部社会责任能够增强在职员工对组织公平的感知。另外，当企业通过履行外部社会责任来体现该企业对其他利益相关者的重视，在职员工会认为企业对待其他利益相关者是公平的；因此，企业履行外部社会责任也能够增强在职员工感知到的组织公平。

以上三种机制说明了企业履行社会责任对员工的影响主要是在职员工的三种态度：组织认同、组织信任和组织公平。在职员工的这三种态度，进而会影响到另外两种态度：组织承诺和工作满意度。同时，在职员工的组织承诺和工作满意度会进一步影响在职员工的行为：组织公民行为和主动离职行为。组织承诺和工作满意度通常会增加在职员工的组织公民行为，并且降低在职员工的主动离职行为。总的来说，企业履行社会责任，能够加强在职员工的组织公民行为，同时降低在职员工的主动离职行为。

Ⅱ 企业履行社会责任对潜在员工的影响

信号机制。以上阐述的是企业履行社会责任影响在职员工的三种机制，下面我们将讨论企业履行社会责任对潜在员工（求职者）的影响。信号理论认为，潜在员工在考虑求职对象的时候，会通过各种途径去获取企业如何对待在职员工的信息；同时，企业也会通过不同的途径发送该企业如何对待在职员工的信号。企业履行内部社会责任，对于潜在员工来说，就是一个显示该企业重视在职员工的福利和待遇，并且能够公平对待在职员工的信号；同时，企业履行外部社会责任，对于潜在员工来说，就是一个显示该企业重视其他利益相关者福利，并且能够公平对待各种利益相关者的信号。因此，企业无论履行的是外部责任还是内部责任，都能够让潜在员工从这些信号中获得企业如何对待在职员工的信息。一般来说，企业履行内部和外部社会责任，潜在员工会认为，一旦自己成为了在职员工，自己的待遇和福利也能够得到企业的重视，自己也能得到公平的对待。因此，企业履行内部和外部社会责任能够增强潜在员工的组织认同、组织信任和组织公平，进而提升潜在员工的求职意向与行为。同时，企业也能通过履行内部和外部社会责任在拥挤的劳动力市场上形成一种吸引力，吸引那些具有高技能、高积极性的潜在员工。

‖ 企业履行社会责任与员工参与

以上我们分析了企业履行社会责任影响员工的态度和行为的四种机制。从上述分析中不难看出，企业要想成功地实施社会责任战略，不应该仅仅把员工看作企业履行社会责任的一个被动接受者或者旁观者，而是要引导其积极参与到企业社会责任的履行过程中来，并成为企业社会责任活动的真正制定者。只有员工积极制定并且参与企业社会责任活动中来，企业对社会责任的履行才是最为真实和有效的。

例如，根据我们对一家房地产上市公司在职员工的调研和访谈，要高效地履行社会责任，需要企业形成良好的社会责任氛围并鼓励员工积极参与社会责任活动的制定和执行。该房地产公司鼓励在各个地区的在职员工结合当地实际情况进行社会责任的实践和创新，发动在职员工积极、深度参与公益实践，期望形成一种"员工参与—社会认可—组织认同"的正向循环。通过这样的机制，该公司在全国各地分公司的在职员工根据当地的实际情况，制定了各种不同的社会责任实践活动，包括员工子女福利计划和亲子活动、员工能力提升计划、留守儿童和老人关怀计划、留守儿童的支教活动、城市打工子女的教育活动、走进儿童福利院、帮助残障人士等特殊群体、关爱本地社区的老年人、不使用一次性餐具活动、公益骑行等。通过各种内容丰富、参与感极强的社会责任活动和项目，公司在职员工不仅亲身体验到了公司所倡导的社会责任理念，更增强了自己的组织认同、组织信任、组织公平、组织承诺和工作满意度。同时，通过各种内容丰富、参与感极强的社会责任活动和项目，也增加了在职员工的组织公民行为并降低了他们的主动离职行为。另外，通过公司网站和媒体对该企业履行社会责任的介绍和报道，潜在员工也把企业履行社会责任作为工作申请的一个较为重要的考虑因素。访谈中，有多位

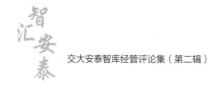

在职员工指出，该企业的社会责任履行是吸引他们的重要因素之一。

总而言之，企业社会责任的本质是一系列管理活动，以最大限度地确保公司在社会活动中的积极影响或是用一种满足甚至超越了法律、道德、商业和社会公众对于企业的期望的方式来运作。企业积极履行社会责任，会形成一种对社会和所有利益相关者负责任的企业价值观。通过鼓励员工参与制定企业社会责任战略、积极参加社会责任的履行，让员工形成一种负责任的组织身份，使员工的组织身份与组织的价值观不断契合。在此基础上，企业社会责任的履行将会内化成员工的正面态度和行为，进而对员工的工作绩效以及组织的绩效产生正面的影响。

应聚焦企业社会责任界定中的关键性分歧 *

周祖城 / 上海交通大学安泰经济与管理学院组织管理系教授

21 世纪初以来，企业社会责任受到我国各界越来越多的关注。十几年过去了，我们对企业社会责任的理解达成必要的共识了吗？如果尚未达成共识，存在哪些分歧？特别是，哪些是关键性分歧？

要判断对企业社会责任的理解是否有了必要的共识，就得看我们对有关企业社会责任的核心问题的回答是否有基本的共识。关于企业社会责任，有六个核心问题需要回答，包括两个前提性问题（企业社会责任回答应当如何还是事实如何的问题？企业社会责任是部分责任还是综合责任？）和四个基础性问题（企业社会责任的主体是谁，即由谁负责？企业社会责任的对象是什么，即对谁负责？企业社会责任的内容是什么，即负责什么？企业社会责任是自愿的还是强制的，即负责到什么程度？）。下面围绕这六个问题做一分析。

---

* 原文标题为《企业社会责任的关键问题辨析与研究建议》，发表于 2017 年第 5 期《管理学报》，并被《新华文摘》2017 年第 17 期以"企业社会责任的研究应聚焦关键问题"为题论点摘编。改编时个别提法稍作修改。

1. 企业社会责任回答应当如何还是事实如何的问题？

有人认为，企业社会责任是企业应该尽的义务或责任。也有人认为，企业社会责任是"特定企业在特定制度安排下努力追求在其预期存续期内最大限度地增进社会福利的意愿、行动和绩效"。这一定义含有企业实际追求的意味。还有人认为，"企业社会责任是指特定时期社会（含国际社会）对企业应该肩负义务或承担责任的特定期望，以及企业在自愿基础上给予这一特定社会期望的回应。"这一定义既包含应当如何又包含事实如何。应当不同于事实，单纯从应当角度定义企业社会责任与单纯从事实角度定义企业社会责任构成了一种关键性分歧。

2. 企业社会责任是部分责任还是综合责任？

有人认为，企业社会责任是企业责任的一部分，他们通常把企业社会责任界定为企业在社会方面的责任，以区别于经济方面和法律方面的责任等。也有人持相反的观点，认为企业社会责任与企业责任是等同的，包含企业对社会的全部责任，是一种综合责任。从理论上说，同时存在企业应承担的在社会方面的责任和企业应承担的对社会的全部责任两种界定，并非完全不可以，只要不把它们混为一谈即可。然而，从实践角度看，同时存在这两种差别很大的界定，会引起理解上的混乱、沟通上的困难、评价上的出入、行动上的困惑，因而，也是需要解决的关键性分歧。

3. 企业社会责任的主体是谁？

围绕这个问题，国际学术界在 20 世纪七八十年代曾有过争论，后来企业也是责任主体的观点逐渐占了主导。在我国学术界，对企业作为企业社会责任的主体似乎从一开始就并无多少异议。

4. 企业社会责任的对象是什么？

有人认为，企业社会责任的对象是利益相关者和自然环境。也有人认为，企业社会责任的对象是利益相关者和社会。关于企业社会责任的对象是社会，是利益相关者，是利益相关者和环境，是社会和利益相关者，还是社会和环境的争议，是由于对"社会"一词的理解不同引起的。虽然由于对社会、利益相关者、自然环境及其关系的理解不同，使得在负责对象的表述上出现差异，但这种差异并不构成对企业社会责任理解的实质性区别，只要对社会、利益相关者、自然环境及其相互关系界定清楚了，表述不同的问题就迎刃而解了。

从利益相关者角度看，有人认为企业社会责任的对象是指可能对组织的决策和活动施加影响或可能受组织的决策和活动影响的所有个人、群体和组织。投资者、员工、顾客、供应商、政府、社区、公众、竞争者等都是企业的利益相关者。也有人认为，企业社会责任的对象是企业的非股东利益相关者。还有人认为，企业社会责任的对象应该是那些与企业无直接市场关系亦即无法律契约关系的利益相关者，包括一般民众、特殊社会群体（如妇女、儿童、老年人、残疾人、灾民等）、社区和自然环境。之所以在企业应当负责的利益相关者问题上有分歧，根源还在于企业社会责任应当是部分责任还是综合责任之争。如果是综合责任，企业就应当对所有利益相关者负责。如果是部分责任，则负责对象往往只是部分利益相关者。

5. 企业社会责任的内容是什么？

增进社会福利或造福社会是企业社会责任的内容，在这方面看法比较一致。但涉及具体内容，如经济责任、法律责任、道德责任、慈善责任及其与企业社会责任的关系，就出现了分歧。

企业社会责任与经济责任的关系。人们对企业应当履行经济责任没有异议，但对经济责任是否包含在社会责任之中有不同看法。有的认为，企业社会责任包含经济责任。

也有的认为，经济责任、社会责任和法律责任是企业责任的内容，经济责任与社会责任是并列的。

企业社会责任与法律责任的关系。人们对企业应履行法律责任同样没什么异议，但对于企业社会责任是否包含法律责任有不同看法。有的认为企业社会责任包含法律责任，企业社会责任是指企业及其经营者在传统的追求企业利润最大化以确保股东利益最大化的经济责任之外，对企业非股东利益相关者所负有的、旨在维护和增进社会公益的社会义务。也有的认为，企业社会责任不应包含企业必须承担的经济责任和法律责任。

企业社会责任与道德责任的关系。有人认为，在探讨企业的社会责任时不必区分法律责任、经济责任和道德责任，而只要从伦理的角度加以分析，就能够得出企业应当承担的全部社会责任。也有人认为，现代企业社会责任概念的提出，就是要求企业不能单纯追求自身经济利益，还要考虑对社会和利益相关者的影响，不能仅仅做到守法，还要合乎伦理地对待社会和利益相关者。但有人对企业道德责任持保留看法，认为"如果将企业社会责任单纯看作是一种道德责任，则企业社会责任问题也就成为一种倡议性的口号，缺乏一种强制落实的力量。"

企业社会责任与慈善责任的关系。虽然从定义上，现在几乎没有人把企业社会责任等同于企业慈善，一般也不把企业慈善排除在企业社会责任之外，但是，如果按照有的学者主张的，企业社会责任完全是自愿的，旨在解决那些与企业无直接市场关系亦即无法律契约关系的利益相关者面临的问题的话，企业社会责任与企业慈善的区别究竟在哪里，便成了一个问题。

对四种责任在企业社会责任中的地位的看法也不一致。有人认为，经济责任是第一位的；也有人认为，法律责任是企业行为的前提，经济责任是基础，道德责任是补充；还有人认为，企业伦理责任或者说企业道德责任才是企业社会责任的核心。

企业社会责任的内容有很多争议，突出表现在：对经济责任、道德责任的理解存在不同认识，对企业社会责任是否包含经济责任、法律责任有不同看法，对什么是企业社会责任的核心有不同意见。产生分歧的原因有二：一是对经济责任和道德责任的理解存在差异；二是因为对企业社会责任究竟是部分责任还是综合责任有不同认识。

6. 企业社会责任是自愿的还是强制的？

一种观点认为，企业社会责任是自愿的责任，企业可以做也可以不做。另一种观点认为，企业社会责任既包括强制责任又包括自愿责任。进一步可分为"二层次"说和"三层次"说。二层次说把企业社会责任分为强制的责任（底线责任）和自愿的责任（超越底线的责任）。三层次说把企业社会责任分为三个层次：必尽之责任、应尽之责任和愿尽之责任。对于企业社会责任包含自愿责任这一点，人们并无分歧；分歧在于，企业社会责任只是自愿的责任，还是既包括自愿的责任又包括强制的责任？这一分歧实质上还是源于对企业社会责任是部分责任还是综合责任之争。

从上述分析不难看出，除了对"企业社会责任的主体是谁"这个问题的回答几乎没有异议外，对其他五个核心问题的回答或多或少存在分歧，在一些问题上，分歧还很大。说我国对企业社会责任的界定尚未取得必要的共识，并非言过其实。

诚然，在社会科学中，很少有概念能完全达成共识，但是，如果连基本的共识也缺乏的话，无论对理论研究还是实践应用都是极为不利的。毕竟，"人们的行动是受思想支配的。如果一个人概念不明确，他在实践中就往往会不知道如何正确行动。"企业社会责任概念清晰，是回答企业应该履行哪些社会责任，如何履行社会责任，为什么要履行社会责任等重大问题的前提。尤其是，人们越来越清楚地意识到，推进企业社会责任需要社会各界的共同努力。而越是需要社会各界的共同努力，越有必要对企业社会责任的理解达成基本的共识。路在何方？进一步分析发现，真正妨碍人们对企业社会责任的界定达成必要共识的关键性分歧只有少数几个，只要我们聚焦于这些关键性分歧，我们就可以朝着达成必要的共识迈进一大步。关键性分歧包括：（1）企业社会责任回答应当如何还是事实如何的问题？（2）企业社会责任是部分责任还是综合责任？（3）经济责任是指企业追求自身利益最大化的责任还是指企业促进社会经济健康发展的责任？（4）道德责任等同于做慈善，还是经济责任、法律责任以外的责任，抑或是指企业在从事各项活动时，应当合乎伦理地对待利益相关者和社会，且伦理要求既包括禁止性的要求，也包括鼓励性的要求？（5）企业社会责任的核心是经济责任、法律责任，抑或是道德责任？

第四篇

科技创新
与大数据之探寻

科技与共享引领了 2017 年的热点话题，从共享单车到大数据，从供应链到物联网，传统行业的发展模式显现出了截然不同的态势。共享单车方便了出行，但由此带来的管理问题则更值得我们反思；大数据与保险业、健康管理之间的结合是否可以带来更优质的服务；供应链的创新能否给企业带来新的机遇？本篇将基于以上几个主题解析科技引领下的"共享经济"与社会生活。

共享单车的市场失灵与政府失灵 *

黄少卿 / 上海交通大学安泰经济与管理学院应用经济系副教授

‖ 共享单车领域的市场失灵

关于共享单车的治理问题，我提出若干可能存在市场失灵的方面。

第一，在整个交通当中，很重要的环节是道路作为公共资源的分配问题。道路作为公共资源的分配，不是简单地依靠市场机制就能够解决的，因为道路是一种公共池资源，我们把它理解为像池塘一样，谁都可以去捕鱼，但是人去多了之后就会产生拥挤效应，里面的鱼都被捕光了，最后导致所有理性个体的利益都受到了损害。因此，这就需要政府介入进来。道路的使用就存在类似于池塘的这种拥堵现象，因为用的人多了，就和把鱼捕光了是一个道理。那么，共享单车是不是也会带来拥堵？一些美国的经济学家们对这个问题进行过很深刻的研究，国内的经济学家反而很少注意到这个问题。交通领域存在一个定律叫"当斯定律"，这是一个很重要的经验定律，但是它背后是有经济学道理的。正是因为出行者会对成本和价格作出反应，当道路修得多了以后，大家用路的

---

* 原文发表于《中国民商》2016 年第 2 期。

成本便下降了，从而导致更多的人来用路。所以，修路本身未必会带来道路拥堵的缓解，因为路的增加和车的增加可以是同步的。这是美国交通专家当斯提出来的一个经验现象。后来经过学者们反复论证，发现它的确是一个客观规律。很可能，自行车方面也存在这个现象。以前我们是自行车王国，下班的时候自行车太多了，也会带来拥堵。那么，共享单车进入这个市场，应该怎么来分配和使用道路资源呢？我们对这个问题也需要展开讨论。现在很多大城市里，小汽车优先的战略贯彻得还是很有成效的，导致留给自行车的空间就越来越小了。所以，忽然一夜之间这么多共享单车上路，就出现了共享单车和小汽车、公交大巴抢道路资源的问题。我自己也用共享单车，但有时候我有点怕，公交大巴一晃我就很紧张，因为它没有留给自行车多大的空间。道路使用权的分配问题，我认为是首先要解决的。

而且，这里面还有一个问题可能会被忽视，当共享单车进入服务领域的时候，共享单车平台公司收取的服务费当中，有没有包含对道路资源使用的价值？如果有的话，我觉得会有问题，因为公共资源本来就是大家在免费使用的，但是如果可以通过定价或其他方式把这块价值拿走的话，相当于是截取了公共资源的价值。这个问题我提出来，就是认为政府需要做一些协调或者监管工作，或者作为游戏规则制定者这样一个角色应该发挥什么作用。譬如，针对共享单车平台征收使用道路资源的特殊税费，等等。

第二，关于市场失灵可能需要讨论的另一个问题是押金的收取。押金问题的金融属性，我不重点讲。押金收了这么多以后，在平台公司形成了资金池，不知不觉地便拥有了金融属性。一辆车的成本有一个固定数额，但其实现在所有的用户，不管是 Mobike（摩拜）还是 ofo，每一个注册用户不交押金就不能用。理论上讲，你要退，平台公司会退给你。但是如果每一次用完就退，用户自己都会觉得很麻烦，这样押金就留在了平台公司的账户里。其实，如果 App 设计得好，平台公司对押金是可以即用即退的。然而现在的模式下，由用户来退押金会很麻烦，而且可能不利于方便用车，用户就会忽视这个押金的问题。那么，巨额资金在平台公司集聚——现在从绝对额来讲也未必很大，几千万元，当然也可能上亿元的资金——会不会出现平台公司滥用这一部分资金的问题？现在政府没有明确其是否具有金融属性，如果有金融属性，就要按照金融机构的一些条例来进行监管。对于这个问题，我个人倾向于肯定的回答，因此，如果金融监管不跟上是容易形成金融隐患的。

第三，信息安全和隐私的保护。这方面显然目前也会存在市场失灵的情况。在骑车过程当中，平台公司一定会获取大量个人信息，而且，通过大数据手段，它对个人的一些信息分析会更加透彻。比如，用户住在哪里，工作地大概在什么位置，平时的作息习惯，等等。这些信息不单是个人信息，关键还涉及个人隐私。那么，这些信息被平台公司得到以后，对这些信息的使用以及处理如果不当，就会形成对个人隐私权利和个人权益的侵犯。这个问题恐怕也需要政府来加以干预。因为在这里面，个人消费者和平台公司之间的信息是不对称的、谈判地位也是不对等的。平台公司会强调，你不提供信息我没办法为你提供服务。你想利用这个服务你就得提供这个信息，可一旦你提供了信息之后，其实你也没法知道它是如何使用你的信息的。显然，这方面同样需要立法，将来平台公司——不仅仅是共享单车，也包括 Uber、滴滴等的网约车领域，还有其他互联网平台——在拿到了很多信息之后，需要对这些信息进行分类：属于个人信息的，因为要提供服务，可以有使用权；属于公共信息的，不能不告知或不提供给政府部门，或不向公众告知；只有那些真正和公司的商业机密和公司个体挂钩的信息，才有权利自己保存、不告诉别人。如果没有立法，将来在信息的使用和监管方面会遇到越来越大的麻烦和障碍。

第四，共享单车平台公司的法人财产权如何被保护？现在确实遇到了有大量单车很快就被破坏掉或者被扔掉了，被人拆掉了零部件等。因为平台公司事实上是一个租赁公司，这个财产在使用过程中必然会经历在消费者之间不断转手。那么，即便平台公司有实时定位和监督系统，在快速换手过程中如果存在单车被损害的现象，平台公司很难界定清楚是哪一位消费者的责任。对于这样的情况，即对于平台公司财产权的保护问题，未来要实现更好的保证，这需要有立法的跟进。有人说这是国民性的问题，我看不见得。在很多发达国家，早年的公共自行车也面临同样的问题，包括法国。目前，单车被破坏的情况也是触目惊心的，出现了大量的无法骑行的单车，不但损害平台公司财产，而且大量占用道路停车车位资源。单车作为公司的财产，如何对其进行保护，也是需要政府提供一些法律支持的方面。

第五，一个也许并不是那么重要，但仍需考虑的问题是共享单车对上游产业的经济影响，即对自行车生产厂家的影响。现在自行车生产厂家的生产模式要发生变化，过去，自行车生产任务的时间分布是比较正常的，因为市场上每个月卖多少厂家就生产多少。现在是集中采购、集中投放、集中生产。厂家生产中可能还需要进行前期投资。私人消费者现在一般很少购买自行车。生产的时间集中会对生产厂家的生产带来显著影响。这个问题，市场同样未必能够很好地起作用。自行车生产厂家就认为这个问题很难办，如果为这些平台公司的生产进行了投资，而平台突然说生产够了、不需要了，那这些设备要如何处理？这相当于被套牢了。甚至说因为没有私人要买车，生产出这些自行车之后，平台公司要进行压价也毫无办法。这就是一种市场失灵的表现。

‖ 处理市场失灵的两种政府机制

以上所有这五个方面，都涉及市场失灵问题，因此需要政府介入加以处理。那么，政府应该怎么处理这些市场失灵呢？我认为有两种机制：要么政府直接替代市场来做这件事；要么政府作为互补机制，来消除可能导致市场失灵的那些外部条件，但最终还是市场自己来解决问题，只是政府参与进来以后市场可以更好地运作。

这是两种不同的机制，我建议，我们首先要尊重市场在资源配置中的决定性地位，而政府的任务是创造条件，缓解这些市场失灵的因素。比如拥堵问题，我们能否通过一些机制来缓解拥堵，缓解了拥堵之后，到底谁的车能够上路，谁的车能够更多地被用户使用，谁更有竞争效益，还是由市场的机制来决定。譬如信息不对称问题，押金导致了金融监管问题，这么多押金平台公司拿走后，用到哪里去了、做了什么投资、会不会对这些押金的真正所有人即这些共享单车使用者带来资金的损失？这就需要信息披露。不一定是政府要去遏制平台公司，或不让它做这个业务，而是说，如果平台公司真的是一个金融公司的话，要不要告诉大家这些资金的存放是安全的，或者说根本就不应该由平台公司来运作这些资金，而是交由第三方来做资金的管理和运用，然后第三方来定期地把这些信息披露出来。显然，这些工作政府是可以做的。另外，关于共享单车运营过程中存在的侵权问题——不管是对单车公司财产权的侵犯、还是平台公司对消费者个人信息或者隐私的侵犯——这些问题是不是要通过法律手段把游戏规则制定好，然后才能有一个好的运转。上述不同的市场失灵方面，我们都需要政府来干预，关键是怎么来干预、怎么参与才是最有效的。

‖ 同样要重视政府失灵现象

即便我们认为，处理市场失灵需要政府的各种干预，那么，另一个不能被否认的事实是也有可能会存在政府失灵。要怎么防治政府失灵，比如说道路拥堵问题？当然自行车不是道路拥堵的主要原因，但也许将来是，因为如果要让大家都骑自行车的话，就需要开辟更大的自行车通道，那这个问题就不能忽视。我们先不谈自行车，就说汽车，汽车的拥堵问题更严重。但其实在国际经验中，解决这个问题最好的办法是利用价格机制，比方说收拥堵费。但现在中国各个城市政府收拥堵费的政治舆论压力很大。既然拥堵费这样一个好的机制不能实现，政府又承担了要缓解拥堵的职能，恐怕只有采取数量控制手段了。如上海、北京都在限制机动车牌照。而且一旦控制数量，就容易导致寻租现象产生。譬如说，将来不论是共享单车还是共享汽车，这些车辆要进入市场，每家平台公司应该发多少额度应当有相应规定，这就很可能出现寻租现象。这不一定是一个有效的分配机制，而大概率会导致政府失灵。又如，第二个信息问题，如果信息会导致市场失灵，那同样信息也会导致政府失灵。如果金融公司不进行信息披露，政府也不知道它是如何使用资金的。解决这些问题，恐怕还是要通过立法，政府能够通过法律来赋权，明确政府有权力对于哪些信息进行什么样的监管，从而缓解政府失灵。

最后想强调一点，有一种政府失灵是最严重的，也是最容易忽视的，就是监管措施长期不出台，这是一种政府不作为式的政府失灵。目前共享单车领域存在如此之多的公共问题，如果长时间得不到政府的监管治理和相应政策法律的完善，那就必然会形成政府不作为式的失灵现象。

大数据破冰保险业
——你的驾车数据决定你的车保费用：可行性、问题与对策*

蒋　炜/上海交通大学安泰经济与管理学院运营管理系特聘教授

陈　卓/上海交通大学安泰经济与管理学院硕士研究生

又到岁末，相信不断接听车险电话，不断在不同车险保单中货比三家，成了不少有车一族的日常生活内容之一。生活中，人们面临的风险是多种多样的，而保险的作用，就是把自己的风险转移出去，以尽可能少的付出，获得充分的保障。目前我国保险业正处于快速增长期，一方面由于收入水平的提升，我国居民对健康与安全有了更高的要求，进而对保险的需求有了提升；另一方面互联网金融、大数据、云计算、物联网等科技的发展，也为保险业的发展带来巨大机遇。

在高速发展的保险市场中，车险作为我国渗透率最高的险种，其发展面临着巨大的挑战。数据显示，2016年我国车险业务的保费约7 000亿元，占财产险保费的70%，而与此同时，2016年约75%的财险公司车险业务处于亏损状态。造成这种"赔本买卖"的原因，部分是行业对车保价格的严格控制以及中国交通事故率的居高不下，如果采用更为灵活"智能"的保险产品，或许可以为亏损的车险行业破局，也可以为车主们带来福音。

---

*　原文发表于2017年12月12日上观新闻。

庞大的市场规模和不容忽视的亏损状态使得车险成为保险行业改革的重点。为了进一步促进机动车商业保险的健康发展，保监会在近两年内两次调整商业车险费率，倒逼车险行业改革。商车费改试点启动后，一大批保险公司、第三方平台和互联网公司开始利用技术支持或合作等方式介入 UBI 车险行列，UBI 逐渐进入人们的视野，成为国内车险领域的热点话题。

先了解一下 UBI。UBI，即"Usage-Based Insurance"（基于使用的保险），区别于传统车险按车型和历史出险记录定价的定价方式，UBI 车险旨在通过采集车主驾车的相关使用数据，例如年驾驶里程、连续驾车时间、急加速、急减速发生的频率等，来掌握车主的驾驶行为，从而根据实际的风险进行相应的车险定价。

UBI 车险根据定价方式的不同，可以大致分为两类：PAYD（PAY-AS-YOU-DRIVE，基于行驶里程／时长定价的保险）和 PHYD（PAY-HOW-YOU-DRIVE，基于驾驶行为习惯，如：急加速、急转弯次数，定价的保险），其中后者对于数据质量、数据维度的要求明显高于前者。

UBI 车险的数据采集方式可分为前装和后装数据采集。其中前装采集方式即通过汽车内置传感器采集数据。此种方式采集到的驾驶行为数据维度更多，准确度也较后装数据更高。但是难点在于数据分散掌握在汽车制造商手中，保险公司或数据服务商很难将所有汽车制造商的数据进行整合。后装数据采集方式可分为两类。一种是使用后装OBD（On-Board Diagnostic，车载诊断设备）采集数据，车主需要在车辆诊断数据插槽插入一个数据采集硬件，此种数据采集方式受制于车厂协议的不公开，可获取的数据有限，数据的质量也无法保证，且如何让普通车主接受 OBD 仍是个大问题；另外一种是利用手机 App 采集数据。因为大多数智能手机都内置有一系列的传感器，如 GPS 接收模块，加速度计，陀螺仪等，可依此获知行驶里程、加速度和转弯等驾驶数据。通过手机 App 采集数据的优势在于成本低廉，推广方式简单，缺点在于智能手机的数据质量及测量数据的可靠性值得怀疑，智能手机的加速度计是没有校准的，它的陀螺仪也要随着手机位置的不同要不断调整。我们的团队正在做的一件事，就是通过对 App 原本采用的近似算法进行优化，通过机器学习等人工智能的方式来提升准确率，大大提高了数据的精准程度。

目前，行业内的 UBI 车联领先实践大都以后装 OBD 或 App 为数据采集方式。行业内已有较多基于 PAYD 方式定价的 UBI 车险实践，其中美国较为成功的案例为 Metromile。Metromile 的用户每月只需交低额基本费，剩下的按里程计算，一天超过一定的里程会自动封顶。此外，Metromile 还开发了和 OBD 对接的 App，为用户提供更多附加服务。功能包括：停车场定位你的汽车，检测汽车健康状况，提供开销最优的导航线路，一键寻找附近修车公司，街道清洁的禁止停车提示和检查汽车是否有罚单等。国内 PAYD 较为典型的公司是里程保，里程保是车险无忧旗下创新车险品牌。里程保支持两种模式按里程付费：一种是依靠硬件 OBD 自动识别里程，车主可通过里程保购买 1 年行驶 10 000 公里、15 000 公里、20 000 公里的车险套餐；另一种是直接用手机 UBI 识别里程 + 车主每月自助拍照里程表，对每月未行驶到 1 000 公里的剩余里程，申请现金提现，根据车型不同每公里提现的金额不同。两种模式的保单都由保险公司提供，目前支持出单的保险公司包括平安、太平洋、阳光、民安、三星等。据里程保称，今年已经成交 1 万单，保费超过 3 000 万元。

基于 PHYD 方式定价的 UBI 车险实践，国内暂时没有很成熟的案例。较为典型的是美国的 Progressive 保险公司的 UBI 车险产品 Snapshot。Snapshot 基于后装 OBD 设备获得数据评估驾驶行为。用户参加 UBI 项目后，公司向用户免费提供 OBD 设备的使用权，用户安装后装 OBD 设备驾驶 45 天后，Snapshot 根据用户驾驶的加速度、驾驶频率、车速等数据对用户进行风险评估，并根据其风险高低程度的不同给予不同的车险折扣，其中驾驶行为良好的车在续保时最多可享受 30% 的险费优惠。

目前，UBI 车险在中国的发展还处于初期，据思略特报告显示，未来五年，车险市场规模由于新车销量增长放缓将保持 10% 的增速，到 2020 年，预测整个中国车险市场规模约为 9 420 亿元。若车险费率市场化完全放开，同时伴随着车联网 50% 的新车渗透率预期，保守估计 UBI 的渗透率在 2020 年可以达到 10%—15%，UBI 保险面临着 1 400 亿元的市场空间。

那么，看起来如此智能的 UBI，对于车主来说，有哪些好处呢？

首先，UBI 这种保险方式，基于传感设备的使用，产生了许多驾驶数据，因而可以给驾驶者提供驾驶情况以及驾驶习惯的反馈，提升行程效率，也可以优化自身的驾驶行为，减少危险动作，纠正"马路杀手"。

其次，对于保险行业、整车制造业以及大数据公司来说，基于用户同意的情况下，了解更多用户的驾驶数据，可以给用户画像，刻画出用户不同的驾驶场景、时间场景，从而了解更多的用户需求，如汽车维修、餐饮、购物、教育等，并提供更多个性化、定制化的商业解决方案，进一步优化整个消费产业链，实现"新零售，新体验"。从这个意义上来说，想象空间非常大。

这就引申出另外一个话题，就是数据所有权，即用户的隐私谁能用？谁来保护？

解决了这个问题，整个汽车保险带动的产业链就可以迅速蓬勃发展。在移动互联网迅猛变革、汽车共享平台发展迅速、国家力推电动汽车的宏观背景下，这个问题的厘清和对策的提出已经是迫在眉睫。

首先是数据所有权问题。如果在没有清晰的法律和行业标准保护的情况下，很可能产生滥用以及数据孤岛的效应。大家可能还记得阿里和上汽热热闹闹合作的"斑马技术"，沸沸扬扬的"菜鸟顺丰大战"，最后却都不了了之，争议的重点都在于数据所有权。

那么如何破局呢？从技术层面上来说，这两年火起来的"区块链技术"或许可以提供解决思路。简单来讲，区块链技术提供了一种加密的方法，使得数据在转移的时候，可以界定所有权的问题，规定了各方权限，避免了滥用、盗用。

其次，设计一种共担风险和收益的制度，让数据产生者、整理者和使用者都能共同维护、分享好处，就能行之有效地解决"孤岛效应"。举个例子，如果征信公司从银行取得了征信报告，它一次性付给了银行费用，但有可能无限次出售这份报告，用户的隐私便无从保护。但如果采取类似版权费的制度，并优化信用系统，那么银行、用户、征信公司，以及报告的其他购买方就可以清晰得知自己的风险和收益。同理，车险相关方也都成为了利益相关者，数据安全得以保障。

虽然市场规模宏大，但是 UBI 在中国未来的发展仍存在挑战，包括三个方面：

（1）政策开放程度。中国的保险行业比较稳健，监管部门通过制定定价因子一定程度上控制了各家公司自主定价的范围，再加上目前数据在各个环节尚未完全打通，数据传感技术尚未完全成熟，因此监管部门尚未批准任何 UBI 产品面世。基于驾驶行为和

模型测算的 UBI 是否可以在短时间内高歌猛进还有赖于政策放宽的程度。

（2）新型出行方式。电动汽车、分时租赁、共享汽车、智能驾驶和无人驾驶等新型的出行方式也为传统的 UBI 产品设计及风险评估带来了挑战。

（3）产业融合。汽车生命周期涉及了众多消费环节，各环节之间可以通过驾驶行为数据进行有机整合，从而发挥更大的作用。但产业链上还缺少一个公认的驾驶行为评价标准，这会导致竞争激烈，同时也不利于集约发展。

综上所述，UBI 车险只是抛砖引玉，相信大家通过上述的探讨，也看到了智能出行大数据领域蕴藏着的巨大机遇和挑战，在里面进行技术创新、宏观政策探讨都大有可为。我们也期待更多的大数据公司、智能汽车制造公司的参与可以激活整个产业链，打通数据藩篱，甚至对于技术升级、政策推动也会有着深远的影响。

开出供应链创新"处方"*

万国华 / 上海交通大学安泰经济与管理学院管理科学系教授

提升经济，深化供给侧改革究竟怎么做，如何改？管理学者有责任回答这一问题！讲究"物美价廉"单纯考虑质量和价值的时代已经过去了，当前的消费者讲求的是感知价值，包括功能、选择、品牌、服务和体验。认识到这些变化，我们就要重新定义和思考每个节点的需求，通过创新重构和提升这一供需链条，使供给匹配需求从而提升企业的经济效益。

大数据与人工智能等技术将为供应链上的所有端口带来更好的决策支持。

努力发现和解决那些具有根本意义的基础科学问题，包括那些制约中国未来经济社会发展的瓶颈性的科学和技术问题，那些影响中华民族发展和人类进步的人文和社会科学问题，应该成为大学教师的学术追求。

‖ 供给侧难以匹配需求侧巨变

"过去几年大家都在谈供给侧改革，经济学家的视角比较宏观。从基本的经济学原

* 原文发表于 2017 年 10 月 21 日《新民晚报》金融城封面人物版。

理出发来看需求侧，经常提到的是投资、消费和净出口这'三驾马车'。也有学者后来从供给侧来观察，谈投入要素、讲创新。但讨论过这些之后，除了宏观经济政策的调节之外，具体的企业实践中究竟应该如何做？经济学者可能难以回答。"身为管理科学的研究者，万国华教授一直在思考"提升经济，深化供给侧结构性改革究竟怎么做，如何改"的问题，"管理学者有责任回答这一问题！"

万国华教授说："经济和管理是互补的——经济讲理论，管理则要讲方案。用一个或许不十分恰当的比方来说，经济学就好比是生物学，主要是研究经济发展的规律；而管理学更像是医学，要对企业发展进行诊断并给出处方。"

纵观中国经济过去 30 多年的发展，万国华教授认为供给与需求的不匹配问题主要出现在近 10 年。在前 20 多年的"短缺经济"时期，供需不匹配这一问题并不严重。

近年来，随着人民生活水平不断提高，需求侧发生了巨大变化，而同时供给侧却仍然在"走老路子"。"以前，打个比方说，消费者之前对一台电饭煲的要求就是煮饭，现在则需要具备煮制各类食物、定时控制等多项功能。供给那一方没有跟上，需求却升级了，这就产生了矛盾，供需不再匹配。不仅生产出来的东西卖不出去，实际上消费者的需求也没有得到满足。"万国华教授解释说。而另一方面，在他看来，地方政府和企业对经济发展的同质化思维导致的"扎堆"行为，也是供需无法匹配的重要原因。

深化供给侧结构性改革究竟应该如何做？万国华教授开出的"处方"是供应链创新。"供应链是从供应、生产到顾客的全链条，这其实是一条'需求链'而不是'供应链'，整个链条中无论是供应商、生产商、经销商、零售商还是顾客，每个节点是由需求拉动的。"万国华教授继续阐述说："中国大多数消费者讲究'物美价廉'，单纯考虑质量和价值的时代已经过去了，当前的大多数消费者讲求的是感知价值，包括功能、选择、品牌、服务和体验。认识到这些变化，我们就要重新定义和思考每个节点的需求，通过创新重构和提升这一供需链条，使供给匹配需求从而提升企业的经济效益。"

‖ 供应链创新是供给侧改革利器

提到供应链创新，万国华教授经常和学生分享沃尔玛的案例。以往一家零售商开一家新店运作成本非常高，需要背后一整套供应链体系来支撑，其中运输、仓储和店面成本最高。而沃尔玛就针对这些开销最大的环节进行改革，通过仓储式店面来削减运营成本；同时，创造了交叉理货系统来改进运输和仓储的效率，不同品类的货物在 12—18 小时内就在理货点重新组合装车运往门店，大大降低了仓储和运输成本。

此外，沃尔玛提出的"天天低价"策略规避了频繁促销带来的需求波动，实现了供应链的平稳运作和成本降低，反过来又支持了"天天低价"策略的实现。

创新在供应链管理中尤为重要。万国华教授指出，在供应链上重新审视各环节，无论产品、品牌、运营还是服务等方面都需要创新，业务模式才能得以提升，产品才能得到升级，甚至需求可以被创造。

万国华教授还通过一些典型案例做了补充解释。例如，苹果公司通过革命性创新的设计制造出智能手机，彻底颠覆了消费者对传统手机功能的想象，从而挖掘出巨大的市场，带动了消费需求；服装公司 ZARA 创造了"快时尚"的品牌理念，将欧洲时装周最流行的元素快速反馈到一线商品，为消费者提供了独特的品牌感知；重型工程机械的零部件损耗很高，Caterpillar 则构建了一个专门的售后服务供应链，为用户提供迅速的售后服务。

除了企业自主创新之外，政府能为供应链创新提供一些什么服务呢？万国华教授认为，政府除了提供较为完善的营商环境外，还要在几方面发力：首先，要从产业政策的角度，助力构建供应链生态系统。通过审视自己的产业优势、发现独具特色的要素禀赋，再通过产业政策实现产业集聚；其次，支持构建能够提升效率、提高监管能力的供应链平台，帮助企业逐步降低供应链中的交易成本；再次，完善诸如信息、交通、金融等方面的基础设施；最后，应激励和引导创新。"但要注意的是，政府应该提供平台、营造氛围、创建生态，而不是直接参与供应链中的具体活动，应该把市场该做的留给市场。"万教授提醒。

‖ 新技术助推供应链创新应用

2017 年 10 月，国务院办公厅印发的《关于积极推进供应链创新与应用的指导意见》首次就供应链创新发展作出全面部署。《意见》指出，要以供应链与互联网深度融合为根本路径，以信息化、标准化、信用体系建设和人才培养为支撑，创新发展供应链新理念、新技术、新模式。"供应链的提升离不开先进的技术支持。例如，要实现之前提到的沃尔玛交叉理货，就需要有非常好的信息系统来支撑。实际上，大数据、人工智能等技术在这一领域已经有探索和应用，也会帮助这一领域的发展更快更好。"万国华教授说。

企业已经感受到信息技术带来的改变。国内西服制造企业青岛红领西服在传统业务中经历困境，在残酷的价格战中利润微薄。在定制理念和信息技术的支持下，企业与消费者构建通道，实现以"消费者为中心"的顾客驱动的制造，生产和销售高利润定制西服，取得极大的成功。

基于供应链的大数据分析也可以创新性地用于解决小微企业融资问题。通过收集供应链中的海量数据，评估小微企业在供应链中的角色、地位和交易状况，以及整个供应链的发展状况，就可以比较准确评估企业的价值和融资风险，从而取代资产抵押和第三方担保，成为银行风险控制的有力手段。

展望未来，万国华教授认为大数据与人工智能等技术将为供应链上的所有端口带来更好的决策支持。供应链管理中，需求预测是一个关键而又困难的问题，"目前就已经有公司研发'需求感知软件'，通过收集企业自身、竞争对手甚至消费者在社交网络上的言论等'大而复杂'的数据，利用人工智能技术给出比以往传统方法更准确的需求预测。尽管这一领域还有很多路要走，但是这将是未来发展的重要方向。"

‖ 管理学科要为中国经济发展服务

2017 年 10 月英国《金融时报》全球 EMBA 排行榜揭晓，交大安泰位列全球第 6 位，是独立办学 EMBA 项目中的全球第一，这已是交大安泰该项目连续 3 年进入全球 10 强、亚洲第一。

近几年，交大安泰在 MBA、EMBA、管理学硕士、高管教育定制课程等项目均在权威排名中年年进步。在近日公布的 2017 "中国最好学科排名"中，安泰经管学院"工商管理学科"位列全国第一；学院的"商业与管理"成为上海地区高校唯一入选国家"双一流"建设的经济管理类学科。

作为学院副院长，万国华教授在与国外一流商学院交流合作中明显感觉到底气越来越足，越来越平等。"随着中国经济快速发展，商学教育的发展势在必行，相应的管理教育一定要跟上。我们培养了大量工程师，可以在工程领域发展得很好；但他们进入管理岗位后，再凭直觉和经验进行管理显然是不够的，需要接受商学院教育，使得他们理解管理规律，从而管理好企业。"万国华教授说："我们的管理学研究也可以进入世界排名百强，目前来看，安泰在教学、科研和社会服务几个方面都做得不错。"

万国华教授的研究成果在国际上被广泛认可，他连续多年被爱思唯尔（Elsevier）列为该领域的"高被引"学者。他说在 21 世纪的中国，做一个管理学科的教授，是一种幸运，也是一种责任。"一方面，中国经济持续高速发展，使得社会对管理学知识和管理培训的需求量大而迫切；另一方面，面对企业提出的人才和知识的需求，建立中国特色的管理理论仍然任重道远，需要每一位管理学者付出更多的努力，要努力发现和解决那些具有根本意义的基础科学问题，包括那些制约中国未来经济社会发展的瓶颈性的科学与技术问题以及那些影响中华民族发展和人类进步的人文和社会科学问题，应该成为大学教师的学术追求。"

大数据与全景式、个性化智能健康管理

张鹏翥 / 上海交通大学安泰经济与管理学院管理信息系统系教授

随着互联网和物联网技术的发展成熟，越来越多的居民医疗健康大数据已被采集并保存。例如，一个普通公民，从他出生开始就在社区卫生机构和专业医院建立了个人的电子健康档案，在他成长衰老过程中，更多的有关他个人的或群体的行为、健康等大数据不断被记录存档。比如个人的网络搜索引擎搜索数据，网上浏览互联网医患的问答数据，个人的电子健康档案数据，智能手机记录的移动数据，医疗物联网记载的个人日常健康状态信息，或者无线实时发送的个人可穿戴式传感器的数据等，以及大量的医学研究文献数据，外部环境（如大气、温度）数据，等等。这些采集保存的居民医疗健康大数据，种类多、数量大，管控权分散在不同的主体，包括社区卫生机构和专业医院保存的居民电子健康档案和电子病历数据，网络通信公司留存的用户上网和通信行为数据，医疗健康社交媒体网站保存的用户问答咨询数据，移动健康服务公司的用户日常健康报告数据，以及医疗物联网和可穿戴生物传感器（如无线智能血糖仪、无线智能心电仪、无线智能血压仪、无线智能脑电仪及智能手环等）服务公司采集的用户生理信号数据等。

在大数据时代，个性化和精确医疗成为新的趋势，用数据"防病"并进行个人健康管理成为可能。在新的时代背景下，我们开展了"大数据驱动的全景式个性化心血管健康研究"，作为一个国家自然科学基金重大研究计划重点支持的项目，主要目标是围绕心脑血管领域，开展全景式、个性化智能健康管理研究，获得切实有效的理论和方法。

心脑血管疾病已成为威胁我国居民健康的主要疾病之一，它具有起病隐匿、病程时间长、并发症多、致残致死率高等特点，其发生发展是一个连续性的过程。如果在心脑血管病发展的不同阶段实施连续的干预措施，对广大居民进行全生命周期的心脑血管病防治，便可有效预防其发生、控制其发展、降低其危害，进一步提高人群的生存质量。因此，早发现、早检查、早诊断和早治疗成为心脑血管病防治的四大关键。

心脑血管病治疗主要以病理学知识为基础，在特定的医疗场所中开展。而心脑血管病预防则与此不同，其主要发生场所在医院之外。在早期心脑血管疾病预防中，要考虑医疗实验与现实生活的差异，这就需要更多来自现实生活的数据帮助我们发现研究与心脑血管疾病预防的有关问题。我国尤其缺乏大样本心脑血管病人群流行病学调查和长期数据，也缺乏适合我国人群筛查、评估和干预的指标体系。

随着移动互联网、社交媒体和可穿戴设备的发展，用户的日常监测变得可行，获取数据的方式与数据来源得到了极大拓展，医疗健康大数据得到了显著的增长。例如，居民的水电、交通等数据描绘了居民的生活习惯和交通特征，居民的智能手机数据（联通和电信）体现了全面的网上行为及社会联系，可穿戴设备则详尽记录了个体的多种生理和心理指标，健康以及医疗档案的电子化则详载了病情演化康复过程。医疗大数据的兴起，使得我们在大规模人群中更好地研究心血管疾病预防的相关问题成为可能。

目前严重缺乏应用大数据进行心脑血管病防治的学术研究。首先，尽管学术界和产业界都认识到心脑血管疾病预防这一重心，但鲜有完善和系统的知识体系来指导现实生活中的预防实践。从医学理论到现实生活中的具体应用方案仍存在一定的知识缺失。比如医学实验指明了运动与心脑血管健康的关系，而现实生活中对应个体采用何种运动，何时进行何种程度的运动都需要个性化知识的补充。而当前丰富的医疗大数据则涵盖了来自学术作品、医生咨询实践以及病人经验等各方面的数据，这些数据中包含了丰富的从理论到具体实践的知识。因此，通过知识挖掘的方法从大量数据中提取与心脑血管疾病预防有关的知识图谱尤为重要。同时，基于这些医疗知识数据，我们还可以研究病人

的信息来源、偏差形成的原因等。由于医疗大数据中来自网上的部分可能存在误导和错误信息，我们可以通过不同数据源的对照实现去伪存真，有效防止魏则西之类的悲剧再次发生。

其次，由于经济水平的提高，中国居民的生活方式正在发生深刻而快速的变化。比如，信息技术导致了社会联系方式的改变、运动形式的变化、饮食结构的调整，等等。这些新的居民行为的变化直接影响了心血管疾病的具体预防方法。当前对居民新行为（比如智能手机的使用）与心血管健康关系的研究正是国际上的热门研究，目前仍未得出明确结论。而本项目当前所研究的医疗健康大数据较好地体现了这些新的行为，通过综合各渠道的医疗大数据，居民的行为、心理、外部环境等因素可以全景式地呈现于我们的眼前，有利于厘清包括新的行为模式在内的各种因素与心血管健康的关系。

再次，医疗物联网和可穿戴设备是与医疗大数据有关的一个新的技术浪潮。通过它们可以获得丰富的个体生理和心理数据：心电、脑电、睡眠、运动、心理／情绪等等。这些详细的个体数据被认为在管理心血管疾病方面有重大价值，但目前仍缺少有效的方案发掘其提升心脑血管健康和预防能力的潜力。尤其在各种统计模型、机器学习算法，以及识别高危人群的模式等方面存在较大的欠缺。

最后，即便明确了各种因素与心脑血管疾病的关系，发现了高危人群，其最终的落地仍是如何利用这些研究成果来改善居民的心脑血管健康。除了外部环境因素的调整之外，对心血管疾病预防来说，更关键的仍是通过干预方案改善居民的心脑血管健康行为。而大数据驱动的全景式个性化智能健康管理，其主旨是希望能为用户提供涵盖全部场景数据的、符合用户个性特质的健康管理方案。

1. 全景式数据的实际内容

全景式数据包括健康管理的时间、空间及其在具体时空场景下的资源等动态数据。具体来说，时间包括年，月（1，2，3，4，5，6，7，8，9，10，11，12），日（1，2，3，4，5，6，7，8，…，28/29/30/31），一周7天（1，2，3，4，5，6，7），四季（春，夏，秋，冬），二十四节气（立春、雨水、惊蛰、春分、清明、谷雨、立夏、小满、芒种、夏至、小暑、大暑、立秋、处暑、白露、秋分、寒露、霜降、立冬、小雪、大雪、冬至、小寒、大寒），每天 12 时辰 [子时（23 时至 01 时），丑时（01 时至 03 时），寅时（03 时至 05 时），卯时（05 时至 07 时），辰时（07 时至 09 时），巳时（09 时至 11 时），午时（11 时至 13 时），未时（13 时至 15 时），申时（15 时至 17 时），酉时（17 时至 19 时），戌时（19 时至 21 时），亥时（21 时至 23 时）]，24 小时（1，2，3，4，5，6，7，8，9，10，11，12，13，14，15，16，17，18，19，20，21，22，23，24）。未来 24 小时物理空间 S：动态地理位置，室内（家、办公室），交通工具（汽车、火车、轮船、飞机），户外（平原、高山、水岸、海岛、沙漠、海面、江面、湖面），天气环境，贴身工作环境（温度、空气新鲜度）。具体时空场景下的可供（得）资源，包括工作机会、学习资源、食品供应、锻炼资源、休闲娱乐资源、社交资源、睡眠资源等。

2. 个性化数据的实际内容

因人而异的个性化健康特征数据，包括年龄，性别（男，女），人生特殊阶段（怀孕，哺乳，更年期，老年期），体质类型（平和质，气虚质，阳虚质，阴虚质，痰湿质，湿热质，血瘀质，气郁质，特禀质），身心状态（正常健康，亚健康，急性病，慢性病，亚健康＋急性病，慢性病＋急性病），急性病医嘱，慢性病医嘱，过敏种类，特殊禁忌，遗传病名，既往病史，职业类型，通勤时间，收入水平，支出偏好，业余爱好等。

3. 智能健康管理

伴随我国经济的发展和社会的进步，健康管理已经越来越获得广大人民的普遍认同。但现在较为流行的健康管理方案大多是普适性的，而非随着用户所处场景的变化而动态变化，也较少考虑用户的个体特殊情况，比如医生诊断患者有得脑溢血的风险，患者被告知要多吃深海鱼油、做运动、不喝酒，但是并没有给患者提供每一天的切实可行的健康管理方案。而我们希望可以基于多源数据，构建健康的动态管理模型，针对用户的症状，确定可能存在的健康问题，结合用户所处的环境数据以及用户的身体特征等，

为用户提供切实可行的工作、生活中的衣食住行方案。并且在前一天晚上确定第二天的健康管理方案，保证方案的可操作性，使得用户能够持续采用智能健康系统提供的方案和建议，真正提升健康管理水平。

4. 大数据驱动的全景式个性化智能健康管理

大数据实际上就是将看似不相关的多源数据结合起来，通过分析、建模创造价值。从字面上看，"多源数据"是指将不同类型、不同来源的信息和数据全部综合到一起，吸取不同数据源的特点，从中提取出比单一数据更好、更丰富的信息。

具体的数据源包括医院、社区诊所、卫计委、电信运营商及可穿戴设备数据，包括可穿戴心电仪以及可穿戴脑电仪等。目前，虽然我们可以获取了大量的数据源头，以及内容丰富、体量巨大的具体数据，但如何打破不同数据源之间的壁垒，实现数据的无障碍融合仍存在难点，如何处理海量数据、如何进一步从数据中获取知识，也是目前需要解决的问题，因为要探索全景式健康管理，需要充分研究个体的行为。从个体的行为中，我们可以预测或者判断个体得病的可能性。依托于电信数据，通过分析个体的手机使用行为、社交行为等，一方面，可以利用深度学习、机器学习等对个体得疾病的概率进行预测；另一方面，可以研究个体行为与个体思维、健康等之间的相关或因果关系。

研究人的行为和心血管疾病的关系，主要是基于数据分析做关联研究。首先，我们需要做电信用户的年龄类型识别。其次，针对识别出的青壮年、中老年人的行为进行具体的分析。对于青壮年，我们主要是关注他们的行为，依托电信数据，同时和卫计委信息中心结合起来，具体确定数据的关联关系，目标成果是得到青壮年行为和心脑血管疾病之间的关系，进行有针对性的健康管理，这个将基于深度学习来做。对于中老年人，我们希望将中老年人的全景式行为与心脑血管的健康关系结合起来。我们对于中老年人退休之后的行为是怎样的，是否参加各种活动等是比较关注的。

大数据驱动的全景式个性化智能健康管理的研究项目，涵盖智能、管理、数据分析、建模等四个方向，研究的目标包括：构造健康管理知识图谱、构建健康管理规则知识库、构造健康管理方案推理和智能优化模型、构建健康状态计算模型、搭建健康管理云平台原型服务系统等。

可以看出，各个研究目标的实现都依托于对健康医疗领域大数据的深入挖掘和利用。比如，健康管理知识图谱的构建依赖于对医学文献、网上问答信息等的充分抓取、挖掘；建立健康管理的规则知识库，则主要是聚焦心脑血管系统，把知识库按照一定的规则进行梳理，包括对健康状态的识别和诊断，以及进行风险预测，即什么样的情况下存在风险，什么情况下不存在风险。最后要落实到健康管理方案，根据健康状况是正常的还是异常的分析，针对不同的健康状况采取与之匹配的健康管理方案，所以研究的目标就是要建立一个精细准确的健康管理规则知识库；健康状态计算模型的搭建，需要对用户的健康状态进行分类，建立相应的模型。数据来源于用户在手机上的信息互动、智慧家庭数据、可穿戴设备数据等，通过结合并综合分析这些数据，让数据创造价值；健康管理云平台原型服务系统的搭建，则需要进行实地实验，通过观察超过万人的健康行为，试验哪些方案好，哪些方案不好，由此形成相应的理论模型以及相关的专利。

总的来说，我们的研究希望运用健康医疗大数据，结合无扰、精准、连续的个体化监测小数据，为大数据发现问题、寻找问题、完善对策提供可靠的保障，为用户提供全景式的个性化健康管理方案，为提升用户的健康水平切实地作出贡献。

数字化关键要看供应链，苹果和亚马逊做出了表率[*]

董　明 / 上海交通大学安泰经济与管理学院运营管理系教授

近期麦肯锡发布的中国数字经济报告中，根据世界银行在 2016 年发布的"数字技术普及应用指数"显示，中国排第 50 名（共 131 个国家），"网络就绪指数"位居 59 名（共 139 个国家）。目前中国数字技术发展水平和普及率在全球仅仅居于中游，中国数字化产业经济落后于发达国家，但正在迅速缩小差距。数字化的发展会影响整个行业的价值链，缩短供应商和客户之间的距离，匹配供应和需求，进一步拆分产品和业务流程，产生输家和赢家。

制造业正随着数字化的渗透酝酿着巨大的变革，制造过程价值链发生了重构，正在从传统以产品为中心的大规模生产模式向以用户为中心的定制化模式转变。与此同时，科技的快速进步如物联网、大数据、人工智能等正在改变制造业的游戏规则，不同的制造企业正在摸索自身的转型升级之路。不同制造企业可以有不同的转型升级路径，但前期都要经历一条共同的转变，那就是数字化转型之路。只有具备了数字化能力，基于大数据的分析决策才有基础，实施智能制造才有可能。

---

[*]　原文发表于 2018 年 1 月 19 日界面新闻。

　　数字化能力对企业价值链的各个环节有不同的提升，甚至能够创造新的价值、产生新的业态，从而保持企业竞争优势。大量研究表明，供应链数字化水平的提升有望降低设计和工程成本的 10%—30%，缩短 20%—50% 的市场投放时间，供应链管理成本降低 80% 以及减少 20%—50% 的库存持有成本（参见图 1、图 2）。

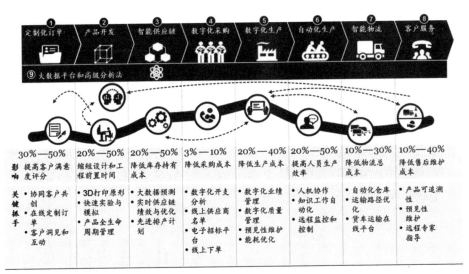

图 1　数字化提升对价值链各段影响

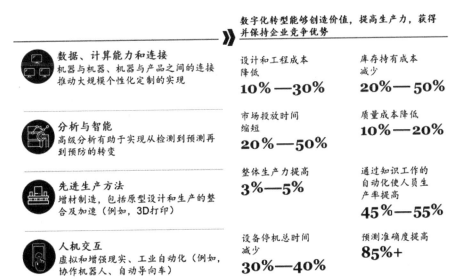

图 2　数字化提升对价值链各段影响

ⅠⅠ 如何认识自身所处的数字化阶段？

数字化升级转型日益被企业重视。然而，数字化不等同于计算机化！当前大多数企业对于自身供应链数字化水平往往无法进行全面而有效的评估，不明确自身所处的数字化阶段；同时，数字化水平在不同维度差异巨大，难以有效反映企业综合水平。此外，对于数字化水平不足的各个方面也无从下手，难以制定合理优先提升的路径，规划未来发展方向。因此，企业数字化路上面临的第一个难题就是：如何评估企业当前所处的数字化程度？

根据我们对大量企业的研究以及实地探访，我们认为，企业供应链数字化的发展历程可以大致分为以下四个阶段（见图 3）。

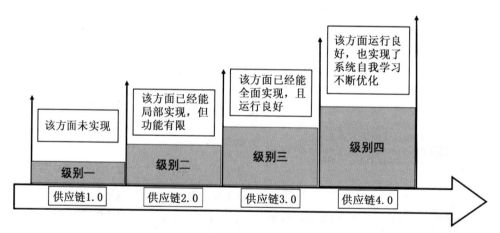

图 3　供应链数字化发展阶段

第一阶段，可以称为供应链 1.0 阶段，处于该阶段的企业，数字化水平尚未启动，但已有计划去建立完整的数字化管理工具。企业在运营过程中逐步意识到该领域的数字化水平提升对于企业整体运营有着较为重要的影响，但是由于种种原因尚未实际去开展数字化水平的提升。

第二阶段为供应链 2.0 阶段，也称为"局部数字化阶段"。企业对于该领域的部分内容已经具备了数字化管理能力，但是局部的数字化管理并无法跟其他数字化管理工具共享互通，仅能在该领域内完成一小部分局限的功能，能够实现局部优化，但无法给企业整体运营提供帮助。在该阶段，企业数字化水平停留在中级的各个部门"各自为战"阶段。

到了第三阶段，即供应链 3.0 阶段，我们可以视为企业已经进入数字化全面贯通阶段，实现了企业内部的数据整合以及纵向集成。企业对于整个公司各个环节都基本开展了数字化管理，甚至各个环节的数字化信息可以相互融会贯通，各环节的输入变化可以通过数字化信息传输自动转化成相关方的变量输入，已形成一个有效的数字化网络，对于企业的整体运营起到了较大的积极作用。在我看来，中国的供应链龙头顺丰已经处于这个阶段。

而供应链 4.0 阶段则是最理想的数字化企业样板了，这个阶段也被称为"智能化自我学习阶段"，指的是企业在整体数字化网络建立之后，仍积极寻找优化该网络的方式方法，不仅仅停留在对既定的输入进行判断后产生输出，而可以根据历史数据变化或者实际情况变化趋势，能实现智能地自我学习从而不断自我优化，最终实现在既定输入产生之前就能产生准确预判，帮助企业实现智能决策。同时，在该阶段，数字化不再局限在企业内部，而是向供应链上下游整个产业链延伸，进而实现端到端的价值链数字化集成。

4.0 的企业在 3.0 的基础上可以实现对未来需求的智能预测，提前布局，并且实现多个业务流之间以及企业所在环境的协作，处于这个阶段的标杆企业有苹果、亚马逊等。供应链四个阶段也从业界实践中得到验证。在高德纳（Gartner）发布的全球供应链排名（高德纳是全球最具权威的 IT 研究与顾问咨询公司，从 2004 年开始连续多年进行全球范围内的供应链排名）中，供应链中"大师级"公司是苹果、宝洁和亚马逊等 5 家企业，它们是很多公司学习的样板。在它们的实践中我们也可以发现其独到之处，其中，苹果没有自有工厂，在制造业务都是外包的情况下，却能严控质量，这与它供应链的高度整合能力密切相关。在传统供应链中，上游配件工厂的质量缺陷会影响到下游组装工厂，而问题的发现有一定的滞后性。苹果公司为了解决这一问题，通过购买自动检验设备，放置到代工厂的不同工序上，使用实时的自动数据收集，来监控整个供应链。与以往纯粹的数字不同，以图像为代表的非结构化数据也是未来大数据的一个方向。而且苹果的每个产品上有条形码和芯片可以追踪，伴随整个产品的生命周期，如果以后产品出现问题，还可以回溯，这就是物联网的高级阶段。

苹果公司成熟的供应链体现了供应链数字化强调的响应性、可靠性、敏捷性能力。目前很多企业只做到了自身的数字化，而苹果公司做到了从上游到下游的数字化，从端到端，打通了整个供应链。

‖ 新评估体系如何重构价值链？

在明晰了供应链各阶段特征以后，为应对数字化变革的挑战，以及企业对自身评估的实际需求，我们有必要提出一套行之有效的评估方法，来拨开迷雾，找到解决和提升方案。

与传统评价方法不同，针对供应链从端到端、从战略到实施的各个方面，我和我的科研团队建立了一个全新的供应链数字化评估体系，该评估体系与先前的评价指标有两大区别：

首先是以顾客价值为目标。之前评价指标的出发点都是企业自身，企业通过评价指标来分析自身的问题、从而来提升自己的供应链管理能力和市场竞争力。然而，本文提出的评价体系更接近供应链 4.0 理念，将整个供应链上各个环节的业务看作一个完整的、集成的流程，以提高产品和服务的顾客价值为目标，跨越企业边界所使用的流程整体优化的管理方法。

传统的行业观点认为，洞察客户价值的角色由市场部来实现，但数字化可以让这项洞察更为直接和真实，更能缩短与顾客距离，这主要表现在以下三个方面：

（1）通过同行业数字化水平比较可以识别行业空白。Uber 在创立之初，并没有很大的野心，只是实现了一键叫车，后来通过数据分析发现不少行车路线中有很多是重复的，有很多人是在同一时刻叫车，去几乎同样的地方，所以 Uber 开始设想如何把多条近似线路合并成 UberPool 的拼车服务，从而深度挖掘潜在的顾客价值，这是传统出租车行业无法识别的行业空白。

（2）通过数字化手段可以监控现有顾客价值或顾客价值的倾向，即类似时效／服务质量的 KPI 以及投诉占比变化。海尔探索"人单合一"模式就是很好的体现。海尔的馨厨互联网冰箱可以根据顾客喜好在冰箱上选择菜谱后，自动将菜谱发给烤箱，烤箱自动设定进行烘焙。冰箱还可以根据顾客洗碗机使用次数，预估洗涤剂的剩余量，以提醒用户及时补充。海尔通过协同布局制造基地与互联工厂，第一时间获取全球用户需求，并通过整合全球优质资源，迅速产出本土化解决方案，这些都离不开海尔对数字化的重视和建设。

中集车辆李贵平也提出了"灯塔工厂"概念，这一数字化工厂的建立，整个灯塔工厂就像是一个全透明的自动化、数字化车间，所有的生产流程在管理者的电脑中一目了然，任何问题都能清晰地追根溯源并及时解决，这其中包括了人工、环保和员工发展等问题，实现了控制效率的提升，体现了客户价值。

（3）提前获知客户需求。通过数字化分析预判不同地区不同行业的需求变化，通过数字化建模来提前匹配需求，如网络规划、仓库之间的智能调拨。亚马逊的 AWS 云服务平台的智能调库技术，可以预测消费趋势。亚马逊在中国的多家仓库做到了互联响应。其系统可以根据顾客浏览商品的轨迹，预判顾客可能会买的东西，会预先把货调到靠近消费者的仓库。通过对消费行为的分析体现了顾客价值，提高了消费者体验。大数据分析比问卷更精准，可以分析出顾客周期性、规律性购买某些商品，可以通过数字化应用到商品销售中。

其次，注重技术水平的评价也与以往的评价体系有所不同。供应链评价体系可分为两个维度：管理和技术水平。以往的评价指标偏向于管理方面，往往停留在主观角度的定性评价，而缺乏对企业技术水平方面的评价。供应链 4.0 数字化评价体系主要是对企业在供应链各个环节的技术掌握成熟度进行打分。

以顾客价值为目标，注重技术水平的评价系统更能准确评估供应链数字化水平。通过建立一套考虑到供应链从端到端、从战略到实施、从实物流到信息流各个方面的全新供应链数字化评估体系以及针对评估结果的提升路径，可以帮助企业找到自身在数字化方面存在的不足，以及了解对于企业来说提升各种不足之处的优先顺序，帮助企业找到一条可行高效的提升之路。甚至对于部分企业来说，随着数字化水平的提升，该企业的产品价值也可能发生重大改变，产品的增值点可能从原先的跑量低附加值变成了定制化高附加值，从而帮助企业实现制造转型，成为真正智能制造典范。

对于整个行业来说，使用一套标准的评估体系，在可以帮助企业横向比较之余，还可以帮助行业去认识行业本身的发展水平，对标国内外先进水平，找出差距究竟在什么方面，以及该如何进行提升。通过建立一个全面的数字化评估体系，将供应链按照功能拆分成六大价值动因：供应链战略、供应链规划、供应链协作、订单管理、绩效管理以及实物流来覆盖供应链主要的各个方面（见图4）。从战略评估去把握企业未来的发展方向是否正确，从规划评估去确保供应链长短期战略和需求能有效落实到运营中，从实物流和信息流评估去确保供应链实际运营稳定可靠，从供应链协作来确保跨部门之间的运营顺畅高效，最后通过全流程透明化的绩效管理来确保各个环节在可控范围。

图4　供应链价值动因图

为什么说这些价值动因重要，从几个实际发生的新闻就可以洞窥一二：

对于供应链战略预测，供应链受风险中断影响很大。比如福特汽车的零部件供应商在加拿大，"911事件"发生后美国临时关闭了美加边境，导致加拿大这边的零件无法运输至美国的组装工厂，只能无奈停产。再比如2017年2月，韩进海运公司破产，牵动着无数物流公司，虽然没有对某些公司有直接影响，但它的上下游企业委托了韩进组织运输，韩进的破产间接影响了其他公司的供应链。这是数字化没有做到很深的程度，从而影响了企业的供应链战略水平。

供应链战略预测就是基于过去发生事件的概率，用计算机模拟，构造供应链战略。从上述案例就可以看出，企业如果做好双重采购（Dual Sourcing）甚至多重采购（Multiple Sourcing），就可以规避风险，打造更稳定安全的供应链战略。

供应链价值动因有很高的重要性，也会涉及不同的部门，所以要通过协作来打通，通过绩效管理来监控。数字化可以将过程透明化、高效化，如实物的流转和订单状态的监控就需要不同部门通过数字化进行协作。除了供应链各部门间的协作，数字化供应链的建立也离不开公司之间的协作。某个企业内部很容易实现数字化，企业与企业之间却很难。不局限在自己企业内部的供应链的企业并不多，这是以后努力的方向。苹果计划建立工业层面的社交平台，海航在新加坡对物流企业 CWT 的收购，通过对物流服务的整合更好地发挥企业优势，这些都是供应链分工合作向跨界的融合。

在厘清供应链数字化程度的评价体系的六大价值动因之后，我们又对应列出了若干主要抓手，而在若干主要抓手下则是与若干主要抓手相对应的若干评估方向，即评估项。图 5 给出了供应链数字化评价的整体指标体系。

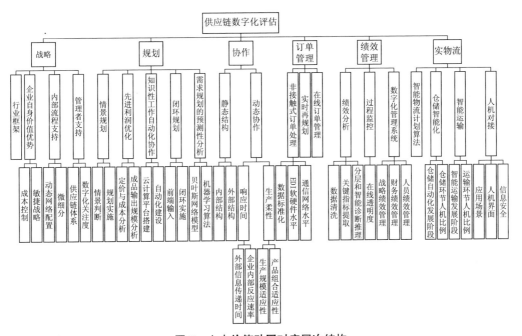

图 5　六大价值动因对应层次结构

‖ 如何利用大数据实现供应链增值？

通过这一套评估体系，可以帮助行业内企业通过横向比较去了解自身数字化水平所在，也可以帮助行业厘清行业本身的整体水平。这样的评估方法，也是借鉴了德国工业4.0 的成熟度模型，其成熟度就是指企业所处的阶段。供应链数字化评估体系，有助于企业竞争环境健康发展。企业需要复合型人才或是依靠第三方合作，来实现精细化的数字化水平提升。物流行业已经从以往的简单复制叠加快速扩张进入需要依靠实施更精密规划来赚取比同行更多的利润，简单说就是从增量市场转为存量市场。评估体系为企业指出了改进的路径，在实施上，还需要层次分析法建立权重，并从技术水平进行评价。国内一些咨询公司一直在做类似的事情。企业内部很难发展类似的评估机构。

数据本身是没有价值的，数据的价值在于通过人工智能，挖掘出数据背后的规律和知识，这代表了未来的发展方向。懂得数字化的人也会成为企业追逐的人才。斯坦福计算机视觉实验室科学家李飞飞担任谷歌 AI 中国中心负责人；京东近期邀请供应链管理领域全球顶尖学者、麻省理工学院（MIT）著名教授大卫·辛奇—利维（David Simchi-Levi）成为京东全球供应链创新中心首席顾问。大学教授与大型科技公司产生良性互动，让理论为业界做一些真正的贡献，反过来促进学界的发展，让中国的大量前沿实践，得到理论上的提炼和升华。

我和我的团队基于供应链六大价值动因在数字化方面的应用程度进行深入分析，建立了企业供应链数字化应用水平的全面评估体系。这一体系的核心是企业供应链数字化评价指数（SCDI）。我们期望通过这一指数的发布可以帮助企业有的放矢地稳步提升供应链的数字化水平，让企业补短来确保竞争力，扬长来巩固核心竞争力，甚至在价值空白区建立企业新的价值定位来打造全新的企业价值，实现价值转型。

‖ 参考文献

Alicke, A., D.Rexhausen, and A.Seyfert, 2017, "Supply Chain 4.0 in Consumer Goods", *McKinsey Insights*.

共享经济，仅是旧物换新颜吗？[*]

荣　鹰 / 上海交通大学安泰经济与管理学院运营管理系副教授

大家为什么关注共享经济？无非就是共享经济这个行业的体量非常大，2017年7月24日，Bank of America Merrill Lynch发表了全球共享经济的报告，他们预估这个市场有2万亿美元的规模。从地区分布来看，美国的规模约为7 800亿，中国有5 000亿。

我们把目光聚焦在中国，2017年，国家信息中心对中国共享经济做了一个分析，他们发现行业的融资规模有1 700亿，享受共享经济的消费者达到6亿人，参与共享经济的服务者超过了6 000万人，同时近年来增速非常快，预估在2020年，行业的市场容量相当于中国GDP的10%。

我们可以看到，这是一个非常庞大、崛起非常迅速的行业，那么为什么这个行业可以如此快速地发展呢？因为它和人们的生活密切相关。

共享经济发展最大一个板块是出行。有研究发现出行大约占共享经济整个体量的一半。为什么出行这个板块在共享经济领域中占据了近一半的地位？有报道说汽车的闲置率非常高，汽车在其使用寿命当中有92%以上的时间处于闲置状态，而汽车的价值又

---

[*]　原文发表于2017年10月18日澎湃新闻。

185

非常高，这就给共享经济提供了一个非常完美的环境。

汽车共享又可以进行进一步的细分，其中一个分支我们称之为"共享出行"，这里面包括 Uber、滴滴。根据罗兰贝格发布的中国汽车共享出行报告，2015 年汽车共享出行的需求每天是 1 000 万单左右，在 2018 年会达到 4 000 万。如此庞大的规模之下，共享出行仍然能够在短短 3 年中持续增长约 4 倍。

另外一个分支就是汽车分时租赁，艾媒一个报告里提到其 2016 年规模为 4.3 亿元，到 2020 年为 90 亿元。共享出行和汽车分时租赁虽然是和出行相关，但是这两者之间有一些差异。共享出行就是消费者仅仅作为乘客，而汽车分时租赁中消费者会变成司机。两者虽然有一些差别，但是都是服务于出行这个行业。

我们的共享经济玩家在中国竞争如此激烈的市场中生存下来，他们的竞争力非常强，他们在年纪非常轻的时候就走向了世界，我们看整个共享经济会发现它是一个非常蓬勃、兴旺的行业。那么，共享经济到底是不是一个非常崭新的行业？

有一张图，是一对年轻的外国夫妇，他们在一个小路上举手，大家看过美国的电影知道这是招车手势，他们希望有私家车停下来问他们去哪里，然后大家谈一个价钱。这个现象是非常符合共享经济或者是分享经济的特征。需求是个人，服务者是个人，这和现在不一样的地方就是没有平台介入，完全是个人和个人的交易，这是非常老的一种共享经济的模式。

既然这是一个老事物，不是新事物，为什么在当前发展得这么迅速呢？在中国，城市化在不断进行中，人们的需求也更加多样化。从文化方面来讲，新一代年轻人和老一代人的消费观不一样，很多人更能够接受这种灵活的工作制度，从这个角度来说我们可以看到共享经济潜在的需求是在不断地扩大的，潜在的供应也在不断地扩大。问题就是假设我们没有一个很好的机制，没有办法把潜力进行转化，这要有一定的条件，而这个条件和我们的技术是密切相关的。

2008 年前后发生了什么？就是苹果发售了 iPhone 手机，之后无线网络的蓬勃发展。这个有什么好处？降低了我们的交易成本或者是交易风险。我们不需要站在马路上面招手了，我们通过软件就可以很快地知道我什么时候可以等到司机，通过这些信用打分的机制降低交易过程中产生的风险。由于技术的发展导致了成本下降，这个时候供应和需求就可以匹配了，因为这个时候我们满足需求所花费的成本降低了，就更愿意购买服务了。

假设就这三个条件，我们看到的共享经济就不是现在的共享经济，是慢慢发展，一步一个脚印的行业。为什么现在发展那么快？必然和资本密不可分。金融危机之后，很多资本需要寻找一个投资机会，故而找到了共享经济，有了资本这个催化剂，这些企业可以拿投资者的钱打价格战，迅速把这个市场烧起来。

作为学者来说，我们考虑这个行业发展的时候，更加看重这个行业快速发展有什么好处，有什么潜在的问题。毫无疑问，好处就是提高资源的利用率，方便大众的生活。有很多参与共享经济的公司宣称自己并不仅仅是带来经济的好处，同时营造更加美好的社会，比如说美好的出行和美好的住宿。这个究竟是不是那么好？不一定。大部分光鲜的背后都有其阴暗的一面。

很多经济学家诟病共享经济的一点就是劳工问题。像 Uber 或滴滴的一些司机在世界各个范围内都有过一些抗议，他们为什么会抗议？最主要的原因就是和他们的公司采取的劳工体制相关。即使是对于那些每天工作很久的司机，这些公司也不认为他们是我的员工，而是把他们当作是我的服务提供商，完全按照计件工资的方式来给予奖励，希望他们多劳多得。但是这些员工并不是真正意义上的供应商。因此，共享经济要持续发展就必须注重劳工关系。

还有被诟病比较多的是共享经济对资源的影响。任何一个新事物的产生必定占用老的公共资源。以单车为例，它们占用了人行道，那么滴滴和 Uber 就是利用了城市的道路资源。对于单车，上海、北京、杭州出台了一系列的管理条例，就是为了让它们不再侵占公共资源。

另外一个资源是什么？你会发现很多的车辆乱停放，政府部门把这些乱停放的单车移到集中区域，同时，调查发现 90% 以上的车是完好的。本来是期望这些共享单车企业可以来认领，但是集中停放区域最终都变成了共享单车的坟墓，并没有企业来认领。这和资本的刺激是相关的，因为资本下去以后，这些共享单车在市场上投放的量超过了城市的容量，市场并不需要那么多车。那么这些车辆就闲置在这些坟墓中，并没有得到很好的利用，这就是对资源的浪费。

我们看另外一个问题，共享经济本质上来说是一个服务行业，这个服务行业要由制造业来支持。比如共享单车要有自行车厂商来制造，那么它对中国的制造业有什么影响？我们国家提出"中国制造2025"计划，共享经济会对2025年的中国制造产生多大影响？

我们先来假设没有共享经济的情况下销售是如何生成的。对于一个产品，有的客户认为这个产品吸引力大，有的认为吸引力小，那么认为吸引力大的客户会买。如果共享经济现在进来了，会发生什么情况？一种情况就是购买量增加了，为什么？因为有一些人购买了这个产品之后，不仅仅是给自己来使用，还可以提供给他人使用并收取一定的费用，这个费用就使得原来采购的成本降低了。产品对自己的吸引力没有变化，实际的采购成本却降低了，这样就会导致更多的购买行为。所以共享经济的引入利于制造业的发展。

但是另外一个情况是市场在变小，或者说制造业的需求在变小，最主要的原因是什么？原来你不购买不能用，现在多了分享这一方式以后多了一个选择，那么购买对我来说就没那么有吸引力了，这个时候会导致整个市场的萎缩。那么共享经济进来以后对制造业而言到底是销量的提升还是减少？其实是这两股力量之间的博弈，就看谁强谁弱。

先看一个和共享单车相关的例子：很多自行车厂商的公司股票涨得比股指快，尤其是两个时间点，一个是2014年ofo的成立，另一个就是2015年1月摩拜的成立。这些公司成立之后一开始并没有对市场产生那么大的影响，但拿到投资后大量采购自行车，自行车销量的提升转化为上市公司的业绩，最终体现在股价上面。这就是一个自行车共享提高了制造业收益的例子。

再看一个和汽车共享相关的例子。*Automotive News*的一份关于汽车行业的报告，发现有了共享经济以后美国的汽车保有量下降，他们发现大城市由于人口密集，有60%的城市居民会考虑共享汽车。CNBC说共享汽车导致美国汽车销量减少近50万辆，每多一辆共享汽车就会减少32辆车的销售。虽然由于统计口径不一样，数字会有差异。但是这个趋势非常明显，就是共享经济的发展对汽车制造行业来说是非常负面的。

那么，汽车行业怎么应对？抵制共享经济还是拥抱共享经济？我们观察发现，其实很多的汽车制造商在拥抱共享经济，像大众、宝马等都推出了自己的汽车共享平台。上汽集团有自己的电动车租赁品牌 EVCARD，北汽也推出了自己的共享平台。为什么共享经济对制造业的影响那么负面，制造业仍然愿意投入共享经济的怀抱呢？

我们要想历史中这些汽车行业或汽车制造商有没有碰到过类似的情况？把共享二字拿掉，替换成租赁的话，那么租赁和共享经济对销售的影响趋势其实差不多，租赁使得一个设备的利用率提高也会导致销量降低。这时候这些厂商怎么办？*Marketing Science* 期刊在 1999 年有一篇文章，研究在耐用品竞争市场中厂商如何选择租赁和销售的比例。当产品的耐用性越高，企业越要加入租赁的市场，扩大租赁的比例。因为一旦市场被竞争对手通过租赁的方式给抢夺过去，对自己未来的影响将会很大，在这种情况下这个企业就更应该参与租赁。这个和我们目前观察共享行业相似。

当然租赁和分享还是有差异的。租赁是把产品租出去之后就不用管产品的运维了，客户把产品退回来再打理，而分享就对汽车的运维牵涉很多。虽然有共同点，但是共享和租赁对制造业影响的差异还是比较大的。如果制造业开始做共享，那么它在服务方面的步伐就要迈得更大。

共享经济如何更好地发展，有很多驱动因素。其中两个因素，一个是和人相关，这里不是指员工也不是指消费者，而是提供服务的司机或者第三方。还有一个是怎么把平台运营好。

首先，前面说了由于资本大量涌入这个行业导致行业里有很多的价格战，贴补一方面是要抢占市场，让用"我"服务的消费者更多，同时也是希望培养更多的司机让他们可以上路。对于司机，平台希望补贴越多，你工作越努力，在路上的时间就可以更长，这个逻辑对吗？共享出行行业和什么行业比较相关？和出租车比较相关。1997 年发表在 *The Quarterly Journal of Economics* 期刊上面的一篇文章，作者们分析纽约大都市的出租车，发现司机不是最大化个人的效用，他们有一个目标的收入值，一旦今天赚够了就回家了，这就和一般性经济管理认为的每个人要最大化自己的效用不一样。

现在的问题就是网约车是不是这种情况？网约车和出租车之间还是有差异的，网约车是网约，出租车是巡游；人员上面的差异就是一个是全职一个是兼职；网约车司机是每单按照一定的比例提成，而出租车是每天交份子钱，超过了这些钱就是自己赚得的。虽然有一些差异，但是有几位学者拿到了中国一家网约车公司的数据，通过对数据的分析发现网约车这个市场上补贴的形式五花八门，今天和明天的补贴可能也不相同。在补贴比较高的日子里，司机回家的时间更早，学者对这个数据做了一个分析，他们发现司机有目标收入。网约车和出租车不一样的地方就是网约车司机工作时间的差异性更大，平均可能一天赚够100多块就回家了。当时这些中国学者就把这个研究的结果和网约车公司做了一个交流，网约车公司说这个现象他们也在调查当中。他们希望改善补贴机制，不是按照每单补贴，而是单数达到一定的量后再补贴，这样可以帮助公司来延缓司机回家的时间。

可以看到共享行业对人性的刻画把握和传统的行业非常类似，但是共享经济这个行业由于有非常灵活的体系，可以用更加好的方式来应对供应端的非理性因素。

接下来是运营这一块的问题，以共享车辆的运营问题切入。一般有好几个维度，根据这个决策对公司影响的长短分为战略性和策略性的决策。在这个决策里面，规定了共享单车投放在什么区域，但现在的共享单车都随地停放。其实在规范条例里面要求共享单车公司要建立电子围栏，就是约束了投放的区域。像一些共享汽车也有自己所谓的停放点，这个投放的区域确定了以后就要决定在整个区域里面投放多少辆车。策略性一点的决策就是解决供需不匹配，如何进行动态的定价，是不是进行预约管理。这些决定之间是相互交叉的。

首先看投放区域的设计。如果区域太大的话，由于城市的异质性非常大会产生更强烈的供需不平衡问题，就需要投放更多的车辆，如果是电动车，那么在基础设施上的投资会更大。从这些因素来说，投放区域到底是大还是小？为了回答这个问题，我们首先要看看怎么解决供需不平衡问题。

对于供需不平衡的影响，以共享单车为例，位于商业区的一个地铁站门口，晚上单车非常多，早上却很少。为什么？这是交通里面常见的潮汐现象，早上大家从地铁站出来选择骑车去上班，晚上骑车回到地铁站。如果早上地铁站车辆不够，或者是晚上停满没有地方停放怎么办？这个时候怎么来应对？

集装箱，这个是一个很早就有的事物，有了海运后，集装箱就很快发展了。空的集装箱在全球的分布非常不平衡，这是贸易不平衡造成的。大家都知道中国是贸易盈余的国家，我们对欧盟对美国都有盈余，这个会造成什么情况？从中国运到欧美的货物比较多，从那里运回来的货物少，如果不对空箱子做任何的处理，这些空的箱子会挤压在欧美的港口，该怎么办？这是一个很头疼的问题。

在 2014 年，两位中国学者在 *Informs Journal on Computing* 期刊上有这样一篇文章，他们提供了一套算法告诉航运公司怎样以最低的成本在全球的港口对空的集装箱再平衡，使贸易可以持续不断地进行，不会因为集装箱的短缺而终止。

共享单车也是一样的，共享单车雇用了一些社会的资源做车辆的再平衡，这个和之前讲的空的集装箱重新再配置非常相似。但是共享经济能做的不止如此，它们可以通过改变价格机制推出一些红包和奖金，使得顾客帮平台做再平衡，这是一个新的解决方案。

我们在这方面也做了一些贡献，我们发表在 *Manufacturing & Service Operations Management* 期刊上面的论文主要是做了一些关于电动车的分享，我们发现投放的区域确实是和如何做供需再平衡密切相关，在电动车的情况下充电技术增加了就可以扩大现在共享的汽车服务范围。为什么大家觉得现在的共享电动车汽车不方便，是因为充电技术的限制导致了它只能在非常小的范围里面运营。

另一个对于共享服务非常重要的因素就是服务的响应，简单来说就是多快可以满足服务需求，要求越高供应商就越要缩小运营的区域，车辆就要越多，那么盈利也会降低。

最后回到主题，就共享经济旧物换新颜来说，在这个过程中我们讨论了几个维度，像劳工问题、对制造业的影响、供应人员的函数和供需再平衡等，这些因素和相应的历史对照物，有一些相似，有一些存在差异。对于相似之处，共享经济可以借鉴历史上的一些做法，而差异之处正是共享经济发展中更加需要关注的。不管怎么样，通过对比可以使得我们对共享经济的发展有更加深刻的认识。

第五篇

金融秩序
与投资环境之探析

一枚比特币的价格从 10 年前的 0.06 美元涨到了 2017 年底的 2 万美元；支付宝年度账单"小陷阱"掀起了不小的舆论风波；"走出去"战略下，企业跨境并购成为产业升级的一大助力，却也面临着商誉贬值的风险；我国资本市场 IPO 制度的演进与发展可以给改革带来怎样的启发；金融要如何更有效地服务经济与社会发展？本篇将试图提供一些解答。

Easy Money？理性认识让人爱恨交加的比特币 *

费一文 / 上海交通大学安泰经济与管理学院金融系副教授

作为目前区块链技术最成熟的应用，比特币是全球首次大范围数字货币的实践。而引起人们关注的却是比特币创下的波澜壮阔的价格行情。一枚比特币的交易价格从 10 年前的 0.06 美元涨到了 2017 年底的 2 万美元。比特币是否具备贮藏价值？人们又该如何理性认识比特币的定价规律和风险，并进行有效监管呢？

‖ 比特币的前世今生

根据目前各国货币的发行规则，货币的发行量掌握在政府手里，货币滥发是各国政府的本性，货币贬值便成了使普通老百姓担心和忧虑的现实问题。尤其是在席卷全球的 2008 年金融危机后，各国货币竞相贬值，掀起了一场"货币战争"。这种大幅的货币贬值唤起了普通老百姓寻找一种不会贬值的货币的强烈冲动。那么有没有不被政府主观掌

---

* 原文发表于 2008 年 1 月 17 日界面新闻。

控发行量的货币呢？比特币由此应运而生。

与当下大多数货币不同，比特币不依靠特定货币机构（如政府）发行，而是依靠特定算法计算产生，这个算法平台依据分布式构架的程序产生构造解。打个简单的比方，比特币的发行机制就是解一个数学方程组，方程组的解对应着一个比特币的代码。获取比特币的过程就相当于解方程的过程，这意味着所有人都有机会参与发行比特币。而这个方程组的解的总量（即比特币总量）恒定为 2 100 万个。这意味着比特币总量是固定不变的，目前已经发现的大约是总量的一半，即 1 050 万个。有限的数量意味着比特币的稀缺性，与现有的货币随意滥发形成了强烈的对比，由此人们认为比特币具有保值性。同时物以稀为贵，又衍生出了比特币的投机价值。

比特币的产生机制确实是一个了不起的创新。求解比特币的复杂算法的本质是区块链技术。区块链是通过一串使用密码学方法相关联产生的包含一段时间全部交易信息的数据块，是比特币的核心和基础架构。为了解释其安全性，我们可以打个通俗但不太贴切的比方：比如为了验证今天到演播室参与录制的嘉宾是否从上海交大前来，通过调取监控视频从一个个路口的摄像头排查，最终推断出嘉宾确实从交大来；比特币背后的区块链技术使得比特币在全世界都留下印记，以验证比特币来源是否真实，这样外部人员根本无法伪造中继的过程，只能由全球参与人"公认"，这是该技术的安全性保障。比特币被"解"出后，通过区块链技术保证该代码在网络中唯一存在，这样就可以在所有装了比特币软件的平台上实施监控，由于每一笔都有记录，这样别人篡改记录难度极大。在这个意义上，整个区块链就是记录比特币交易信息的公共账本：若真要篡改，必须得篡改庞大的环环相扣的用户群体，因复杂度高从而无法实现。

求解比特币的过程，人们形象地称之为"挖矿"。所谓"挖矿"就是"码农们"通过设计算法编程，通过电脑自动计算获得一串串代码，解出相当于一个 33 位的序列号，再通过加密保存给到用户。随着比特币热度上扬，越来越多的人热衷于运用计算能力远超人类的电脑去寻找比特币——"挖矿"。早期还对"挖矿"行为给予较高奖励以鼓励，现如今，挖出 100 个比特币只给到 1 个奖励。求解需要的时间越来越久，成本越来越高，这就放缓了比特币发行的进程。

到目前为止，比特币已经形成了一个完整的产业链。上游为"挖矿"用的芯片和矿机生产商，拥有高性能矿机芯片的企业具备垄断比特币发行权的可能性。中游为比特币矿工、矿池和电力提供商以及衍生服务提供商，其中，矿池为核心环节，目的是鼓励低算力的矿工继续挖矿。下游为交易和支付环节。西方发达国家在支付环节远远领先。如美国，拥有比特币支付平台、比特币钱包和比特币 ATM 机等创新支付工具。至于交易行为则遍布全球各地，值得一提的是，全球比特币曾一度有 93% 的交易量源自中国的交易所。

‖ 比特币的定价机理及经济贡献

比特币的定价机制与股票等商品相似，通过遍布全球的中介平台进行连续交易，每一个交易日都拥有所谓的交割价，形成比特币的市场行情。比特币发行的初衷是为避免货币当局肆意操纵货币的价格，然而事实上没达到设想目的。相反，比特币投机交易日渐红火，支付功能逐步弱化，投资功能逐步成为比特币的主要性质。类似于商品投机，高价格吸引着人们高度的追捧，必然形成泡沫。相反，比特币的支付功能正在慢慢地被人们忽视，关键在于并没有人能为比特币的信用背书！主权货币之所以拥有公认的价格，在于背后有政府强势为其背书。一般而言，强政府拥有强货币，美元就是典型例子。

那么，从金融的角度来看，比特币的诞生对人类经济社会发展有何贡献呢？很遗憾，毫无贡献！总量有限、可以储存，且具有强烈的投机性，比特币对社会发展毫无贡献。

稀缺性并不是货币的唯一特性。货币还应该具备其他几大手段功能：流通手段、储存手段、支付手段。而比特币的价值尺度（衡量商品到底值多少）在哪里呢？目前暂时没有人为比特币的价值背书，只是靠全球比特币玩家或投机商的交易来决定其价格。最初 1 比特币只有 0.06 美金，如今 1 比特币最高价格为 20 000 美金。限量、储存、交易、高价对经济并无贡献。

历史的做法是把货币与一种供给弹性较低的物品挂钩，比如黄金，即所谓的"金本

位制"。"金本位制"使得货币发行量与一国的黄金拥有量挂钩，从而使货币不易被政府操控贬值。然而黄金流通量同样受到黄金开采国等因素的制约影响，不能适应经济的发展，在 20 世纪 70 年代后，"金本位制"逐渐被各国政府废除。

‖ 比特币的风险

去中心化、去信任、集体维护的区块链技术特征使得比特币与传统货币相比，有不少的优势。同样，互联网风险特征也体现在比特币上。从技术的角度出发，比特币的最大风险不在于交易风险，而更多地体现在比特币交易平台上。目前存在多个交易平台，各个平台的技术水平、规则参差不齐。交易平台是否具备安全性、流动性？是否能保证价格公平性？2014 年 2 月，位于日本的最大比特币交易所 Mt.Gox，受到了持续数周的大面积网络攻击，导致 Mt.Gox 的交易系统出现问题，根本无法进行正常交易，甚至不能让公司将 Mt.Gox 上的财产转移出来，而比特币玩家在 Mt.Gox 上所有的比特币资产都无法赎回。这件事在当年引起了巨大轰动。现如今，虽然国内交易平台都已经停止比特币交易，但国外的交易平台仍然十分活跃，且大多是私人开设的。因为没有公开透明的过程，出价是否合理、公正，能否反映供求关系，外人不得而知，交易存在较大的风险性。更不用说，大量的暗网交易的存在。

国外不少商家同意接受比特币，但由于规则并不明确，参与人的使用风险也不小。此外，投机性增长后，普通玩家对技术性问题不了解。比特币玩家知道买机票可以使用比特币，而很多普通玩家并不知道要如何使用。

一个缺乏规范的货币管理机制必然意味着金融风险。随着技术增长，比特币原本较好的加密体系，也存在着被破解的风险。如果有一天全世界比特币忽然被人偷了，全不见了，这种风险只能由玩家承担，无法申诉，没人为你主持公道。这是提醒比特币玩家必须关注到的一点。由于是分布式平台，比特币玩家对此无法管控，彼时比特币的整个体系会被破坏，并面临崩溃。

今年以来，比特币价格不断创出新高，不断突破玩家的心理防线。而实际上，由于没有对比特币进行信用背书，其真实价值实际上可以说是为零。目前短期内价格高低起伏，储存品的价值又在哪里呢？比特币显示出十分明显的投机特征。

‖ 比特币可以进行监管吗？

无中心化使得比特币的管理难度非常大。由于比特币是虚拟货币，不同于一般商品，这意味着它没有最后的责任承担人。但我们仍然可以通过渠道管理的方法对比特币进行监管，重点在三大方面。第一个是交易环节：交易过程必须规范化，以后慢慢集中化，使保管支付都有安全保障。第二个是支付过程：加入报备监管环节，并规定在什么情况下可用。第三个是变现环节：实际上大多数购买者需要将比特币兑换成现金，现金转换必然会通过现有的金融机构，这个过程也是重要监管环节。

此外，比特币监管的难度还在于无国界货币管理：去中心化的特性决定了没有一个国家可以强制管理，除非某国完全掌握算法，对算法进行核心管理。当前世界各国对比特币态度不一，如日本认可比特币地位，甚至日本有一些公司允许使用比特币支付。目前，我国已对比特币市场进行较为规范的管理，但我国不存在比特币支付使用的场景。这意味着，目前我国对于比特币的监管，只需要管好平台，保证平台不违法，不出现损害用户行为即可。我国管理虚拟货币 QQ 币的经验可以加以借鉴。

‖ 理性认识比特币

跟风炒作比特币的投机心态是比特币快速疯长的根源：正是买家的起哄，把不值钱的东西举得很高。如同 17 世纪疯狂的"郁金香事件"，泡沫总有一天要破灭。随着比特币交易的发展，可能会出现一些庄家，使得比特币最终被控制，那样会导致比特币炒作潮完全变成赌局，非常危险。最后的接盘人必定会跌得头破血流。

总之，比特币打着数字货币的招牌，但实质上已经成为一种虚拟商品而非货币，很

难成为稳定的价值储藏和记账工具。作为普通用户而言，由于对比特币的认识不全面，对交易机制不了解，在交易中往往会成为"韭菜"，千万要小心参与。从金融投资角度看，风险非常大。对于政府而言，应该从三大方面入手：第一，从监管角度出发，应充分提示风险，提醒老百姓比特币买卖有运作风险，并非无门槛玩家都可以参与。第二，比特币规范化，交易更加透明，报价统一，保管集中。第三，比特币的出现，反映出的新现象是老百姓对目前的货币政策有所担忧，我国如果使支付更加迅捷，交易更加方便，做好自身建设，比特币就没有市场了。

当然，比特币背后的区块链技术提供给我们电子货币的新思路。区块链从信息系统角度提供了新思路，是互联网进步的成果。我国也在研究类似比特币的区块链技术，提升支付安全性，如电子身份证的出现，为进一步解决网上身份认证问题提供了方便。目前网银、支付宝等电子通道的货币转移方式只是数字数目上的变化，被篡改风险较大，但电子货币在网上具备唯一的标识码，不存在被偷走或被篡改的可能性。虽然从目前来看，比特币并没有为社会带来真正的价值；但从技术上来看，则为未来的电子支付指引了方向。

金融如何有效服务经济与社会发展？*

潘英丽 / 上海交通大学安泰经济与管理学院金融系教授

2017 年 7 月 14—15 日全国金融工作会议召开。本次会议具有史上最高规格：中共中央政治局五大党委出席会议，习总书记做重要讲话；充分体现了党中央对金融工作的高度重视。金融是国家重要的核心竞争力，金融安全是国家安全的重要组成部分。会议明确了服务实体经济、防控金融风险、深化金融改革的三项任务。因此，我们需要重新审视、深刻认识金融与经济的关系，深刻认识金融服务实体经济的本质，把握机遇、创造条件，明确金融为实体经济发展服务的定位；把维护金融安全作为战略性、根本性大事，坚决守住不发生系统性金融风险的底线，坚决打击各类非法金融活动，履行好属地金融监管和风险处置责任；持续推动金融业的改革开放，促进金融业健康发展，提高其服务经济社会发展的效率。本文将从阐述金融的本质入手，探讨金融有效服务经济社会发展所需的条件以及成都建设金融中心的重点领域。

---

* 原文发表于 2017 年 9 月期成都市市委党刊《先锋》杂志。

‖ 为什么说金融是现代经济的核心？

我们首先探讨金融存在的理由是什么？让我们回归本源，先从自给自足的农业社会说起。假定某些年风调雨顺，粮食丰收。一家之长的农民老爸需要决定扣除吃用和种子后的余粮用来做什么。养猪喂鸡、换头小牛、还是生育第二、第三胎孩子？三者分别有着提高短期生活质量、提高中期生产能力、提高长远生产能力，实现代际传承可持续发展的三种目标。农家老爸将做出一种选择或某种组合投资。在这里，他已经行使了今天复杂金融业的基本职能。一是将储蓄（余粮，也即可用于扩大生产或提高生产能力的资本）转化为生产性投资；二是从家庭的实际需要和福利最大化要求出发进行资本的有效配置。储蓄在家庭内部实现了向生产性投资的转化。现代社会与传统农业社会的本质区别在于复杂的社会分工。这种分工不仅超越家庭、超越地区，而且迅速超越国界。因此无论从专业知识要求、海量信息处理、投资的规模及其所面临的风险来看，个人或家庭已经不再具有直接投资的能力，必须依赖金融业（或广义的投资服务业）提供中介服务。这就是金融存在的理由。

金融是提供投资专业服务的中介机构和平台，作为中介，金融业本身是分工的产物，也是分工演进的一种体现。金融内部分工已经从银行、交易所平台，发展到各类财富管理基金、私募股权、风险投资等提供间接和直接投资服务的众多细分行业，以适应社会生产的复杂分工所要求的专业化优势。但是金融业的基本职能并没有因此变化。通过金融业的中介，社会储蓄转化为生产性投资，并在不同产业、不同地区和投资期限长短不一的项目中进行配置，直接或间接地满足社会复杂多样的最终消费需求。由于需求与产业分工过于复杂，创新更是建立在失败基础上的探索，因此，投资失败与资源错配也必定会经常发生。所以，金融业必须对风险定价，并将风险进行分级，再分配给具有不同风险偏好和承受能力的投资者，让他们得到与风险匹配的投资收益。同时市场也具有内在的纠错机制，使资源错配尽快得到纠正。与银行体系的风险高度集中不同，股票与债券市场因为参与者众多，并且股权和债权可交易或转手，因而在分散风险方面具有更大优势；更适合高科技、现代农业等高风险行业和大健康、大文化和消费服务业等轻资产行业筹集长期资本。由于参与市场的中小投资者鉴别和监督融资企业的能力先天不足，股权和债券等资本市场发展对保护小中投资者防范商业欺诈的法律制度和有效监管有更高要求。笔者于 1993—1994 年赴美专门研究美国 20 世纪 30 年代证券市场规范化课题，这是美国建成全球最发达资本市场的成功经验。

　　金融，历来是个"高大上"的行业。但是近年来，金融业成为人们既爱又恨的行业。就中国而言，地方政府很喜欢金融业，金融业似乎对 GDP 贡献不小；图 1 显示，中国金融 GDP 占比已超过金融最发达的英美，并且比金融结构类似的日本、德国高出很多；发展金融业也意味着本地经济发展可得到更多资金的支持。学生与求职者喜欢金融，因为金融从业者具有高收入和较高的社会地位。与此同时，社会对金融颇有微词：金融业"暴利"、"企业为银行打工"、金融"自娱自乐"、金融"乱象丛生"，等等。中央政府则是为金融的系统性风险焦虑不安，要防"黑天鹅"，更要防"灰犀牛"。其实金融 GDP 并非金融业对 GDP 的贡献，而是金融业在运行过程中占用的社会资源！世界银行与国际货币基金组织实际上是将金融利差或佣金收益的高低看作是金融效率的反向指标。

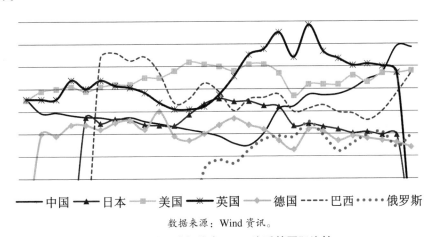

数据来源：Wind 资讯。

图 1　金融业增加值占 GDP 比重的国际比较

　　如何理解"金融是现代经济的核心"？如何理解当前系统性金融风险的形成机理？这要从广义利息起源或金融业获取收益的合法性基础说起。

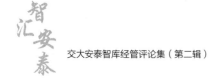
西方主流经济学有一个利息的"时间价值论"，是由曾任奥地利财政部长的经济学家庞巴维克提出的。他认为，人们由于对未来缺乏想象力，或存在意志上缺陷以及生命的短促多变，会低估未来，给现在物品的估值高于对未来物品的估值，因此放款方（相当于借出现在物品）要求借款方还款时补偿相当于现在物品与未来物品间的估值差价，即利息。这个理论仅仅解释了出让现在物品的一方为何要求利息补偿，却并没有讨论利息来自何方。

笔者 21 世纪初研究虚拟经济时对利息起源有个重要发现，在此作一简述。[①] 什么是资金或货币资本？资金或货币资本实际上就是对社会稀缺生产资源的支配和使用权。资金的集中和让渡，可以使更多的社会资源从闲置或低效率使用的状态转移到高效率生产部门中去，从而在社会资源总量不变条件下，新增财富可以在高效率生产部门中创造出来。这个新增财富就是全社会的剩余价值或广义利息，它源起于资源配置的优化。

三个利益集团参与新增财富的分配。一是资源闲置或低效率使用的家庭部门，因为其让渡资源成为资源优化配置的前提条件；也因为社会由家庭组成，以家庭为单位的社会消费是社会生产的最终目的，也是产能有效利用和经济持续增长的前提条件。二是金融业通过它的高品质中介服务，实现了社会资源配置的优化，这是金融业分享新增财富的合法性基础。金融业本身并不直接创造财富，我们说金融业是现代经济的核心，主要是因为金融业通过引导社会资源的流动与配置，拥有引领产业和经济发展方向的特殊地位，金融体系的有效性决定了社会资源配置的有效性；反之金融的扭曲与低效率则会导致资源错配与耗散，产业结构失衡以及财富的两极分化。三是创造财富的高效率生产部门理应获得新增财富的重要部分，即正常利润甚至包括一部分超额利润。

‖ "灰犀牛"与"小富不安"

近年来，国际上流行"黑天鹅"一词，特指对社会或市场具有重大负面影响的小概

---

① 详见潘英丽"虚拟经济的演进机制及其两重性的探讨"，《华东师范大学学报（社科版）》2001 年
　　第 5 期，中国人民大学复印资料《经济理论》2002 年第 1 期全文转载。

率事件。最近国内官方媒体提出"灰犀牛"，特指具有重大负面影响的大概率事件。我国的"灰犀牛"大都与金融体系有重要联系。

　　瑞士学者 Jean-Louis Arcand（2013）用中国 1 658 个县市的 8 248 个数据对县域经济的信贷与当地人均收入的关系做了实证分析，结果是贷款占 GDP 的比例每增加 1 个百分点，人均收入减少 0.164 个点，两者负相关。县域信贷与 GDP 的比例从 20% 上升到 120% 时，当地人均收入的平均增长率从 +2% 下降到 −4%。两者负相关的背后逻辑在于银行信贷支持的是低效或无效的项目，比如很多边缘县市的闲置开发区和三四线城市的空城、鬼城项目。过度信贷不是促进当地经济发展，反而成为商业银行通过利息抽取当地资源、导致人均收入下降的机制。最后银行本金显然无法收回，社会资源浪费造成的贷款损失要让国家财政兜底。另外，据中民投高管在 2017 年夏季达沃斯披露，2015 年民企、国企和央企三者的净资产收益率分别是 10.59%、2.87%、1.89%；但是三者的负债率则分别为 50.4%、74.5%、89.5%。可见银行信贷的投放完全与企业的经营绩效相背离。

　　金融资源显然存在错配。并且金融资源的错配是产业结构失衡和社会资源浪费的重要原因。图 2 显示银行间接融资与资本市场直接融资的结构失衡是金融资源错配的重要原因。银行的中长期贷款需要抵押品，以致信贷资金及其支配的社会资源大规模投入到

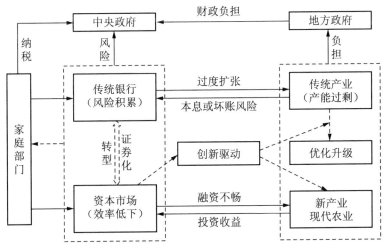

图 2　金融结构失衡导致经济结构失衡

制造业、房地产业和地方政府基础设施建设等重资产行业。而城市土地国有制和土地与房产的抵押功能，使得地方政府和重资产行业的企业可通过加杠杆实现投资的扩张。加入 WTO 后，制造业在出口与房地产两大发动机的持续发力下高速增长。

但是国家信用担保造成了信贷的过度扩张。借款人把银行信贷当财政资源使用。2020 年企业债务将达 GDP 的 200%。这意味着 GDP 的 12% 要用来支付银行利息，假定贷款按 10 年期滚动，则意味着 GDP 的 20% 要用来偿还本金。当然，三分之一的 GDP 不可能都用来还本付息，因此银行实际上通过"借新还旧"的方式给自己创造收入和利润。企业随着债务的自行膨胀，不仅要为银行打工，而且陷入违约或资不抵债的破产境地也是早晚的事。

制造业的产能过剩和不景气，又驱使金融与产业资本脱实向虚，导致房地产泡沫急剧膨胀。图 3 显示中国部分一、二线城市房价以 2016 年 7 月 6.67 的人民币汇率折算的美元价格已经远高于美国的大城市，而中国的人均收入只有美国的五分之一左右。卖掉一套北京、深圳或上海的房产可以同时在日本、德国和澳大利亚买三套房。房产在家庭财富中占比高达 65%—75%，而房地产显然存在泡沫，贬值已是大概率事件。另外根据国家权威部门提供的数据看，中国已经户均拥有住房 123 平方米；地方政府新城建设的规划人口可容纳 34 亿人。房地产正从局部过剩转向全面过剩。

除了企业债务、地方政府债务和房产泡沫等"灰犀牛"外，金融系统自身的过度膨胀和金融诈骗乱象等都需要高度防范与应对。

笔者近日提出"小富不安"的财富减值问题。目前家庭平均财富净值为 51 万元，大致相当于美国的七分之一。财富减值的现状与趋势是相对明确的：一是房产价值减值，2016 年家庭财富增值部分 68% 来自房价，这是账面富贵，难以为继。二是 2000—2012 年居民金融资产平均是亏损的。银行存款经通货膨胀率折算实际亏损 20%，买入股票长期持有则亏损近 40%。未来如果银行坏账货币化，货币和存款贬值仍然难以避免。三是我国外汇净资产是持续亏损的。2010—2016 年我国外汇净资产平均水平在 1.6 万—2 万亿美元，年平均亏损 3.2%，2011 年、2013 年分别亏损 5.1% 和 4.7%。[①]

---

① 数据来自国家外管局网站。

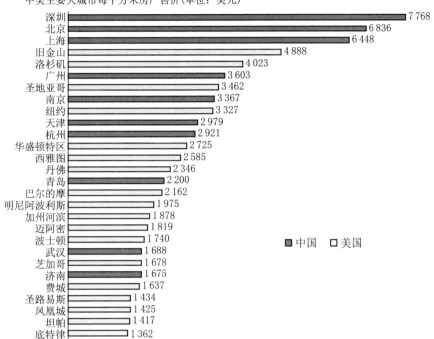

中美主要大城市每平方米房产售价(单位：美元)

深圳 7 768
北京 6 836
上海 6 448
旧金山 4 888
洛杉矶 4 023
广州 3 603
圣地亚哥 3 462
南京 3 367
纽约 3 327
天津 2 979
杭州 2 921
华盛顿特区 2 725
西雅图 2 585
丹佛 2 346
青岛 2 200
巴尔的摩 2 162
明尼阿波利斯 1 975
加州河滨 1 878
迈阿密 1 819
波士顿 1 740
武汉 1 688
芝加哥 1 678
济南 1 675
费城 1 637
圣路易斯 1 434
凤凰城 1 425
坦帕 1 417
底特律 1 362

■中国　□美国

注：中国数据为 2016 年 7 月二手房每平方米售价均值，并以 2016 年 7 月平均汇率（6.67 人民币 /
美元）转换成美元价格。美国数据为 2016 年 7 月所有产房（新建房和二手房）每平方米售价的中位数。
所有数据都未作季节性调整。

数据来源：链家（中国）、Zillow（美国）。

图 3　中美主要城市房地产美元价格的比较

如果不能化解财富减值风险，中国富裕家庭出于对财富安全考虑，有输出资本要
求，进而会对人民币汇率造成持续压力；小富家庭如果对财富减值忧虑不安，将会进一
步抑制消费；中长期我们还将面对未富先老的社会挑战。

‖ 金融有效服务经济社会发展需要什么条件？

功能良好的金融体系需要健全的制度保障。明确了金融有效服务实体经济发展所需
要的条件，我们也就明确了金融改革开放的正确方向。

图 4 显示中国目前到 2022 年间储蓄将占全球的 25%，远超美国与整个欧盟。储蓄是一国产出扣除消费后的剩余产品，是可用于扩大生产能力的新增资本。如何用好储蓄实现中国经济可持续发展？我们先要明确经济转型与产业发展方向，再发展与经济增长新动能相适应的金融业态和市场。图 2 下半部分显示，未来产业发展的重点是制造业的优化升级、高新技术产业、现代农业以及与家庭服务消费相关的轻资产行业。这些行业没有抵押品，或者存在不确定性风险，需要发展以市场信用为基础、有利于风险分散的资本市场，拓宽直接融资渠道，才能提高资本配置的效率。

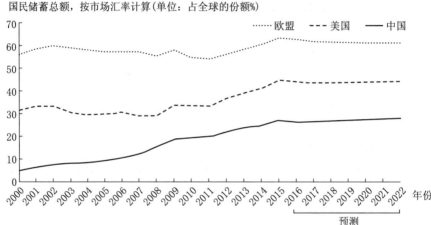

来源：国际货币基金组织（IMF）。

图 4　中国、美国和欧盟的储蓄占全球的比重

金融业是服务业，因此首先需要解决"为谁服务"的问题。当前金融业面临严重的"资产荒"，不知道资金往哪投，投给谁。"资产荒"首先是"好企业荒"，因此经济和金融改革需要在健全企业发展环境和创新创业环境方面发力。重点有以下三个方面：

首先，需要培育有效率的企业组织。因为有效投资和有效率的生产都需要企业去组织落实。30 年来中国利用外资与其说是弥补储蓄和外汇不足，还不如说是弥补有效率企业组织的不足（潘英丽，1997）[1]。我们在成功利用外资的同时，一定程度上延缓了中国有效率企业组织的发育和成长，进而降低了内部投资和对外投资的有效性。培育好

---

① 潘英丽：《有效利用外资理论研究》，华东师范大学出版社 1997 年版。

企业，需要两方面的制度变革：一是保护私有产权。只有有效保护私有产权，民营资本家和企业家才可放下包袱，做大做强实业，致力于创新、升级和经营可持续的"百年老店"。东北沦陷与"投资不过山海关"有关，而后者很大程度上又与国有企业民营化改革中的反复有关。① 二是防范商业欺诈。融资企业信息的真实、充分和及时披露是市场透明度和市场有效配置资源的必要条件。如果分不清优劣，银行和市场就无法避免资源错配，只能依赖抵押和国资背景。2010 年以来股票市场 IPO 融资中，民企占比已上升到 70% 以上，政府需要通过加强监管和严格执法保护中小投资者防范商业欺诈。唯有如此，才能发挥市场优胜劣汰的功能，为好企业做大做强腾出空间。这也是美国近百年来的成功经验。此外，需要有效利用大数据分析工具，发展社会共享的征信系统，提升市场发现价格的有效性，促进资源的优化配置。

其次，需要拓宽产业投资渠道。产业发展的重心是与近 14 亿老百姓的最终需求相关的消费服务业，包括医疗保健、体育健身、文化娱乐、休闲旅游、教育培训，等等。最近几年出国旅游人次每年都在 1 亿以上，《战狼 2》不断刷新票房纪录，说明旅游休闲和文化娱乐需求已经出现井喷行情，目前供给侧在软件、硬件、经营理念方面都跟不上趟。消费服务业与制造业的本质区别在于生产、销售与消费同时发生，具有个性化和人性化要求。目前面临三类发展瓶颈：市场准入管制、责任界定与纠纷处置机制的缺失，以及具有专业技能与职业操守的劳动者供给不足。政府需要在放宽对外资和民营资本市场准入的同时，鼓励商业模式创新，加快行业经营标准与行为准则的确立，同时需要加强市场监管，形成既保护消费者合法权益，又保护服务企业合法经营的制度环境。

再次，需要实施代际平衡可续型的人力资源开发战略。各类专业人才是产业发展的核心生产力；人力资源开发，既是消费又是投资，对启动内需，促进经济可持续发展，应对人口老龄化挑战具有重大意义。建议政府放开生育、补贴二胎；加大中央政府在义务教育和再就业培训中的公共支出；改革教育体制，培养学生批判性思维与创造力；实施专业技术评级制度，促进民间教育与培训产业的规范发展。就人力资本投资和消费的金融服务而言，中国还有很大的发展空间。需要通过大数据、金融科技等手段加强个人信用制度建

---

① 早年的仰融案和后来的通钢群体事件致民企总经理死亡案，无疑对东北投资环境带来长期负面影响。

设，同时需要加快发展劳动和人才市场，促进人力资本的有效配置和价值的实现。

最后，金融发展需要好的企业家人才和好的金融投资家人才。好的企业家人才有能力挖掘市场机会，能有效组织人、财、物和技术资源，并且具有锲而不舍的专业精神和良好的职业操守，能将企业做得"大而强"或"小而美"；而好的金融投资家对产业发展趋势、对人性都有深刻理解，能尽快找到好的企业家，与他们形成良好的战略联盟，支持他们的事业发展。政府应放宽投资机构平台建设，强化投资管理人才的资质要求和投资行为监管，吸引国内外高端金融和投资人才，促进金融业和产业投资服务业的发展。

Ⅱ 成都建设西南地区金融中心的政策建议

近日微信中流传一篇有关资本如何用脚投票的文章，数据显示以"对外控股型投资笔数"和"吸引对外控股型投资笔数"排序，成都已进入前十，都排在第十位；而就行业吸引外地投资笔数来看，成都金融排第 12，文化产业排 10，制造业排第 7，科研技术排第 5，房地产排第 4。令人遗憾的是成都金融业吸引投资的排名竟然排在珠海和拉萨之后，令人十分意外。这也说明成都建西南地区金融中心还有很多工作要做。① 成都党代会提出：全面构筑现代金融产业集群和支撑体系，强化金融要素市场建设，加快发展新兴金融业态，优化金融生态环境，增强"资本市场、财富管理、结算中心、创投融资、新型金融"五大核心功能，提升金融服务实体经济的能力，全面建成具有国际影响力的西部金融中心。这给成都地区金融中心明确了建设目标，给出了功能定位。思路清晰，规划可行。特别是加快发展新兴金融业态，优化金融生态环境和提升金融服务实体经济能力的提法，既符合国家大政方针，又深切反映了金融发展的客观要求。本文在此基础上提出几点政策建议。

表 1 给出伦敦金融城在国际金融中心竞争力报告中提出的 14 项指标，对成都建设西南地区金融中心的政策选择具有参考价值。金融中心通常是一个金融机构和金融交易

---

① 数据团，启信宝，"钱都去了哪些城市？——资本也用脚投票"，城市数据团 2017 年 9 月 1 日微信公众号。

市场高度集群发展的城市。政府吸引金融机构集聚需要在以下方面做出努力：

表 1　14 项国际金融中心竞争力指标

一、人才与人文环境

具备优秀人才及灵活的优秀人才市场

文化与语言：世界性及对外国人的接纳程度

生活品质：工作生活平衡、文化娱乐、健身医疗、学校、图书馆、交通、住宅

个人税收制度

二、市场需求

能接触国际金融市场，地理位置上接近及商业集群发展

能接触客户，及客户基础状态

三、决定市场供给的因素

具备商业基础设施：通信、信息技术基础设施及宽带接入等

企业税收制度

经营成本：就业成本、交通时间及交通成本

能接触专业服务供应者：会计与律师事务所等

办公楼的品质及供给状况

四、制度与政策环境

监管环境：监管机构数目、监管理念、严格程度与复杂性

公平公正的商业经营环境：法律制度、个人诚信和违规诱因

政府的应变能力：政府对金融业的支持程度及是否对业界关注问题积极回应

资料来源：Z/Yen Limited，"The Competitive Position of London as a Global Financial Center"，Nov. 2005，P.7。引自潘英丽等著《国际金融中心：历史经验与未来中国》第三卷《中国国际金融中心的崛起：国家战略与城市规划》第 84 页。

第一，政府应致力于法治环境和诚信体系的建设，加快行政体制改革，提高政府行政效率。政府要破除金融资源财政化使用的意图，将立场从帮助企业筹集廉价资本转到保护投资者和债权人权益上来；维护市场的有序竞争秩序，构建有效的破产机制，促进企业优胜劣汰；大幅度削减行政环节，提高政府服务意识和服务效率。吸引好企业和高端人才云集，资金和金融机构服务才会积极跟进，金融和产业才能实现相互支持的良性发展。

　　第二，致力于降低企业和金融机构的经营成本。适当控制城市地价和房价，促进公寓租赁产业化发展，实现公寓房与 CBD 交错布局，减少通勤与交通压力；实施房屋租金的价格调控和合同的标准化实施，以此促进人才流动和私人定制旅游业的发展。

　　第三，提高金融中心所需的软硬件基础设施的综合配套能力，促进网络技术、会计、律师、投资咨询、猎头公司等社会中介服务业的发展。

　　第四，促进优秀人才市场的发展和城市消费产业的发展，使成都作为中国宜居城市再上新台阶。作为中国著名的旅游大省的省会和宜居城市，成都可引入国内外优质教育资源，加快民营教育和培训产业的发展。将教育与旅游、休闲和度假等相关消费服务业结合起来，把成都建成各类人才的集训和集散地；积极推进人才战略，营造自由开放、文明有序的经营环境和高品质生活环境，促进各类创新创业活动，吸引最具活力和创造力的青年人才发展他们的各类事业。

A 股巨变进行时，投资应回归常识[*]

钱军辉 / 上海交通大学安泰经济与管理学院经济系副教授

证监会新主席刘士余先生上任以来，虽然宏观经济稳中有升，但是代表 A 股小市值概念股的创业板指数跌去 20.2%（截至 2017 年 5 月 31 日），而同期上证 50 上涨 23.7%，沪深 300 也上涨 14.5%，"二"和"八"的表现可谓有天壤之别。

在笔者看来，这不是一次寻常的周期性"二八"转换，而是在监管升级和新股扩容双重压力下，A 股正在悄悄进行的一场不可逆革命。端午小长假推出的"减持新规"，更可能加速这场巨变。

对大多数习惯于旧游戏的投资者来说，这会是一次痛苦的转型。首先，大批坐庄和投机的游资，或退出，或转型，导致"八股"流动性下降、估值下降。在不远的未来，我们可能会看到大量市盈率 10 倍以下、市净率 1 倍以下的小市值股票，尤其是在传统行业。而流动性可能会越来越集中于蓝筹，包括大蓝筹和少数有真实潜力的成长股。第二，新股持续扩容，直到 23 倍市盈率也发不出来，于是注册制实质性地落地。水还是那么多，面无限量供应，结果就是流动性进一步枯竭。第三，因为减持限制和二级市场

---

* 原文发表于 2017 年 6 月 1 日微信公众号"秦朔朋友圈"。

估值下降，所以"壳价值"跳水，一二级市场套利资金，或退出，或转型。可以想象，在这个转型过程中，虽然大盘指数可能平稳，但是当前"八股"高昂的估值难以维持，投资者损失在所难免。

当然，对于那些坐庄、投机、套利的大资金，真正退出休息的会是极少数。这些资金本就是市场中最活跃、最聪明的。它们是以 IPO 审核制为核心的制度扭曲的内生产物，传说中的"主力"。无论制度怎么变，资金的"动物精神"不会变。在扭曲的制度下，"主力"就是"扒皮吸血"的"妖魔鬼怪"，因为套利和欺诈有暴利而无风险；而当制度理顺了，当套利和欺诈有大风险时，"主力"就会华丽转身。可以说，刘士余先生的新政是在股市治理方面回归常识（IPO 市场化、退市常态化、严厉打击内幕交易，等等）。制度是风，行为是草，"主力"的投资风格会跟随新政回归常识。

什么是投资常识？首先，买股票就是买企业（本杰明·格雷厄姆），而不是买筹码。虽然买的是企业的千分之一、万分之一，但投资者会以买下整个公司的态度来研究它的股票。对大资金来说，减持限制政策和流动性局限会加剧退出难度，因此理应比散户有更长的投资视野，对上市公司治理也应发挥更多积极作用。从长期来看，赚钱的投资是因为和优秀的企业一起成长。说大一点，赚钱的投资是因为推动社会资金的优化配置，让那些能推动人类科技发展，让人类生活更方便、更满足的公司得到相对便宜的融资。

第二，评价企业的根本标准是当下和未来的分红。上市时间（次新股炒作）、市值高低（壳股概念）、股价高低（低价股概念、送股概念）、行业（军工、环保等概念）等企业属性，如果不带来分红，那么对投资决定和估值高低都不重要。事实上，如果某个属性长时间对应无分红或低分红，那么理应得到低估值（典型的如 A 股中的军工概念股）。那些重要的财务指标，如每股收入及其增长、每股收益及其增长、每股净资产、净资产收益率，等等，正是因为反映了企业的分红能力和增长潜力，所以才非常重要。

聪明的投资者一旦把聪明放到研究公司的分红能力和增长潜力上，必然突破简单的PE/PB/PS 估值，而深入到公司发展和行业变革的本质中。那些做不到的，净值增长赶不上指数，掌握的资金越来越少，慢慢在市场的估值游戏中被边缘化。那些能做到的，在二级市场不断地试错和检验中，对生意和战略的判断越来越敏锐，净值增长远超指数，掌握的资金越来越多，渐渐主导市场的估值。

实际上，因为市场无情的优胜劣汰和反复教育，冷眼旁观的二级市场投资者完全可能比董事长有更深、更准的眼光。他们对上市公司的投票形成 A 股新的估值体系，引导资金流向未来的产业和成长中的牛逼公司。至于它们是什么，CEO 不一定知道，发改委和总理更不会知道，但是聪明的市场"主力"会知道。

回归常识的中国投资者，才可能成长为真正的投资者，屹立于世界金融市场。习惯于制度套利的投资者，一身"本事"只能用在国内"扒皮吸血"。一旦出海，必然一败涂地。可以说，股市治理的回归常识，为培养世界级投资者和交易员提供了国内环境。笔者一直相信，凭中国人对追求财富的热情、吃苦耐劳的精神和聪明才智，日后世界顶级的投资者中，必然会有不少"赵钱孙李"。

当然，制度套利很舒服，因而转型必痛苦。甚至是最受益的散户，也会因为一时不适应而怨言四起。正因为这样，刘士余先生的知难而进，更值得大家为他点赞。聪明的投资者，不仅会研究公司与行业，而且会审时度势，知道"扒皮吸血"不可持续，顺应股市治理的回归常识。谁先转身，谁先赢得先机。

知道什么是对的，并且身体力行，也是一流投资者应具备的价值观。

无现金支付渐成趋势，下一次拿什么跳过支付宝年度账单这样的"小陷阱"？*

费一文 / 上海交通大学安泰经济与管理学院金融系副教授

2018 年新年伊始，支付宝推出了 2017 年度账单。正当小伙伴们很开心地在微信朋友圈里晒支付宝年度账单或年度关键词的时候，一篇《紧急！查看支付宝年度账单前，请先看看这个》的帖子开始在社交平台传播。其中，关键的一条信息在于，用户在查看支付宝账单前，页面上有一行特别小的字："同意接受《芝麻服务协议》"。这个协议允许支付宝收集用户的信息，包括在第三方保存的信息，且这些信息可以被提供给第三方！这件事让许多人对"无现金支付时代"生出了些许担忧。

‖ 国内外转向无现金支付的途径截然不同

或许"无现金支付时代"对某些人来说还属于一个新词，但无现金支付早已慢慢渗透进我们的生活。尤其是近几年，国人出国旅行时，已明显感到兑换外币不是那么重

---

* 原文发表于 2018 年 1 月 5 日上观新闻。

要了，"潇洒一挥"成为普遍的购物方式。甚至在一些北欧国家，硬币零钱已经无法打开厕所之门，厕所付费只接受刷 POS 机信用卡付款！无数个类似的消费场景实实在在地告诉人们：无现金支付时代已经到来。目前北欧已经基本实现支付无现金：丹麦从 2017 年起已经停止制造现金，而瑞典将会在 2020 年停止使用现金。根据瑞典政府有关部门测算，取消现金可以为国家节省相当于 GDP5％ 的费用，其中包括直接成本和间接成本，例如银行金库的制造以及管理成本等；取消现金对国外旅行者来说也更加便利，比如说减少了财物被偷窃的风险。

有趣的是，国内外转向无现金支付的途径是截然不同的：国外是一种从上到下的变革，以金融机构为主导，推动信用卡大规模替代现金支付；而中国则是从下到上的一种革命性的变革，从互联网消费支付入手，跳过了信用卡支付，直接进入了互联网支付，而其中尤以移动支付为主。根据调研公司 iResearch 的数据，在 2016 年，中国的移动支付规模达到了美国规模的 90 倍之多。虽然央行提出不要刻意强调无现金社会，但是实际上我们目前的社会已经在向无现金社会发展。2017 年中国互联网支付达到创纪录的 100 万亿人民币，比 2016 年增长 68％，而移动支付要占整个互联网支付的 78％。

金融是建立在交易基础上产生的，支付是金融最基本的形式。如果要按照国外的路径，我国可能要过十年以上的时间，才能完成信用卡交易的普及。但是近年来，中国大众交易的消费形式出现了很大的变化，互联网消费异军突起，随之而来的是互联网金融的突飞猛进。互联网支付作为一种最基本的互联网金融形式，它从一种内部的结算方式，发展为一种线上线下普遍接受的支付方式。创新是企业家天然的本性，互联网支付不仅仅突破了既有的电商范畴，直接融入了普通百姓的日常生活，并且带来了大量的资金沉淀。以支付宝为例：到 2017 年 6 月 30 日，支付宝的存款余额（主要以余额宝投资为主）资金总量已经达到 1.43 万亿元。如果与传统的银行机构相比，这个数字已经超过招商银行 1 500 亿人民币的储蓄额，仅次于工农中建交五大行。从某种程度上说，支付宝实际上已经成为我国第六大金融机构，并且支付宝的体系比招商银行更加庞大，受到的监管和约束却小得多。不仅如此，这几年支付宝开始走出国门。为了吸引中国旅游者强大的购买力，日本等亚洲国家纷纷开始接受支付宝。这是支付宝发展进程中

的历史性突破，意味着支付宝取得了外汇兑付的牌照，也意味着得到了国际经济社会的认可。

‖ 互联网支付正在如何改变我们的社会

那么，在互联网支付当之无愧地成为我国除现金、信用卡之外的第三种普遍使用的支付方式，并且大有超越前两者趋势的情况下，无现金社会对我们到底会造成怎样的影响？

无现金支付，特别是互联网支付，是适应社会性的新的消费业态，互联网电商由此得到完美的风险控制方法和资金流转，消费者也获得了一种便捷可靠的支付手段。比如，手机钱包的出现使得手机成为人们日常生活中最重要的物品。但由此而引起的经济影响也可能超出我们的想象。

首先，互联网支付的出现打破了原有的金融结算一家独大的格局，对垄断机制下的金融体系形成了很大的冲击。从结算的角度讲，互联网支付直接对银联主导的货币清算体系形成了挑战。各个互联网企业绕过了银联进行自我的支付清算，而且瓜分了原本银联的清算业务。各个商户在进行资金清算时又多了一个可选择的渠道，这迫使银联对原有的清算体系进行改革，重新制定收费标准，推出新的清算手段和支付方式。

但是，在这一过程中也存在一些问题。我国越来越多的消费支付由非现金完成，而其中又以互联网支付完成居多。这对国家的资金监管造成了一定的困难。原本支付依托于银行业务，国家可以通过中央银行、银监会来进行监管，在制定规则的同时，由下属的银联完成清算。但互联网支付的清算基本是由互联网公司在体系内完成，并不通过银行和银联，得不到国家有效的监管。2017 年，国家成立了一个新的国家层面的网络交易清算机构——网联，强制规定互联网交易的现金结算必须通过网联。由于工作量巨大，估计在两年后才会逐步落实。但问题是，这将会大大约束支付宝、微信等的行为，提高它们的成本，它们是否会愿意？另外，支付宝现在的商家清算费用名义上收取 6%的手续费，但是实际上为了推广支付平台，商家付款几乎都是免费的，这与银行卡有很大差别。银行卡按照规定收取手续费，虽然去年有一次降费调整，但是该服务还是付费的。而支付宝和微信通过各种各样的活动促销把这种费用剔除，实际上就是免费使用，由支付平台本身承担了成本。如果日后由网联来统一清算的话，商家的成本是否也会提高？

其次，互联网支付的出现使得银行对它又恨又爱。银行是我国最大的金融机构，但它的支付业务离消费场景比较远，收费规则也一直饱受商家和消费者的诟病。银联统一了相关业务规则，使得银行卡的使用范围大大扩大。而互联网支付的出现缩短了银行与消费场景的距离。但银行很快发现有点得不偿失：互联网机构犹如在消费者与银行之间架起了一层过滤网，把消费者的相关信息都截断了。从此以后，银行对客户的消费行为将一无所知，从而无法开展信用业务。在银行的抗议下，互联网机构不得不把每笔消费信息交给银行，但其中的真实性和完整性一直受到银行怀疑。另一方面，支付是银行所有活动的基础，互联网支付不仅抢占大量的支付业务，而且开始切入到银行传统的资产业务。原本银行的优势和主要业务：存、贷、汇，都受到了相当的打击。结果是银行的个人金融业务受到很大的冲击，成本越来越高。也正是基于此，2017 年，我国主要的银行纷纷与互联网金融机构签订相关协议，共同发展某些业务。

再次，互联网支付正在改变传统的社会信用体系，逐步由物权信用变成行为信用。传统的信用基础是指房产、土地、存款等资产，只有以这些资产作抵押，银行才能认可个人或企业的信用保证。而如今互联网线上生活比重越来越大，互联网支付以及小额借贷的信用记录可能会更好地刻画一个人的消费习惯；几大互联网巨头控制的互联网生活网站越来越多，个人越来越多的信息被汇集在一起，形成了一个完整的行为数据链。行为数据成为信用基础就成为一种可能。例如，支付宝推出的芝麻信用分等都是利用个人的行为来作为信用基础的，并且正在被社会逐步认可。目前在淘宝平台的阿里小贷上，用户不需要担保，短短三分钟之内，就可以借到 3 万块钱来进行小额融资。这种操作没有抵押，完全基于行为信用。从结果上来看，坏账率略高，大概为 2.7% 左右。虽然利息较高，平均年化利率在 15%—18% 之间，但因为消费者借贷时间短，大多为一至三个月短期借款，他们对利息不敏感，所以仍然会选择通过上述模式进行短期小额融资。良好的还款信用记录会提高借贷额度，这个正反馈机制使人们更加珍惜自己的信用，从

而使坏账率降低，形成良性循环。同样，企业也如此。企业之间，尤其是小企业之间，主要通过网上支付，这就形成了企业的信用数据。随着网络征信体系的逐步完善，将来个人的信用更可能来自用户的行为数据，而不是拥有多少资产。

此外，正如本文开头所举的例子，互联网支付如何保护用户相关个人信息的安全，已经成为一个亟待解决的问题。越来越多的用户个人隐私的数据掌握在几个以盈利为目的的企业数据库中，存在着被滥用的可能。

无现金支付是当今科学技术发展的必然趋势。但如同任何一种新鲜事物，在其发展过程中，必然存在各种弊端。瑕不掩瑜，我们不能否定这种趋势，而是应该努力去完善。除了国家应该尽快推出由国家背书的电子货币外，当务之急是尽早出台相应的法律法规，加强相关企业的用户数据监管，规范数据应用。同时，切不可盲目地约束其他支付形式。只有这样，才能让公众放心地享受无现金支付给我们带来的便利。

用商业语言解读并购后果——商誉

刘　涛 / 上海交通大学安泰经济与管理学院会计系副教授

蒋　豹 / 上海交通大学安泰经济与管理学院 MBA 研究生

‖ 商誉的产生

近年来，我国对外投资金额一直呈高增长趋势（见图 1），跨境并购成为我国产业升级的一大助力，"走出去"也被列为国家战略。这不仅有利于我国对外经济合作的开展，也有助于促进全球经济的发展。中国企业已经踏上了在全球市场进行资源配置和产业整合之路，并购主体也已从国企、上市公司逐步扩展到中型企业。众多企业远渡重洋"买买买"，买品牌、买技术，买专利、买商标……虽然它们买回的"宝贝"各不相同，但究竟买得值不值，性价比如何，就需要通过会计这门学科来进行衡量，因为会计是一种国际通用的商务语言，能将不同要素标准化，客观、权威地加以评估。

例如 2017 年 1 月，青岛海尔宣布出价 54 亿美元，收购美国通用电气（GE）的家电业务。54 亿的价格大大高于市场预期，"海尔收购 GE"的新闻也赚足了眼球。然而仔细分析就会发现，家电业务仅占 GE 整体利润的 1%，但耗费的资源却很多，再加上通用电气为适应互联网时代的新要求，正在努力向数字工业、新能源、医疗健康等领域

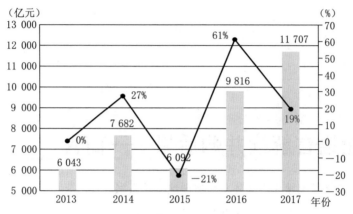

数据来源：Wind 数据库。

图 1　2013—2017 年我国跨境并购金额

转型，这才决定出让拥有百余年历史的家电部门。截至 2016 年第三季度，通用电气家电未经审计的账面净资产为 18.92 亿美元，也就是说，海尔此次收购的花费几乎是其净资产的 3 倍，市净率（PB）高达 300%。

收购企业的支付成本与被收购企业可辨认净资产公允价值之间的差额，在会计学上称为"商誉"（Goodwill）。这个 Goodwill，并不像很多人想的那样，代表着"美好的希望"，数字越大，希望越大，恰恰相反，众多兼并收购的案例表明，Goodwill 常常是收购企业自己"想得美"。

Ⅱ 商誉的确认及后续计量

从理论上讲，只要企业有获得超额收益的能力，即可确认商誉的存在，并且可将其创立过程中所发生的一切支出作为成本入账，然而这种确定商誉存在的方法及对它作出的会计计量实施起来是相当困难的。因为商誉是由各种因素相互影响、相互作用而产生的，没有任何一笔支出能够确认是专为创造商誉而支出的。因此，也难决定该笔支出创造了多少商誉，这些支出的受益期是多少，因而在会计实务中，一般只对企业外购商誉即合并商誉加以确认入账，自行创造的商誉不予入账。

我国 2016 年颁布的《企业会计准则》，涉及企业合并的会计处理首先应区分是同一控制下的企业合并还是非同一控制下的企业合并。对于在同一控制下的企业合并，相关资产和负债按照在被合并方的原账面价值入账，合并溢价只能调整资本公积和留存收益，并不确认商誉。只有对非同一控制下的企业合并采用购买法，才涉及商誉的会计处理，确认商誉。

1. 商誉的初始计量

根据 CAS 第 20 号准则，合并商誉为企业合并成本减去合并中取得被购买方可辨认净资产公允价值份额（若合并成本大于取得的被购买方可辨认净资产公允价值的份额则应当将其差额确认为商誉；而若前者小于后者为负商誉，则将其差额计入合并当期营业外收入，并在报表附注中说明）。

其中，合并成本应包括以下四项内容：（1）一次交换交易实现的企业合并，合并成本为购买方在购买日为取得被购买方的控制权而付出的资产、发生或承担的负债以及发行的权益性证券的公允价值；（2）通过多次交换交易分步实现的企业合并，合并成本为每一单项交易成本之和；（3）为进行企业合并而发生的各项直接相关费用也应当计入企业合并成本；（4）在合并合同或协议中对可能影响企业合并成本的未来事项作出约定的，购买日如果估计未来事项很可能发生并且对合并成本的影响金额能够可靠计量的，购买方应当将其计入合并成本。

可辨认净资产公允价值是指合并中取得的被购买方可辨认资产公允价值减去负债及或有负债公允价值后的余额。

2. 商誉的后续计量

新准则规定商誉确认后，持有期间不再摊销。根据《企业会计准则——资产减值》的要求，企业如果拥有因企业合并所形成的商誉的，至少应当在每年年度终了进行减值测试。

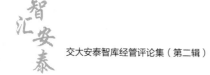
由于商誉不能独立产生现金流量，因此其减值测试应当结合与其相关的资产组或资产组组合。这些相关的资产组或资产组组合应当是能够从企业合并的协同效应中受益的资产组或者资产组组合，但不应当大于按照分部报告准则所确定的报告分部。一般情况下，减值测试均是以被收购公司作为一个资产组。

在实际的减值测试过程中，当与商誉相关的资产组或者资产组组合存在减值迹象时，对于商誉减值的确定应分两步进行：第一步，先对不包含商誉的资产组或者资产组组合进行减值测试，计算可收回金额，并与相关账面价值相比较，确认相应的减值损失。第二步，对包含商誉的资产组或者资产组组合进行减值测试，比较这些相关资产组或者资产组组合的账面价值（包括所分摊的商誉的账面价值部分）与其可收回金额，如相关资产组或者资产组组合的可收回金额低于其账面价值的，应当就其差额确认减值损失。

‖ 商誉现状

近几年，资本市场的持续火热催生了上市公司大量的并购重组交易，2013 年市场共计 2 479 笔并购重组交易，金额为 15 600 亿元，到 2017 年并购重组交易量和交易金额分别为 8 366 笔和 34 826 亿元，分别增长了 237% 和 123%（见图 2）。

随着并购交易量和规模的增加，中国上市公司的商誉金额也呈现爆发式增长。截至 2017 年上半年，上市公司的商誉金额为 11 915 亿元，较 2013 年年底的 2 140 亿增长了 5.57 倍，呈现出爆发增长的态势。从商誉金额与企业资产规模的比较来看，商誉金额占净资产的比例由 2013 年的 1.18% 增长至 2017 年的 3.97%；商誉与企业盈利能力指标净利润的比例，由 2013 年的 8.42% 暴增至 2017 年上半年的 66%，此处净利润为 2017 年半年度数据，按 50% 打折计算的话为 33%（见表 1）。在极限情况下，假设商誉全部减值，那么所有上市公司的盈利能力会降低 1/3。

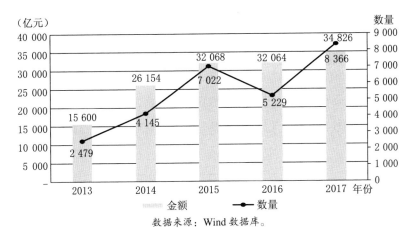

数据来源：Wind 数据库。

图 2　2013—2017 年我国并购交易金额及数量

表 1　2013—2017 年上半年上市公司商誉金额（单位：亿元）

年　份	2017 上半年	2016	2015	2014	2013
商誉金额	11 915	10 502	6 498	3 291	2 140
净利润	17 971	30 081	27 671	27 066	25 402
净资产	299 937	287 101	250 065	211 123	181 169
商誉／净利润	66.31%	34.91%	23.48%	12.16%	8.42%
商誉／净资产	3.97%	3.66%	2.60%	1.56%	1.18%

数据来源：Wind 数据库，经作者整理而成。

表 2　扣除银行和地产后，商誉余额一览表（单位：亿元）

年　份	2017	2016	2015	2014	2013
商　誉	10 694	9 293	5 670	2 617	1 533
净利润	5 671	9 523	8 159	8 276	8 200
净资产	117 042	111 154	94 709	80 164	70 630
商誉／净利润	188.59%	97.58%	69.50%	31.62%	18.70%
商誉／净资产	9.14%	8.36%	5.99%	3.26%	2.17%

数据来源：Wind 数据库，经作者整理而成。

　　如果考虑把没有商誉的企业和金融业剔除，那么数据就会更加触目惊心。此类企业共计 1 727 家，截至 2017 年上半年度商誉达到 10 694 亿元，占净资产的比例高达 9.14%（见表 2）；而与净利润相比，企业的商誉金额与实现的净利润金额相比约为 1，

即实现的净利润刚刚好等于商誉余额，一旦发生大规模商誉减值，企业盈利会受到非常大的影响。

分行业来看，商誉金额较大的行业有制造业和信息传输、软件和信息技术服务业，分别达到 5 579 亿元和 1 608 亿元。此外教育业、住宿业和文化、体育和娱乐业，商誉金额与净资产比值较高，这跟此类行业并购较多，且多为轻资产行业有关（见图 3）。

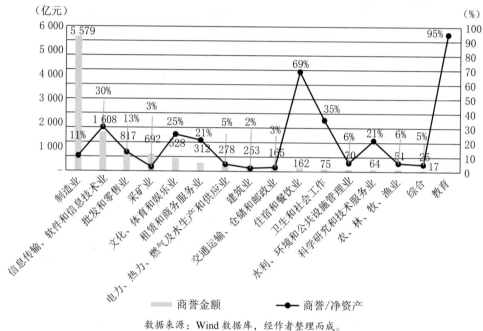

数据来源：Wind 数据库，经作者整理而成。

图 3　2017 年上半年分行业商誉金额情况

从单个企业来看，截至 2017 年半年度，有 10 家公司的商誉超过 100 亿元，这十家公司的商誉均与公司"走出去"并购有关（见图 4）。比如美的集团的 284.18 亿商誉中有 207 亿是 2017 年上半年收购库卡（KUKA）产生的，KUKA 是德国工业 4.0 技术的领先公司；青岛海尔 205.28 亿的商誉中，201 亿元是收购 GE 家电业务产生的；纳斯达的 143.52 亿商誉中，138.61 亿元是收购美国企业 Lexmark International Inc. 产生的，Lexmark International Inc. 是一家打印机集成电路及通用耗材业务在全球处于领先龙头地位的企业。可以说，会计学科中的商誉科目里完美地体现了国家"走出去"的发展战略。

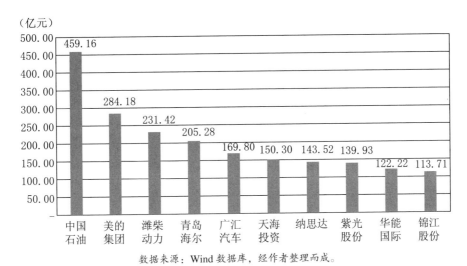

数据来源：Wind 数据库，经作者整理而成。

图 4 截至 2017 年 H1A 股商誉金额最大的 10 家公司

‖ 商誉减值——部分上市公司盈余管理的工具

虽然并购是行业整合、资产调整、多元化战略及"走出去"战略的重要组成部分，但是对于很多 A 股上市公司来说，商誉成为部分上市公司盈余管理的工具。因为商誉每年都要进行减值测试，在万亿商誉悬顶之时，商誉减值也就不可避免了。根据 WIND 数据，2013—2016 年上市公司分别计提商誉减值损失 17 亿、32 亿、77 亿和 101 亿，减值金额占商誉总金额的比值很低，在 1% 左右，但是绝对额增长了 5 倍（见表 3）。

表 3 2013—2016 年上市企业商誉减值金额（单位：亿元）

年 份	2016	2015	2014	2013
商 誉	10 502	6 498	3 291	2 140
净利润	30 081	27 671	27 066	25 402
商誉减值	101	77	32	17
减值占商誉金额比	0.96%	1.19%	0.97%	0.79%

分企业来看，单家上市公司 2013 年商誉减值金额约 1.4 亿，并未引起市场关注，2014 年的粤传媒 1.6 亿和宇顺电子 2.5 亿的商誉减值金额开启大额减值的先河，商誉减

值逐渐变成 A 股上市公司的地雷，也成为上市公司盈余管理的工具。我们看两家上市公司的例子：

1. 三泰电子收购烟台伟岸

三泰电子的股票在 2015 年涨势较好，当时大笔投入的速递易引起了资本市场的关注，公司以使用人民币 7.5 亿元的代价收购烟台伟岸信息科技有限公司的 100% 股权，该收购事项形成商誉 67 755.03 万元。

然而仅仅过了一年，三泰电子 2016 年年报就对烟台伟岸计提商誉减值损失 59 881.51 万元。一年前值 7.5 亿，一年后仅仅值 0.79 亿，贬值将近 90%，前后估值差异巨大。

原来三泰电子在 2015 年就已经亏损，而 2016 年前三季度则亏损了 2.8 亿，在 2016 年公司扭亏无望的情形下，我们有理由怀疑公司为了减轻下一年度（2017 年度）盈利的难度，而进行大额的商誉减值计提，最终计提商誉减值 5.99 亿元，公司亏损 13 亿。这就是常见的商誉减值调整公司盈余的手法：公司因当年扭亏无望，便通过大额计提商誉减值来为公司"洗大澡"，为未来业绩增长铺平道路。

2. 勤上股份收购龙文教育

勤上股份在 2017 年 2 月 28 日发布 2016 年度业绩预告称：预计报告期内，公司将实现营业总收入 83 882 万元，比上年同期下降 1.28%；归属于上市公司股东的净利润 4 787 万元，比上年同期增长 130.74%。

然而一个半月后，公司发布业绩修正预告：预计 2016 年度营业总收入 84 065 万元，同比增长 -1.06%；归属于上市公司股东的净利润为 -396 23 万元，同比下降 2 010.05%。

公司解释造成差异的原因是：公司于 2016 年度完成对广州龙文教育科技有限公司的收购，本次收购公司资产负债表中形成商誉 200 000 万元，根据《企业会计准则》规定，形成的商誉不作摊销处理，需在每年进行减值测试，减值金额将计入公司利润表。2016 年度由于龙文教育经营情况未达预期，为更加真实、准确地反映公司截至 2016 年 12 月 31 日的资产状况和财务状况，公司对上述商誉减值 42 000 万元。

上市公司的每一次收购都是为了产业整合、企业转型，等等目标，但是不可避免地会出现收购公司不及预期的情形，因此公司进行盈余管理也是无奈之举。

‖ 商誉减值的测试方法

上文提到，在实际的减值测试过程中，当与商誉相关的资产组或者资产组组合存在减值迹象时，对于商誉减值的确定应分两步进行：第一步，先对不包含商誉的资产组或者资产组组合进行减值测试，计算可收回金额，并与相关账面价值相比较，确认相应的减值损失。第二步，对包含商誉的资产组或者资产组组合进行减值测试，比较这些相关资产组或者资产组组合的账面价值（包括所分摊的商誉的账面价值部分）与其可收回金额，如相关资产组或者资产组组合的可收回金额低于其账面价值的，应当就其差额确认减值损失。

因此计算可回收金额是商誉减值测试的关键。考虑到资产组即公司的特殊性，市场上一般选择使用现金流量折现法（DCF）进行计算。DCF 方法原理很简单，一般分三步：第一步是预测每一期的业务发展状况，同时预测相关的费用成本，然后计算出每一期的净利润，并对其进行调整，计算出每一期的经营性现金流量；第二步选择合理的折现率，综合股东要求的回报率、市场利率等情况；第三步根据现金流量与折现率计算终值，作为企业的可回收金额。最后使用可回收金额跟公司账面价值（含商誉）比较，确认是否需要计提商誉减值。

因此 DCF 法的关键在于：一是企业的盈利预测，企业现金流越高，折现后的价值越高，计提商誉减值的可能性越低。二是选择合理的折现率，折现率越低，折现后的价值越高，计提商誉减值的可能性越低。正是由于盈利预测和折现率的不确定性，商誉减值才会变成部分上市公司盈余管理的工具。

举一个上市公司计算商誉减值的例子。益佰制药 2013 年 6 月通过全资子公司苗医药公司以 5 亿元人民币收购女子大药房 100% 的股权，形成商誉金额 4.82 亿元。同时预测女子大药房 2013 年、2014 年、2015 年和 2016 年的净利润分别为 3 391 万元、4 479 万元、5 269 万元和 6 810 万元。

女子大药房 2013 年实现 3 566 万元的净利润，超过预期的 3 391 万元，未计提减值。但是 2014 年仅实现净利润 2 980 万元，为预测净利润的 66%，2015 年实现净利润 1 417 万元，为预测净利润的 32%，2016 年实现净利润 3 112 万元，为预测净利润的 52%。但是益佰制药对女子大药房的商誉金额未计提减值损失。原来益佰制药在使用 DCF 法做商誉减值测试时，不断提高净利率和不断降低折现率，使得女子大药房的可回收金额大于账面价值。女子大药房 2013 年、2015 年和 2016 年做减值分析时，预测净利率分别为 12.19%—13.76% 区间、17.07%—18.82% 区间和 24.6%—31.47% 区间，折现率分别选择 12.39%、11.76% 和 11.25%（见表 4、表 5、表 6）。

表 4　女子大药房 2013 年 DCF 预测

中威正信评报字［2013］第 1020 号评估报告以 2012 年 12 月 31 日为基准日，评估主要指标前提假设及评估值如下：

前提假设	预　　测　　期					永续期
	2013 年	2014 年	2015 年	2016 年	2017 年	2018 年
收入指标	24 653.48	33 031.62	43 237.51	54 533.24	70 772.24	70 772.24
收入增长率	36.15	33.98	30.90	26.12	29.78	0
营业成本	4 001.65	5 257.28	6 844.14	8 618.87	10 880.51	10 882.63
毛利率	83.77	84.08	84.17	84.20	84.63	84.62
营业利润	3 989.78	5 269.82	7 025.47	9 080.23	12 694.32	12 791.10
净利润	3 391.31	4 479.34	5 269.10	6 810.18	9 520.74	9 593.32
净利率	13.76	13.56	12.19	12.49	13.45	13.56
营业净现金流量	−1 965.18	−1 963.34	2 822.52	4 173.51	5 873.66	9 640.07
折现率	12.39%	12.39%	11.88%	11.88%	11.88%	11.88%
营业净现金流量现值合计						50 994.43
股东全部权益价值						50 757.75

表5　女子大药房2015年DCF预测

鄂中联评报字［2015］第15号评估报告以2014年12月31日为基准日的评估主要指标前提假设合理性及评估值：

前提假设	预　　测　　期					永续期
	2015年	2016年	2017年	2018年	2019年	2020年
收入指标	22 608.35	25 892.88	29 664.74	33 996.79	38 972.77	38 972.77
收入增长率	43.05	14.53	14.57	14.60	14.64	—
营业成本	3 081.07	3 542.46	4 074.55	4 688.29	5 396.30	5 396.30
毛利率	86.37	86.32	86.26	86.21	86.15	86.15
营业利润	4 538.99	5 342.79	6 268.13	7 337.96	8 626.82	8 579.71
净利润	3 858.14	4 541.37	5 327.91	6 237.26	7 332.79	7 292.75
净利率	17.07	17.54	17.96	18.35	18.82	18.71
营业净现金流量	4 632.94	4 403.22	3 423.09	5 732.29	6 970.64	8 726.77
折现率	11.76%	11.76%	11.76%	11.76%	11.76%	11.76%
营业净现金流量现值合计						60 351.84
股东全部权益价值						55 687.69

表6　女子大药房2016年DCF预测

评估主要指标前提假设合理性及评估值：

前提假设	预　　测　　期					永续期
	2016年	2017年	2018年	2019年	2020年	2021年
收入指标	14 541.24	18 409.51	21 715.90	23 855.99	25 371.25	25 371.25
收入增长率	12.81	26.60	17.96	9.85	6.35	—
营业成本	2 797.63	3 708.52	4 403.49	4 841.17	5 127.99	5 127.99
毛利率	80.76	79.86	79.72	79.71	79.79	79.79
营业利润	3 577.45	5 179.88	6 746.49	7 480.39	7 984.74	7 984.74
净利润	3 040.83	4 402.90	5 734.52	6 358.33	6 787.03	6 787.03
净利率	20.91	23.92	26.41	26.65	26.75	26.75
企业自由现金流量	3 190.23	4 127.93	5 863.11	6 885.24	7 570.30	8 024.46
折现率	11.25%	11.25%	11.25%	11.25%	11.25%	11.25%
企业自由现金流量现值合计						61 254.92
股东全部权益价值						57 172.16

从这个例子可以看出，商誉减值测试的方法虽然是精确计算的方法，但是因为存在较多的假设条件使得商誉减值测试存在一定的操作空间。

‖ 如何避免踩雷商誉减值

商誉减值测试一般在年底，因此可以通过半年报查询被收购公司的盈利情况来判断是否可能存在商誉减值风险。

掌趣科技作为以游戏为主营业务的公司，前几年收购了不少业务相关的公司，2017年半年报显示商誉金额高达56亿，并购北京天马、北京玩蟹、海南先锋和上游信息产生的商誉金额分别为26亿、15亿、7亿和7亿。

2017年半年报显示，北京天马上半年实现收入1.36亿元，净利润6 767万元；北京玩蟹收入2.11亿元，净利润1.26亿元；海南先锋实现收入1.46亿元，净利润7 037万元；上游信息实现收入6 551万元，净利润3 262万元。使用该盈利数据与掌趣科技2016年报披露的数据比较，四家公司盈利情况整理如下：北京天马今年上半年实现净利润仅为2016年的25%，上游信息为24%，北京玩蟹为34%。

再来看四家公司的业绩承诺，天马时空2015年、2016年、2017年实现的净利润分别不低于2.11亿元、2.59亿元、3.30亿元，半年度仅完成了20%。上游信息2013年度、2014年度、2015年度、2016年度实现的净利润分别不低于0.75亿元、1.25亿元、1.56亿元、1.90亿元；玩蟹科技2013年度、2014年度、2015年度、2016年度实现的净利润分别不低于1.2亿元、1.6亿元、2亿元、2.4亿元，2017年度均过了业绩承诺期。

整体来看，虽然上游信息和玩蟹科技都过了业绩对赌期，但是下滑的业绩依然会使得其商誉存在较大的减值风险，而天马时空业绩承诺仅完成20%，考虑到游戏行业周期性不高，天马完成业绩承诺的可能性也较低。因此这三家公司的商誉均存在较大的减值风险。

‖ 商誉后续计量准则面临的挑战

由于商誉一经确认，不能摊销，除非发生商誉减值，否则商誉会一直留在资产负债表里。这对收购企业来说，是一种极大的压力，因为要想商誉不计提减值，那么收购企业必须经营好被收购企业。

比如美的集团与小天鹅的联姻，查阅美的集团 2017 年半年报可知，除了收购KUKA 的商誉外，还有 2008 年收购小天鹅形成的 13.6 亿商誉。现在对于美的集团和小天鹅来说，已经不成问题了，因为 2016 年小天鹅的净利润就已经超过 13 亿了，净资产额高达 70 亿，减值风险极低。

但是大部分企业的收购很难形成这种协同效应，并有机会随着中国经济的大发展而发展壮大，很多企业面临着业绩承诺期后利润可能下滑的风险。

比如浙数文化 2012 年收购杭州边锋，形成高达 25.05 亿元的商誉金额。杭州边锋的主要业务是棋牌、竞技和桌游，受益于游戏产业的发展，每年均超额完成业绩承诺，四年半累计实现营业收入 32.44 亿元，净利润 14.22 亿元（见图 5）。因此均未计提商誉减值。

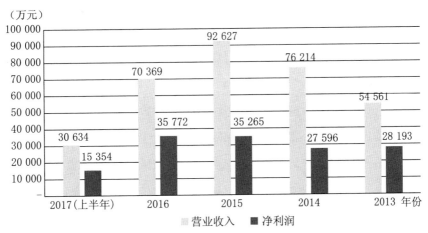

数据来源：上市公司公告，经作者整理而成。

图 5　杭州边锋 2013—2017 年实现的收入、净利润金额

由于手游行业大发展，PC 端游戏不可避免地陷入下滑，我们发现边锋 2016 年实现的收入已经大幅下滑了 2 亿，从现在来看，2017 年边锋的收入和净利润会继续下滑，那么商誉减值风险依然存在。

此时上市公司有一种颇受争议的处理方法，比如：杭州边锋 2017 年以 10 亿现金收购棋牌公司天天爱，三年承诺业绩累计 5 亿。在这种情形下，深圳天天爱实现的净利润可以包含在杭州边锋内，那么杭州边锋的商誉减值风险大大降低。

此外，在收购时，可以使用分步购买的方式减少商誉金额。合并财务报表第四十七条准则规定：母公司购买子公司少数股东拥有的子公司股权，在合并财务报表中，因购买少数股权新取得的长期股权投资与按照新增持股比例计算应享有子公司自购买日或合并日开始持续计算的净资产份额之间的差额，应当调整资本公积，资本公积不足冲减的，调整留存收益。简单理解就是收购少数股东的那部分权益不需要确认商誉，而是把这部分与收购公司所有者权益中的资本公积抵消即可。比如锦江股份收购 Keystone 就是一次购买 81% 的股权，再购买余下 12% 股权。锦江股份 2015 年 9 月公司作价 82.69 亿元现金收购 Keystone 81% 的股权，此次共计确认商誉 57 亿。2017 年 10 月 20 日拟作价 12.05 亿元现金收购 Keystone 少数股东 12% 的股权。此次分步收购较一次性收购 93% 的股权预计可少确认 8.44 亿元的商誉金额。

对整个 A 股上市公司来说，之前几年是企业不断并购、整合、发展壮大的年份，跨境并购成为国内企业寻求海外优质资产的有效途径，可以为上市公司带来先进的技术、优秀的管理能力等等。但是企业在选择并购对象时，仍需要认真筛选，仔细甄别，因为并购是一把双刃剑。

同时，未来两年，越来越多的被并购企业业绩承诺到期后，并购企业面临着业绩考核、竞争激烈甚至是业绩下滑的问题，即使一些特别优秀的企业，也面临着行业变动、经济周期等系统性风险。在此种情况下，避免商誉减值风险的集中释放，维护资本市场的稳定成为一个不得不提前预防的问题，商誉后续计量方式可能面临新的挑战。

中国资本市场 IPO 制度的演进与得失[*]

夏立军 / 上海交通大学安泰经济与管理学院会计系教授

中国资本市场自 1990 年设立以来，在中国经济发展和转型中发挥了巨大作用。大量国有企业和民营企业通过资本市场提升了融资能力和股票定价功能，实现了规范运作、良好的公司治理和信息披露透明度，进而促进了企业发展。IPO 制度作为资本市场的"入门关"制度，其好坏直接决定了资本市场资源配置功能的发挥。比如，当 IPO 暂停时，企业就无法通过资本市场发行股票上市，获得通过资本市场实现快速发展的空间。20 多年来，我国资本市场的 IPO 制度几经演变，争议不断。

与 IPO 制度有关的最新信息是，2018 年 2 月，十二届全国人大常委会第三十三次会议决定：2015 年 12 月 27 日十二届全国人大常委会第十八次会议授权国务院在实施股票发行注册制改革中调整适用《中华人民共和国证券法》有关规定的决定施行期限届满后，期限延长两年至 2020 年 2 月 29 日。这一决定表明，中国资本市场 IPO 制度实行注册制的改革依然在路上。回顾和梳理我国资本市场 IPO 制度的演进和得失，有助于总结经验教训，为 IPO 制度的进一步改革提供启发。

---

[*] 原文发表于《董事会》2018 年 3 月刊。

‖ 我国资本市场 IPO 制度的演进

我国资本市场自 1993 年开始建立了全国统一的股票发行审核制度。大体而言，IPO 制度经历了两大阶段，一是 1993—2000 年期间实施的审批制，二是 2001 年至今的核准制阶段。审批制具有明显的计划经济特征，在审批制下，先后实施了"额度管理"和"指标管理"两种具体的发行审核办法。在审批制下，由中国证监会根据下发各地区各部门的额度或指标对拟 IPO 企业进行实质性审核。从 2001 年开始，IPO 制度改为核准制。相比审批制而言，核准制向着市场化的方向迈进了一大步。在核准制下，IPO 发行审核更加依赖中介机构，由中介机构和证监会共同负责拟 IPO 企业的实质性审核。下表给出了我国资本市场 IPO 制度的演进过程。

年　份	1993	1994	1995	1996	1997	1998	1999	2000	2001	2002	2003	2004	2005 至今
发行审核制度	审批制								核准制				
发行审核办法	额度管理			指标管理					通道制				保荐制
发审委制度	发审委初设阶段								发审委条例阶段				新发审委制度实施阶段
发行定价和配售制度	第一阶段								第二阶段				

注：本表由作者根据中国证监会网站有关资料整理，其中部分阶段划分在边界年度上并非完全严格。

‖ 我国资本市场 IPO 制度的得失

1. 我国资本市场 IPO 制度之"得"

国际上，IPO 制度主要有注册制和核准制两种。但中国资本市场在设立之初，并没有实行国际上通行的核准制或注册制的 IPO 制度。这不奇怪，我国资本市场诞生于中国从计划经济向市场经济转型的过程中。无论是计划经济的惯性，还是资本市场各方面的条件而言，在资本市场设立之初可能都不具备实行注册制或核准制的条件。例如，在资本市场设立之初，会计师事务所、券商、律师等中介机构还不能在一夜之间发展起来，无法依赖中介机构进行 IPO 审核，而计划经济遗留下来的行政治理优势可以暂时起到替代市场筛选 IPO 企业的功能，从而让资本市场更快地起步。同时，从早期国家宏观经济管理的需要而言，也需要对资本市场的融资规模进行调节和控制，因而审批制成为现实的选择，这应该说是"因地制宜"的选择。在资本市场经历了 10 年发展、改革开放经历了 20 年之后，适时地将 IPO 制度从审批制调整为核准制，朝着更加市场化的 IPO 制度迈进，也可以说是一种新的"因地制宜"。

回顾 1990 年设立资本市场以来的 IPO 制度，可以发现，无论是早期的审批制，还是后来的核准制，总体上适应了我国资本市场和经济发展的需要。这一"因地制宜"的过程虽然也跌跌撞撞，具有"摸着石头过河"的特征，但可能也是一个从计划经济到市场经济转型过程中的大国从无到有发展资本市场必须经历的过程。在这一过程中，我国资本市场从无到有，从小到大，经过近 30 年的发展，已经在规模和体量上进入世界前列，取得了巨大的成功。"因地制宜"的 IPO 制度，不仅引入了 3 000 多家相对优秀的企业进入资本市场，也在筛选拟上市企业上起到了甄别筛选、优胜劣汰的功能，在很大程度上保护了投资者的利益。在市场发展的初期，无论是中介机构的力量及其相关的配套制度安排，还是投资者理性等等，都难以在一夜之间发展、成熟起来，为了快速地推进资本市场发展，因地制宜地实施"审批制""核准制"，应当说是非常理性、实事求是的选择。没有审批制和核准制下的严格筛选，我国资本市场全体上市公司可能也就难以像今天一样代表着中国经济中相对优秀和活跃的企业群体。

2. 我国资本市场 IPO 制度之"失"

在看到"审批制""核准制"的历史意义的同时，也应当意识到 IPO 制度改革止步不前的巨大代价。自 1990 年设立以来，我国资本市场迄今已经将近 30 年历史了。然而，经历了近 30 年的发展后，我国资本市场依然被监管层描述为一个"新兴 + 转轨"的资本市场。概括而言，审批制和核准制的代价可能主要有三方面，其一是"误拒"的代价，其二是"误受"的代价，其三是扭曲市场机能的代价。

从"误拒"而言，相比注册制，因为对 IPO 企业设立了严格的财务指标要求，审批制和核准制下的 IPO 速度大大下降，这严重影响了大量企业通过资本市场发展壮大的可能性，也限制了中国的投资者分享中国企业快速发展的红利。一些优秀的互联网企业比如百度、阿里巴巴、腾讯等当初都不符合审批制和核准制下的 IPO 要求，只好赴海外上市。更有大量企业，因为不能上市或上市过于复杂低效而错失企业发展的时机。在 IPO 速度受到严重制约的情形下，经济发展积累的巨大社会资本却可以自由进出资本市场，由此又造成了股票估值长期虚高，同时造成了独特的"壳资源"价值，资源配置严重扭曲。因而，"误拒"的代价不仅体现为大大减少了中国企业和经济发展的空间，也体现为企业间资源配置效率的低下。

从"误受"而言，代价主要来自实质性审核的独立性和专业性难以保证。在审批制和核准制下，谁能获得 IPO 资格，很大程度上取决于证监会的实质性审核。这些审核主要关注 IPO 企业的规范运作、公司治理、信息披露、财务状况、盈利和持续经营能力等方面。然而，在 IPO 速度受到限制、股票普遍估值过高的环境中，IPO 的"租金"巨大，获得 IPO 资格意味着廉价的融资机会和巨大的财富增值，进而造成 IPO 申请企业过度拥挤、一些企业的 IPO 动机不良。这样，证监会审核人员的独立性和专业性就面临巨大的挑战。在我国资本市场近 30 年的发展历史中，证监会落马官员多来自发行审核相关部门，就是明证。此外，由于 IPO 带来的巨大"租金"，一些企业不惜铤而走险造假上市，而证监会的实质性审核也难以万无一失，造假上市时有发生。

从"扭曲市场机能"而言，由于 IPO 制度的高度管制特征，加上退市制度的不畅通，造成股票供求关系严重扭曲。大量上市公司的股票估值长期脱离基本面，IPO 形成一个巨大的"租金"市场，"壳资源""借壳上市"等又无形中不恰当地降低了投资者的风险，更使得针对"会计主体"进行核算的会计信息无所适从。一些财务或信息披露严重造假、违规、基本面严重恶化的公司，却拥有很高的估值。甚至有人统计过，长期以来，如果构建一个低市值 ST 公司的长期投资组合，竟然可以获取远超市场指数的超额收益。在这种环境中，无论企业的上市决策还是投资者的投资决策，普遍缺乏理性，概念包装和投机炒作盛行，进而使得市场的资源配置功能扭曲，并且几千万计的投资者耗费大量时间精力于可能并不给市场带来资源配置效率提升和价值创造的频繁交易活动之中。

‖ 改革的方向

虽然审批制和核准制在我国资本市场发展的早期发挥了"因地制宜"的作用，但如果不进一步解放思想、与时俱进地推行注册制，过去的"因地制宜"可能就意味着今天的"不思进取"。诚然，如同中国的市场经济一样，即使有成熟市场已经走过的路为借鉴，中国的资本市场也不可能一夜之间建成。但同样，中国的资本市场也未必一定需要像成熟市场走过的路一样，经历百年才能成熟壮大。因此，如何因地制宜又与时俱进地对 IPO 制度进行改革和调整，对于资本市场的发展是一个重大挑战。

在核准制已经实施了近 20 年、资本市场已经发展了近 30 年的今天，市场机能仍然无法在短期内健全，监管和司法也是如此。但如果屡屡以此为由，认为推进 IPO 制度的进一步市场化即实施注册制还未到时候，条件尚未成熟，可能就有点"因噎废食"了。大国需要强大的资本市场，大国崛起需要强大的资本市场支撑。一个 IPO 受到严格限制，时不时因股市波动而暂停 IPO 的资本市场，无疑难说是强大的资本市场。更重要的是，市场机能的不健全本身在很大程度上内生于高度管制的 IPO 制度，它本身需要在进一步市场化的 IPO 制度下才能逐步健全，监管和司法也需要在进一步市场化的 IPO 制度倒逼下才能回归本位、不断完善。因而，从核准制到注册制的改革，需要的是解放思想。

在最近的全国两会上，政协委员张连起指出，当前证券发行上市存在诸多问题，比如：股票首次发行上市（IPO）制度服务实体经济、服务新动能企业的能力不足；一批拥有核心技术的互联网公司中"巨无霸"企业赴海外上市；股票发行上市制度还不适应新技术、新产业、新业态、新模式的需要；发行上市"堰塞湖"现象依然存在。这些都是我国资本市场长期存在的顽疾，需要高度市场化的 IPO 注册制制度才能得到解决。

2013 年，中共 18 届三中全会已经提出了推行股票发行注册制改革，但注册制的落地历经五年依然在路上。2015 年发生的股市异常波动客观上又延缓了注册制的推行进程。2016 年以来，IPO 速度大幅加快，虽然已经带有变相实施注册制的特征，但真正的注册制还需要正式的法律认定和配套的制度安排。在中国经济面临转型升级和增速放缓、我国资本市场已经发展近 30 年、资本市场诸多顽疾长期无解的今天，资本市场发展需要进一步解放思想，尽快实施 IPO 注册制制度，并进而倒逼证券监管转型、司法机制上位，充分释放中国企业利用资本市场发展壮大的潜能，激活市场自身的筛选、监督、自我约束和资源优化配置机能，为伟大复兴中国梦贡献更大力量。

第六篇

创新创业
与改革发展之探讨

　　"双创""共享经济""供给侧改革"……创新与改革既是经济发展的重要推动力，也由此带来了一系列值得反思的问题。新时代背景下，人人谈"双创"，事事讲"共享"，势必会造成各种"过热"现象。我们既要坚持改革创新，也要谨防过于激进带来的各种弊端。本篇聚焦于理性分析创新创业、企业研发以及供给侧改革等方面的问题，以期能为经济发展提供新的思路。

在亲自主持的经济形势座谈会上，
总理对"双创"中哪个问题最关注？ *

陈　宪 / 上海交通大学安泰经济与管理学院应用经济系教授

　　李克强总理在 2014 年夏季达沃斯论坛提出"大众创业，万众创新"。最近，我应邀参加总理主持的经济形势专家和企业家座谈会，在准备会议发言材料时，我想到，应当达成全社会对"双创"的正确共识，进而推进"双创"健康、持续地发展。

　　有人认为，在经济下行时，政府就会鼓励人们创业，尤其是大学生创业，以缓解就业压力。这种说法实际上是将"双创"视为权宜之策。的确，2014 年中国经济正处于这一轮下行的当口。但是，"权宜之策"说以惯性思维看"双创"，忽视了在"新常态"引领下提出"双创"的背景变化，以及由这一变化而产生的深远意义。我们知道，2008 年金融危机以来，中国政府为了防止经济过快下滑，进而导致严重失业，采取了一系列刺激政策，但由于外部的需求冲击比预想的要严重，同时，刺激政策将原本已经存在的结构性矛盾，主要是产能和债务问题推向了更加严峻的程度。所以，在 2014—2015 年，我们相继提出"新常态"、供给侧结构性改革等一系列新判断和新举措，"双创"就是其中的具体途径，试图通过自下而上的力量，实现中国经济转型。从这个意义

* 原文发表于 2017 年 7 月 12 日上观新闻。

上说，"双创"绝非权宜之策，而是转型大计。

当"双创"在全社会层面被号召、被推进时，有人认为"双创"在搞群众运动，意即"双创"过热了。可以将这种说法看作是善意的提醒。但是，创业创新的本质是试错，而且通常是成功率很低的试错。因此，只有两个办法可以增加成功者。一是更多的人投身创业创新，在成功率为一定时，有更多的成功者；二是通过改善和优化创业创新生态系统，提高成功率，即在既定的创业创新试错者的条件下，可以产生更多的成功者。当然，就像我们要经常提醒投资人时所说的那句"股市有风险，投资需谨慎"一样，创业创新也是一个高风险活动，在作出这一选择之前，要对主观和客观条件做出全面的分析和评估。对于政府和社会有关方面来说，一定要将文章做在创业创新生态系统上。唯有在一个好的生态中，创业创新的成功率才能得到切实提高。观察和研究均表明，人群中风险偏好高、组织才能强、性格特质适合创业创新的人，本来就是一个小众人群，且相对稳定，所以，对于创业创新的成功来说，生态是一个相对更加重要的问题。当我向总理汇报到深圳的创业创新生态时，他问道，你们是否有这方面进行比较的材料？可见，他是十分重视这个问题的。事实上，在座谈会上，总理多次提到"为创业创新者营造良好的生态环境"，在他看来，实施鼓励创业创新的政策取向，可以起到"四两拨千斤"的作用。

关于"双创"，人们常常讨论的还有一个效率问题。看到许多人、许多项目纷纷在创业创新中败下阵来，有人认为，草根创业、大众创业效率太低。这里所谓效率低，和以上说的成功率低是一个相近的问题。不过，效率低有一个比较的问题。在全面过剩的条件下创业创新，创业者（团队）试错，即自身是否为"对"的创业者的试错，是和需求试错紧密联系在一起的。也就是说，"对"的人要用找到"对"的事来证明自己，也才有投资人愿意投资，创业项目最终才有可能IPO。"人"和"事"都为"对"的事件当然是小概率事件。在供给全面过剩，需求大多表现为潜在需求的条件下，需求试错就是新产品、新服务和新技术的供给试错，也就是新兴产业的试错。尽管这个试错过程会烧掉很多投资，产生大量沉没成本，但是，舍此，我们没有办法发现符合市场需求的新产品、新服务和新技术，乃至新兴产业。所以，如果说这样的创业创新效率低，那实在是不得已而为之。人们现在讨论，大数据技术能否帮助我们精准地找到需求？现有的情形表明，大数据主要还是在找到并对接现实需求方面起到一定的作用；在转化潜在需求方面，大数据技术尚显得力不从心，创业者和企业家的试错还是无法替代的。

将"双创"仅仅与初始创业联系在一起，是一个比较普遍的错误认识。其实，在今天生动的"双创"实践中，我们看到了多样化的创业，除了初始创业，还有大量的平台创业，即内部创业。早在2000年8月，华为公司就制定了《关于内部创业的管理规定》，公司先后有多名高层和中层管理干部内部创业，组建了多家新公司，如网络有限公司、管理咨询公司等。华为手机就是华为内部创业的成果。李克强总理前不久视察的航天科工集团的"航天云"创业平台，也是一个很好的例证。平台创业比较成功的还有海尔集团，公司的新业务基本都是通过平台创业拓展的。类似的做法，在国际上也很流行。最近，我在深圳调研，发现一个融合创业的案例，一家做车联网的初创公司与中集车辆注册一家股份制的新公司，共同开发智能挂车门户平台。新公司通过第三方设备、应用软件和服务整合，成为智能管理系统、挂车运营价值挖掘和挂车运营车辆大数据的提供商。由此，作为大企业的中集车辆，将完成智能化的改造升级；而那家初创公司则将拓展业务空间，获得可遇不可求的发展机会。正如总理所说，这种新模式使央企与中小微企业不再是简单的上下游配套关系，而是形成优势互补、相互服务、利益共享的产业生态。事实上，在座谈会上，总理对于目前出现的大中小企业融通发展的趋势，也给予了关注，并提出"政府的管理模式相应都要随之转变"。平台创业有公司的支撑，有相对完善的生态系统，有望提高成功率。融合创业是一种再创业，有比较确定的业务项目，也将提高成功率。

把推动"双创"等同于鼓励大学生创业，也是一种常见的认识误区。有人认为，政府鼓励大学生创业，他们没有第一笔投入，就问父母要，由于试错为"对"是小概率事件，所以这笔钱大多无法收回，这种行为无疑是对中等收入家庭的"洗劫"。这种看法显然有失偏颇，但也给出了提醒。首先，要告诉绝大部分不是"创（富）二代"的大学生，创业需要资金，但它绝不能来自父母。其次，要提醒父母，你们养老的钱是不能给子女创业的，血本无归是大概率事件。大学生缺乏人生历练和资源积累，的确不是最适合创业的人群。数据显示，成功创业的人群大多在30—40岁。在现阶段的中国，由于还没有培养综合型创业创新人才的大学，创业创新生态也还不尽完善，所以，大学生还不可能是创业创新的主力军。但是，在大学培育学生的创业创新技能和精神，是完全必要且必须加强的。更加重要的问题是，当创业创新主体从外生的移民转向内生的人才时，建设类似斯坦福、麻省理工、以色列特拉维夫大学和柏林工业大学这样的培养创业创新人才的大学，营造多层次、开放的创业创新生态圈，就应当成为摆在政府和社会各界面前的重要任务。

"双创"是重构中国社会主义市场经济微观基础的重大战略，是培育中国经济中长期增长动力和战略性新兴产业成长的源头活水。在经济新常态引领下，"双创"就是创新驱动、转型发展的生动实践，正在引导中国经济和社会不断跨越，并向着实现中华民族伟大复兴的目标而奋进。

"休学"创业是利好，划出了这样一个重点[*]

董正英 / 上海交通大学安泰经济与管理学院创新与战略系副教授

近几年来，除了传统的求职路径，创业也成为不少大学生的选项。其实不只是毕业生，大学生创业已成为社会的一个热门话题。

日前，教育部颁布了新修订的《普通高等学校学生管理规定》（以下简称《规定》），并将于今年 9 月 1 日起施行。其中，对于大学生休学创业的规定尤为引人关注。《规定》指出，健全休学创业的弹性学制，放宽学生学习年限，允许学生分段完成学业。这并非"休学创业"首次进入教育部文件，早在 2014 年底，教育部已在相关通知中提到，各高校要建立弹性学制，允许在校学生休学创业。

应该说，在"大众创业、万众创新"的时代，这些规定给予了大学生在修业方向和修业年限方面更灵活的选择权，也是培养创新创业人才在创业政策方面的落实，对于大学生释放创造力、追逐梦想，降低创业失败风险，以及改善大学的创新创业人才培养模式是一次积极的创新尝试，也是一项大大的利好政策。

---

* 原文发表于 2017 年 3 月 31 日上观新闻。

‖ 相比担心"冲动"，提高质量更为迫切

在现实中，有人会担心，这样的政策会不会导致一些学生盲目创业，甚至将休学创业作为躲避学业的借口？在我看来，大可不必过于担忧。目前一些媒体所做的调查表明，明确选择会去休学创业的人数通常仅为一成左右。可见，对于休学创业，大部分学生还是持较为谨慎的态度。

根据《全球创业观察2015/2016中国报告》的数据显示，中国早期创业活动指数为12.84%，比大多数创新驱动国家，如美国（11.88%）、英国（6.93%）、德国（4.70%）和日本（3.83%）更活跃。但报告也显示，中国客户服务产业（如批发、零售等）创业比例占所有行业的69.79%，而高附加值创业比例仅为8.2%。报告还指出，中国的创新型企业比例为25.80%，与创新驱动型经济体相比还有一定差距，落后于加拿大（36.10%）、美国（36%）、英国（36%）和德国（34.20%），中国创业活动的创新能力有待提高。

上述数字表明，中国青年创业的数量具有优势，但创造型创业人才还十分匮乏。所以，在我看来，现在最大的问题不是"冲动"，而是有质量的创新创业还不够。休学创业，重点不是"休学"而是"创业"，这就给当前中国高校的创业教育提出了新的要求：既要鼓励大学生去追逐他们的企业家梦想，更要着重引导大学生把他们的创造力、创新探索融入创业实践活动中。

‖ 创业成功是创造力与创造财富的结合

提起休学创业，比尔·盖茨和马克·扎克伯格常常被举为范例。他们创业成功的关键原因是什么？主要来自他们创造性地把创新与创业相结合，创造或发现了潜在的市场，并及时采取行动去满足这些需求。这表明，创造力与创造财富相结合是创业成功的首要核心内涵，"休学"只是提供了一个时间窗口，让他们及时把握住了那次机会。

从"创业者"自身内涵发展的历史来看，也说明了这一点。

"创业者"一词起源于法语，是"协调人""中间人"的意思。马可·波罗曾经尝试建立通往远东的贸易通道，并较早地对创业者的中间人身份进行了定义。在中世纪，"创业者"用来定义在管理大型生产项目中，同时扮演执行者和监督者两个角色的个体。比如，当时那些监督建造城堡、公共建筑等建筑工程的人，通常就被看作是创业者。

到了 17 世纪，创业者主要是指与政府签订合同的人，这些合同一般是提供某项服务或供应某种特定产品。比如法国人约翰·劳被授权成立皇家银行，这赋予了他在法国贸易中的垄断地位。

到了 18 世纪，创业者和资本提供者有了清晰的划分。在此时期出现的很多发明，因创造了新的需求而获得了巨大的生命力，突出的代表包括伊莱·惠特尼和托马斯·爱迪生。这些发明家们开发了新技术，但是无法靠他们自有资金资助发明的产业化和推广，于是惠特尼引入了英国皇家资本来资助自己发明的轧花机商业化，爱迪生则从私人渠道筹集资金支持自己在电力和化学领域的研发和实验。

到了 19 世纪末期和 20 世纪初期，创业者常常被视作管理人员。英国哲学家约翰·穆勒认为，区分创业者和管理人员的核心是看其是否承担风险。典型的创业者就是被称为美国"钢铁大王"的卡内基，卡内基尽管没有发明新产品，但通过在生产中应用和发展技术，从而增加了钢铁行业的经济活力。创业者的贡献是运用新发明的潜力，来优化生产模式，用新的技术路径来生产新的或旧的产品，创建与以往不同的、新的产品上下游关系，或者构建新的产业链。

创新和新颖的概念在 20 世纪中期成为创业的核心部分。"创新"一般指的是引入新产品或衍生产品的行动，是创业者最具挑战性的任务之一。它不仅要求创业者具备创造新的构想的能力，还要求创业者能够厘清各种对创业结果有潜在影响的因素。"新颖"的概念则涵盖了从新产品、新渠道或者新组织架构等更加广泛的方面。这种类型创业者的代表是哈里曼，他是 20 世纪美国的金融家和铁路大王，他专门购买低效运营的铁路并投入巨资进行改造，从而改善它们的运营效率和盈利能力。

由此可见，对今天的创业者来说，创造力与创造财富结合是题中应有之义。而这一点，也成为所有创业者应该具备的基本素质，缺少任何一方面，创业都不可能是成功的。

Ⅱ 大学应该培养怎样的创业者

"创业"对不同个体含义不尽相同。但从创业历史发展的过程来看，创业指的是为抓住机会而采取行动，把一个未来愿景转化为成功商业实体的行为。在本世纪，从个体视角出发的创业概念已经得到了全面的探究。这反映在创业者的三个创造力属性：（1）首创性；（2）创造性地组织、重组社会经济运行机制，实现资源向实际效益的转化；（3）承担风险和接受失败。

产品或服务的创造力和创新可能体现在多种维度上，其创新程度受到创业者的偏好影响。但创业是创造新的有价值事物的过程，在这个过程中，创业者需要投入时间，并承担随之而来的财务、体力和社会风险及不确定性。创业既有风险又充满了机遇，如何识别大学生的创造能力和创新能力，同时如何赋予这部分具备能力的学生有机会来发挥他们的潜能，这是大学创业教育面临的挑战。

今天部分大学的创业教育将创业定义聚焦在新企业的创立上，还有些创业教育则过于关注财富创造和所有权的获取，这都是有失偏颇的。大学的本质是新思想、新知识的产生和汇集地，它拥有一个充满创造潜力的群体——大学生。尽管他们对现实的市场和商业活动不够敏感，缺乏经验，但通过企业家精神的培育，他们就能够创造性地把新的创新成果与潜在需求结合起来，创造出新的产品、新的市场需求，在起步阶段避开竞争垄断利基市场而获得成功，这是大学培养创业人才的优势所在。哈佛、麻省理工、斯坦福和剑桥等一流大学在人才培养、创新和创业领域的成功经验无不证明了这一点。因此，大学的创业教育应该扬长避短，着重引导大学生把创造力与创新探索相结合，并融入创业行动和实践中，即大学应着重培养具有创造力属性的创业者。从这个意义上说，"休学创业"进可以为事业拼搏奋斗，积累实践经验，退可以回校继续学业，日后再择他业，这种弹性灵活的制度设计与大学创业教育的理念是相匹配的。

综上所述，大学生创业教育既要重视数量，更要注重创造力。诚然，从世界范围来看，大学着重创新与创业结合教育的历史还不到50年，人类对其规律性的认知还有局限。但基本规律还是有迹可循的：（1）大学对创造型创业人才的培养，应结合自身特点，不会有统一的成功模式。（2）从长远看，只有成功的创业才会创造就业，数量是基础，质量是数量的保障。（3）大学的创新创业教育应发挥自身的优势，着重鼓励学生发挥首创精神，学会理性承担风险和接受失败，激发他们的创造力、创新能力去组织、重组社会经济运行机制，实现社会创新资源向实际效益的转化。（4）大学创业教育，特别是研究型大学的创业教育，在提倡中国新一代企业家精神的培养之外，更重要的是培育一个有利于大学生将创造力、创新能力和商业资源整合的平台，建设一个健康开放的大学创业生态系统。

供给侧结构性改革重在重塑政商关系[*]

黄少卿 / 上海交通大学安泰经济与管理学院应用经济系副教授

短期策略上政府加杠杆是有道理的。关键是政府负债扩张以后，其资产如何配置？如果不解决这个问题，政府加杠杆的结果，很可能是短期的总需求刺激上去了，但是长期的总供给结构却被进一步恶化。

‖ 僵尸企业消耗了大量金融资源

中国政府提出宏观管理政策从长期要强调供给，要进行供给侧结构性改革。最近国资委也表示，国企改革是供给侧改革中最需要攻坚的部分，其中，清理僵尸企业、促进市场出清更是难中之难。

当前中国经济活力在往下走，一个重要原因是企业缺乏创新能力，生产的产品不符合市场需求。从宏观上来看，整个经济运行的速度降下来了。经济活力不够的一个表

---

* 原文发表于《中国民商》2016 年第 2 期。

征是什么？是整个中国经济中僵尸企业的数量在不断增加。虽然可能不一定所有僵尸企业都暴露出来了，因为僵尸企业也会隐藏自己。但有越来越多的征兆表明，中国企业部门内部，僵尸企业的数量在增长。所以，调结构、去产能的本质是要恢复企业部门的活力。

什么样的企业可以被称为僵尸企业？通俗讲，就是失去了盈利能力，不能够自我维持的企业，按林毅夫教授过去讲的，即缺乏自生能力的企业，就是僵尸企业。这类企业在财务上就表现为，经营性现金流入无法满足它财务上现金流出的需求。这样的企业，从法律上讲就应该要破产，要从市场上退出。但是，现在由于各种原因，各级政府出于一些其他目标的考虑，譬如为了维护社会稳定，不能让失业率大幅度上升，或者利用这些企业继续实施政绩工程，等等，而不让它退出市场，甚至人为给它们进行"输血"。这类企业一旦缺乏行政性资金注入，必然要退出市场，要死掉。所以，把它们称为"僵尸企业"是十分形象的，因为在小说、电影中，僵尸缺乏自我造血能力，如果不吸血的话就会死掉。

中国经济中僵尸企业越来越多，导致企业部门缺乏活力。一方面它们自己没有活力；另一方面，它们还会让那些本来有活力、有效率的企业也活不起来。因为僵尸企业吸收了金融体系的大量金融资源之后，有效率的企业拿不到资金资源也难以有活力。僵尸企业的大量存在，就成了结构性改革、去产能必须要解决的问题。

僵尸企业不断增加，对应的就是银行不良贷款在不断增加，这实际上是一个问题的两个方面。虽然大家目前看中国的银行不良贷款率，从统计意义上来讲还很低，一般也就是2—3个百分点，和20世纪90年代末相比这个水平很低。但是，不良贷款率这么低，恐怕和僵尸企业被隐藏起来了有关系。僵尸企业如果被隐藏起来，事实上也就意味着银行的不良贷款被隐藏起来了，无法体现在统计数字上面。但事实上，这些不良贷款已经发生了，各大商业银行的高级管理者们对此是心知肚明的。

因此，我们要重视不良贷款会产生的宏观经济影响，或者说宏观经济后果。不良贷款本质上是什么？就是银行贷款形成的资产价值需要进行重估。譬如说，商业银行通过吸收存款，再贷出去形成的资产，过去值5 000万元人民币，但现在获得贷款的企业不能盈利，这笔贷款所形成的资产便不值5 000万元。假如价值重估这笔贷款只值1 000

万，那么，便要从银行的资产负债表里面把资本金划掉 4 000 万元。如果银行不断形成不良债权、不良资产不断累加，它就会逐渐丧失贷款能力，因为资本金不足。这个现象会导致什么后果呢？按照辜朝明的理论，银行和企业将不得不设法修复资产负债表。如果为了修复资产负债表，银行减少贷款，企业减少投资，最后的宏观表现就一定是总需求不断萎缩。

‖ 加杠杆不能忽视资产配置

由于银行正规部门的不良债权或不良资产不断累加，中国现在的确存在总需求不断萎缩的问题，而且有越来越严重的趋势。为什么现在即便我们的货币政策在不断降准、降息，但大家还是觉得宏观上很紧呢？因为 M1 虽然释放出来了，但如果商业银行部门的货币乘数也降下来了的话，即便中央银行不断把基础货币放出来，也不能创造出更多的 M2。大家普遍感觉资金量很紧张，那是因为银行丧失了货币创造的功能。而银行不去创造货币的原因是，不良贷款的增加使得银行不敢去，也没有能力去创造更多的货币了。

面对总需求不断萎缩，宏观当局在宏观政策选择上一般会认为，既然总需求往下走，那么，中央政府就必须采取扩大内需的政策，用行政手段来刺激内需，甚至直接利用国有企业作为抓手来扩大内需。这种做法很容易被宏观当局认为是恰当的做法。

总需求不足，就要扩大总需求，需要政府通过加杠杆的方式来稳定，甚至扩大总需求。因为不加杠杆的话，总需求萎缩对宏观经济的威胁、影响会非常大。关键问题是，加杠杆首先意味着政府资产负债表的负债要加上去，对应地，马上就会面临资产如何配置的问题。如果加杠杆以后，政府拿到的钱又是去给僵尸企业输血，又是形成无效资产，未来经济就会越来越困难。因为它会导致总需求进一步萎缩，金融部门进一步失去贷款能力。所以，政府加杠杆以后，资产如何配置才是更关键的问题，即如何把加杠杆所产生的负债及形成的资产，用于改善中国经济长期的供给能力。这需要好好研究。

举个例子，政府可否加杠杆做教育投资？社会有巨大的基础教育需求，政府为什么不可以在这个地方花钱？又如，我和施浩的研究表明，尽管中国西部地区基础设施比较过剩，东部地区由于生产投资比较多，导致基础设施反而欠缺，政府为什么不能在东部地区建设更多的基础设施？再如，中国现在环境污染这么严重，经常出现大范围持久的雾霾，给人们的健康带来巨大危害，为什么政府不在环境领域有更大的投入？这些事情政府都应该去做，做了对未来长期经济增长都是有利的事情。

现在特别令人担心的是，因为政府看到了总需求不足，所以主动采取了加杠杆的宏观政策，导致资源误配反而加重了，因为把钱用在僵尸企业上面，又去投资没有效率的领域。譬如，投资到西部根本没有企业入驻的开发园区里面，又在西部建很多根本没有车在上面跑的高速公路。我们要重视银行不良贷款所产生的总需求萎缩的宏观影响，更要防止政府进一步资源误配的可能性。

目前，中国银行体系面临着资产重组的压力。2008 年全球金融危机以后，地方政府为了刺激经济一共花掉了 20 多万亿，但这些钱已经大量投到了无效用途上，形成的是无效资产，产生的是一大堆僵尸企业。这个教训不可不察。目前，我们试图回避银行不良贷款产生的资产重组压力，不愿意让不良贷款显性化，但是，这个过程早晚会来。

这里，日本的教训非常值得我们吸取。20 世纪 90 年代，日本银行体系的不良贷款急剧增加，主要的原因是什么？就是日本政府搞的财政投融资计划。财政投融资计划是当年日本面临总需求不足以后，日本政府通过政府的金融机构——主要是邮政储蓄的机构来筹集资金，并且将这些资金用于政府关联公司的公共项目，或者是对于目标领域进行政府贷款所产生的，其中很多贷款被用于海外投资。最后，由于日本财政投融资计划并没有效率，产生了巨额不良贷款，不得不在竹中平藏主政日本财经政策时，通过金融再生计划来解决这些问题。所以，如果当前中国政府要加杠杆，就不能忽视资产配置问题。

‖ 避免对金融市场的深度干预

我们要解决僵尸企业问题，根本还是要进行微观基础的再造，切断僵尸企业的形成

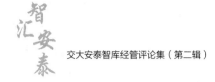
机制。如果不能够做到这一点，如果政府加了杠杆，钱还继续投向无效企业、项目和产业的话，僵尸企业问题恐怕只会加重不会减缓。现在越来越多的僵尸企业被暴露出来，当然，更多的还是隐藏起来了。通过一些经济学家设定的财务标准，我们是可以把大部分僵尸企业找出来的。

形成僵尸企业的根子，不太严谨地说，还在于我们今天不恰当的政商关系，即政府这只手过多地参与到资源配置过程当中，对市场机制的干涉太深、太重。不恰当的政商关系有什么具体表现呢？第一个表现是国有企业改革始终没有真正完成，使得政府可以通过国有企业这个抓手继续干预市场。1999 年党的十五届四中全会对国有企业有一个深化改革的决议，强调要"有所为有所不为"，实质就是要求国有企业从竞争性领域退出。但是，2003 年国资委成立以后，这个政策不但没有得到落实，反而强调国有企业要"做大做强"，在很多领域要形成控制地位，为此，不惜让国有企业占有大量金融资源。今天，绝大部分僵尸企业恰恰就是国有企业，就是因为国有企业所做的很多投资都是无效投资。

第二个表现是，现在有不少民营企业与地方政府结成了一张"不可触摸的网"，形成政府和一些民营企业家之间的利益交易关系。多年以来，地方政府喜欢对企业搞扶持名单，名单上的企业便可以以低于市场价格的成本来获得各类生产要素，包括土地、贷款、用电等。导致一些本来有效率的民营企业，在拿到这些优惠以后不好好做主业，反而转向玩副业，最后把自己的优势玩没有了。东部沿海地区有很多优秀的民营企业，为什么感觉它们这几年的发展缺乏后劲？这恐怕和容易拿到廉价土地和优惠贷款，从而缺乏积极性去做好主业是有关系的。久而久之，有些有效率的民营企业也逐渐变成了僵尸企业。

第三个表现是政府对金融市场的深度干预。一些地方政府不但试图影响正规金融部门的资金去向，在非正规金融领域也敢于高息融资，似乎没有打算还钱一样。对此相信大家也深有感触。譬如，中国理财产品市场所吸收的居民储蓄，往往就被吸附到地方政府手中。当然，这也是政府加杠杆，只是问题在于钱被用于扶持国有企业和扶持名单上的民营企业去了，未必带来效率提升，反而把资源误配加深了。国际经验表明，受到权力严重干预的金融市场，往往就是国家资本误配的最大的一个原因。

　　以上大体是我对目前中国经济形势及其未来趋势的基本判断。最后，谈谈应对策略。首先，从长远来看，所谓的结构性改革、供给侧管理，瞄准的是要提升中国经济的长期增长潜力。对此，中国政府必须要继续推进各项具有攻坚性质的改革。但这里我个人想强调一点，即短期的总需求管理与长期的总供给能力的改进，相互是不矛盾的，恰恰相反，前者还是后者的实现途径。因为今天投资形成的资本，就是明天的生产能力。在这个问题上面，我们一定要注意协调好总供给和总需求的关系，要通过今天的需求管理，来为明天的结构完善打下基础，严格来说，这本来就是同一件事情。

　　其次，短期策略上，总需求管理方面中央政府加杠杆是有道理的，从当前宏观形势来看还必须要加。关键是，政府负债扩张以后，其资产如何配置？如果不解决这个问题，政府加杠杆的结果，很可能是短期的总需求刺激上去了，但是长期的总供给结构却被进一步恶化。要解决这个问题，根本上就是要求政府回归本位，做自己该做的事情。政府一定要去提供公共产品和服务，而不是在竞争性领域继续干预市场运行。目前，政府在提供公共品上还有很多空间可以改进，我们要把这些空间利用好，利用足。一言以蔽之，就是政府要把自身定位准确，要回到应该做的事情上去。如果这个问题不解决，虽然短期内总需求不足通过加杠杆可以得到一时缓解，但是，长期的结构调整将永远不可能完成！

共享单车，何去何从 *

尹海涛 / 上海交通大学安泰经济与管理学院经济系副教授

2016 年，最大的视觉冲击不是来自艺术，而是来自商业。似乎是在一夜之间，以北京和上海为首的大中城市，被各种色系的共享单车地毯式覆盖。共享单车的 App 之多，智能手机的满屏都放不下。

"共享经济"借势成为时髦词汇，各路资金纷纷抢滩，生怕搭不上这趟新的创富列车。但是很少有人去想，从企业的角度，共享单车能否成为具有持续盈利能力的商业模式；从社会的角度，共享单车能否真正提高社会的整体福利。

这是任何严肃的经济学家都无法回避的问题。而这个问题的答案并不显而易见。

‖ 两个外部性问题

回答这个问题，要梳理共享单车使用产生的两个外部性问题。

---

* 原文发表于 2017 年第 21 期《南风窗》。

　　首先，是使用共享单车，在"私"的领域产生的外部性。私有最大的优势，是每个所有者都会试图把其所拥有物品的使用价值发挥到极致。例如，我拥有的自行车，一定会仔细保养，能用上个十年八年的。但是共享单车，我下一次使用到同一辆共享单车的概率几乎为零。所以每个人都不会在意共享单车的保养。甚至连共享单车的维护人员，也会产生不开锁强行推车，把自行车举起扔到搬运车上的行为。

　　这种外部性，会给共享单车的经营者和投资者造成巨大的损失。共享单车的故障率之高，有目共睹。有人在朋友圈中就调侃道，"十辆单车九辆坏，剩下一辆还敢出来卖"。所以如果一辆单车，达不到盈亏平衡的使用次数，就需要报废的话，企业是不可能实现盈利的。

　　有人会说，以租赁形式存在的共享模式早已有之，并且很成功，例如汽车的租赁市场。那让我们看看这个市场：每次去租车的时候，车店小哥都会让你确认车的伤损情况，每次还车，照例也是一遭仔细的检查。如果出现客户造成的伤损，必须以某种形式来补偿。这种做法的实质，是避免我们所说的"私"的领域的外部性。但共享单车，很难做到这一点。也就是说，它很难解决自行车因为不规范的使用和停放，产生破损这一外部性的问题。

　　当然，共享单车的创始人并非没想到这个问题。ofo 最开始在大学校园推广，大学生的素质比较高，而且相对集中容易管理。摩拜最初试图通过技术，来解决维修和损耗的问题。但不幸的是，在大跃进式的发展过程中，ofo 和摩拜都阵脚大乱，拼资金，抢地盘，最终难逃做"公益"的宿命。

　　所以共享单车成功的第一个必要条件是，能够通过某种机制设计（例如准确确定非正常损耗的责任），或者外部条件的改变（例如公民素质极大提高），解决这一在"私"的领域产生的外部性问题。如果不具备这个必要条件，共享单车成为持续的能够盈利的商业模式，其可能性微乎其微。

　　其次，是使用共享单车在"公"的领域产生的外部性，主要是单车停放占用公共空间。在上海，共享单车的投放总量到 2017 年 8 月份为止，超过了 150 万辆。因为共享单车不归使用者所有，使用者根本不担心共享单车，所以共享单车胡乱停放的现象非常严重，在不规范停放的情况下，可能造成丢失和损耗。很多人图方便把自行车停放在车辆停放区的入口，造成自行车停放区虽然有位置，但无法进入的尴尬情况。更为普遍的是，用简单粗暴的形式占据盲道、人行道和公共汽车通道，造成行人的不方便和安全隐患。有些小区和办公区域，为了不让共享单车破坏公共空间，不得不贴出共享单车禁止入内的告示标志。

为解决这个问题，上海和北京先后出台规定，限制共享单车的整体数量。但是值得注意的是，这种现象并不是控制总量能解决的。主要问题是如何能够约束使用者，使其停止不规范停放。这个问题，可不是用一纸公文就能解决的。解决不规范停放问题，只能靠两个办法，一个是通过机制设计，例如，不停到规定的停放点要罚款或影响信用，这个在技术上比解决损耗的外部性容易，但在目前疯狂竞争的情况下，恐怕没有企业愿意先出手这样做。另外一个办法还是要靠公民素质的大幅提高。

‖ 外部性如何内生化

无论"公"的外部性，还是"私"的外部性，都会造成社会福利的损失。这就使得从社会角度来看，发展共享单车是否能够提高社会整体福利水平，变得不太确定。这两个外部性越严重，共享单车的经营模式就越难通过成本收益分析的严格考验。当社会成本超越社会收益，尤其是在有些群体只承担成本，却享受不到收益的情况下，公民的不满就会日益严重，出现类似早前因跳广场舞引发争执的社会现象。共享单车的野蛮生长，强占公共空间，必然引起反弹，使得政府不得不出手，强制改变现有共享单车的发展模式。目前强化共享单车管理的呼声越来越高。

共享经济在很多领域折戟沉沙，例如共享雨伞和共享充电宝。共享单车的盛宴还将继续，也必将继续。今天的城市居民，生活恐怕已经离不开共享单车。但是，目前的共享单车运营模式必将消亡——如果其无法解决上述两个外部性的问题，尤其是在"私"的领域产生的外部性。那么未来的共享单车运营模式是什么？既然我们能从外部性的角度，从理论上认识共享单车面临的迷局，那寻找出路还是要从外部性理论出发：整体的思路是通过经济杠杆把外部性内生化。

解决在"公"的领域产生的外部性，需要政府强有力的干预。比如政府部门可以考虑在地铁站和小区附近划定共享单车的专门停放区域，然后要求共享单车的平台提供 GPS 数据，凡是停放在区域之外的单车，要通过单车运营方的支付平台，支付相当数额罚款，或者降低单车停放者的信用等级。共享单车公司是否支付停放区域的使用费用，根据政府鼓励共享单车的程度，可以免费，也可以收取，专门用于城市基础设施的改善。

在"私"的领域，政府不需要做任何事情，尽可让市场进行竞争，有人愿意掏空家底做"公益"，那是投资者个人的事情。有人可能会担心，拼到最后的巨头们整合了形成垄断可怎么办？其实这一点无需担心，因为共享单车的替代品非常多，例如步行和购买自己的自行车。所以一旦公司试图收取垄断的利润，他们所最珍视的"流量"会立刻跑光。这个跟天然气市场的自然垄断不一样，在天然气市场上很难找到相应的替代品。

最后，共享单车经营者如果想要有盈利，就必须有效地控制外部性的问题。企业可以在大数据的基础上，推算出每个人使用单车之后，单车发生故障的概率。如果这个概率超过一定的水平，可以认为这是一个野蛮的使用者，完全可以拒绝提供服务，或收取更高的价格。同时严格培训维修人员，每人负责一定的地理区域，专门在停车区域附近修车，共享单车的运营方，可就维修工人所属区域内，共享单车使用者扫描二维码所报告的故障率，来支付报酬。

这些想法是基于理论所得出的非常自然的结论，只能算是抛砖引玉。共享单车的未来，采用何种运营模式，仁者见仁，智者见智。有一点是肯定的，现有的模式无法持续，未来的运营模式应当建立在有效控制上述两个外部性的基础之上，需要在理论指导下，通过学界、政府和企业有效的合作创新来实现。

"双十一":消费者和商家
是否在狂欢中实现了双赢?[*]

周　颖 / 上海交通大学安泰经济与管理学院市场营销系副教授

2009 年,淘宝商城的"双十一"交易额为 0.5 亿;八年后,2017 年的第九次"双十一",24 小时内卖出 1 682 亿元。今年"双十一"我们明显发现,天猫方面的花样更多,规则更复杂了。这种复杂繁乱的促销模式也带动了消费者的消费心理变化。

‖ 复杂玩法挑战消费者

2017 年"双十一",商家主要采用了以下几种模式:

1. 预售模式。顾客在固定时间段内在店铺中支付定金,预约某件商品,并在"双十一"当天结算尾款,完成交易。顾客选择预约商品的原因往往是预售时可以用更便宜的价格购买商品,或是能领取赠品。

2. 定金膨胀 / 定金翻倍。顾客支付定金后,将按照一定的膨胀比例享受高于其所支付的定金金额的抵扣。如某件商品定金为 50 元,可抵 100 元使用。

---

[*]　原文发表于 2017 年 11 月 12 日澎湃新闻。

3. 满减优惠券。顾客在店铺中领取满减优惠券，"双十一"当天在该店铺中消费满一定金额可享有直接减价优惠，如满 599 减 50 等。不同店铺设置的满减门槛有所差异，但是时间一般都控制在"双十一"当天使用。

4. 1 元秒杀。1 元秒杀有两种模式：第一种是直接抢购商品。在"双十一"当天的 10 点、12 点、18 点等时间点，顾客只需 1 元，可抢购个别数量有限的商品。第二种模式是抢购大额优惠券。顾客可支付 1 元来获取特定店铺或特定商品的大额满减优惠，在"双十一"当天可使用。

5. 平台购物津贴。与店铺满减不同，购物津贴是指平台提供的跨店铺满减优惠。购物津贴不会限制名额和张数，最终津贴总额（优惠总额）显示在用户的账户里，并且可以和店铺的优惠券叠加。购物津贴可通过游戏等多个渠道发放，使用方法依然是每满 X 元减 Y 元（比如满 400 减 50），上不封顶且支持跨店支付使用。

6. 现金红包。现金红包也就是在订单支付时直接抵扣金额。领取方式主要有登录领取、好友分享、游戏等。如通过好友分享点亮火炬瓜分红包、加入群战队利用淘气值瓜分红包、手机淘宝捉猫猫等游戏获取，以及"双十一"当天的抽奖、红包。

与往年相比，今年的促销模式花样百出，通过各种营销方式的创新，避免陷入短期化的同质低价竞争陷阱，这其实是对"体验经济"的深度实验。如今是一切围绕消费者为中心的时代，商家需要聚焦于消费者的感受，注重的是感官性、差异性、参与性。

‖ 今年促销活动的变化

1. 从单纯降价到强化预售模式

这次"双十一"从过去简单的降价方式提升到预售模式，阿里巴巴有意引导消费者和商家参与预售，京东、苏宁等都加大了商品预售的比例。预售活动从 10 月 20 日开始，持续到 11 月 10 日，结合定金膨胀吸引消费者提前下单锁定商品。这种从原先的

"快、准、狠"到现在"慢工出细活"的购买方式的转变，其实是拉长了消费者的体验时间，增加了品牌与消费者的互动以及品牌曝光时间。

2. 提升活动的复杂度增加消费者的参与度

2017 年促销模式变得越来越复杂，以红包为例就包括三种：一是店铺独立满立减红包，通过领券获得；二是平台跨店满立减红包，通过天猫积分抽奖获得；三是现金红包，通过参与红包游戏、好友分享获得。尽管有些消费者对这种复杂的设计颇有微词，但这样还是能有效提高用户的参与度，提升了购买意愿。

3. 线上线下融合的新零售

今年"双十一"有个最明显的特征，就是各大电商平台纷纷发力线上线下融合，打造各具特色的全新零售模式。天猫的"新零售"、京东的"无界零售"都施展出了新招数，把互联网、实体店通过各种新型科技，尤其是大数据系统进行打通。

在今年"双十一"期间，天猫将联合全球超 14 万品牌投入 1 500 万类产品，海内外超 100 万商家线上线下打通，近 10 万智慧门店、60 万家零售小店、5 万家金牌小店、4 000 家天猫小店、3 万村淘点将为消费者提供最优购物体验；北京、上海、杭州、广州、南京等地的核心商圈，会在"双十一"期间涌现出一批自带炫酷科技的品牌快闪店。

4. 从拼价格到拼体验

2017 年"双十一"，以天猫为首的购物平台通过设计一些有趣的参与互动环节，强化体验过程，旨在提升消费的粘性和转化率。同时，相比于较为低级的价格战，拼服务、拼体验、拼效率已经成为当前电商平台间开展竞争的新方向。在物流方面，菜鸟将协同全行业超过 300 万的快递人员，组织起来的干线车辆、航空包机等资源将增长

30%，还将投入 15 亿元补贴智能仓配商家和物流企业。各家电商平台都竞相提升智能化购物水平，优化购物体验。在消费者体验方面，对喜欢的商品，消费者提前支付定金锁定，就无需担心零点之后因网络拥挤等原因导致无法支付从而无法购买的情形出现。且天猫要求预售锁定价格不得高于"双十一"当日价格，也就保证了消费者权益。

‖ 玩的不是心跳，而是消费心理

上面提到的这些模式创新，背后是对消费者心理和消费习惯的细致分析和准确把握。

1. 合算偏见心理：你真的占到便宜了吗？

正如诺贝尔经济学奖获得者、以色列裔美国心理学家丹尼尔·卡尼曼(Daniel Kahneman)等学者所描述的：人的理性是有限的，人们在做决策时，并不是去计算一个物品的真正价值，而是用某种比较容易评价的线索来判断，比如原价和现价的比较。直白地说，就是我们更享受"占到便宜"的感觉。这种"多获得"或者"少付出"的占便宜心理，被称为"合算偏见"。

消费者在决定购买某件物品时，应该侧重衡量该物品对自己的效用，也就是说这个东西有没有用。理性地说，我们在决定是否购买一样东西时，衡量的是该物品给我们带来的效用和价格，也就是通常所说的性价比。而每到"双十一"，在降价、促销、打折等信息的强烈轰炸下，消费者是否会改变自己原来的初衷呢？"双十一"来临之前，不少"剁手族"都会提前将喜欢的商品放进购物车里，等着享受优惠大促销。甚至有些消费者只顾享受低价带来的快感，而完全忽略了自己是否需要这些商品。这说明，消费者在做购买决策的时候，还会受到交易效用的影响。所谓交易效用，就是商品的参考价格和商品的实际价格之间差额的效用，即合算交易偏见。这种合算交易偏见的存在，使得我们经常做出欠理性的购买决策。

2. 比例偏见心理：商家提前锁定消费者

100 元的商品省 40 元和 1 000 元的商品省 50 元相比，是不是感觉前者更划算？这就是"比例偏见"，即在很多场合，本来应该考虑数值本身的变化，但是人们更加倾向于考虑比例或者倍率的变化，也就是说，人们对比例的感知，比对数值本身的感知更加敏感。

在这次"双十一"活动中，消费者把眼光聚焦于"定金膨胀"这个关键词，付定金 50 元可抵 100 元或 150 元，这无形中让人们忽略了产品的最终价格，而注重在了定金膨胀上。这种比例偏见会在用户心中造成巨大的价值感，从而令他们提前预订产品。

3. 损失规避心理：强化消费者履约付款

这个概念也是卡尼曼首先提出的。大多数人对损失和获得的敏感程度不对称，面对损失的痛苦感要大大超过面对获得的快乐感，这种损失所带来的负效用是同样收益所带来的正效用的 2.5 倍。人们总是强烈倾向于规避损失，这种对损失更加敏感的底层心理状态叫损失规避。"双十一"活动中的定金一旦已经支付，消费者一定会"履约"支付尾款，这主要是出于规避损失的心理，因为定金的膨胀价值已经在消费者心中提高了损失门槛。

另外，像京东还推出了价格保护政策，即消费者在京东购物后，如商品出现降价情况，在价保规则范围内，京东方面会赠送消费者同差额部分等值的款项、京券、京豆，这也是针对消费者损失规避心理推出的补偿策略。

‖ "双十一"是消费者和商家的一场双赢狂欢吗？

表面上看，"双十一"使得一些电商不断刷新销售纪录，品牌商业绩屡创新高，消费者低价买到了东西。但实际上，在这场全面狂欢的背后，消费者和商家并未实现真正意义上的双赢，阿里集团旗下的天猫成为最大的赢家。硝烟大战之后，应该回归到对商业本质的思考。

无论是在工业资本时代，还是互联网时代，商业的本质都没有改变，就是如何用最好的服务、最好的产品，为消费者创造价值，带来价值。如果"双十一"以价格战催生泡沫，企业陷入同质化竞争，必然会伤害到企业自身和整个行业，也很难推动企业和行业健康并可持续发展。因此，"双十一"相关活动应该更多引导企业提供更多的优质产品，创新服务，最终才能朝着实现平台、商家、消费者三赢的方向发展。

阿里巴巴的创立，最初宗旨是为中小企业服务。马云称，由于传统生产重视工业化和规模化，各种资源都集中在大企业里，形成了大企业的垄断，而互联网和电子商务的发展就应该打破这种垄断。但从"双十一"的实际运作来看，大企业获得了更多的资源，形成马太效应，中小企业却黯然神伤，这违背了阿里巴巴平台扶持中小企业发展的最初宗旨。活动期间，商家更多地是在抛售库存，通过低价吸引消费者，这违背了企业为消费者创造价值的宗旨。

消费者也在一定程度上存在过度消费、非理性消费现象，这违背了消费的本质。随着中国人消费升级的到来，消费者的购物决策不应该再以价格作为唯一考量，而应从冲动型消费过渡到理性消费。

激进平台的烦恼[*]

陈宏民/上海交通大学安泰经济与管理学院应用经济系教授

知识收费火起来了。财新网率先推出了全面收费，而半年前还红火的共享单车却开始进入休眠期。这些令人眼花缭乱的变化究竟是怎么回事？

互联网已成为基础设施，基于互联网的商业模式创新层出不穷，开放式的平台型商业模式是许多企业迅速扩张的法宝；市场竞争从单个企业间的竞争，发展到以企业合作为基础的产业链之间的竞争，再发展到如今以平台为枢纽而形成的商业生态圈间的竞争。平台竞争在许多行业成为常态。

平台企业的最大特征是同时面对几类用户，每类用户可视为平台的一条边，因而又称为多边用户平台；在服务一类用户的同时，平台能把这类用户当作资源，通过自身整合能力为其他类用户服务。平台的最大优势和价值不在于自身的研发能力或科技水平，而是其用户规模和整合能力。

互联网时代，大家都争当平台企业，而表现则有稳健与激进之分。当年的大众点评网是稳健的，在2003—2008年间，创始人张涛一直全力经营消费者端，直到形成巨大

---

*　原文发表于《财新周刊》2017 年第 46 期。

的消费者规模后，才通过销售电子优惠券和团购引入餐厅饭店一端。而 2010 年兴起的美团网则十分激进，以"吃喝玩乐全都有"为口号四面出击，到了 2015 年，5 岁的美团网兼并了 12 岁的大众点评。

传统的银行卡支付系统是个双边平台，卡组织率领着众多商业银行和收单机构组成商圈，一边连接商家，另一边连接消费者；而如今国内巨型的第三方支付机构，不仅解决支付问题，还要开发消费者的资金、消费行为等资源，连接更多条边。传统支付的商业模式是：提供支付服务，收取服务费用；而新型支付的商业模式是：提供支付服务，抓住支付者，从人和钱上赚钱。

总之，稳健平台倾向于耕耘现有用户，通过提升服务增加粘性来从现有用户中获得收入并实现盈利；而激进平台则追求跑马圈地，以规模发展为第一要务。所以，一般激进平台会比稳健平台连接更多类型的用户，提供更多不同类型的服务，操控更复杂庞大的商业生态圈；为此它们愿意烧更多的钱，付出更大的当前代价，采用更激进的价格策略以获得市场份额，以更大规模的当前各类用户作为资源去吸引潜在的未来用户。

"羊毛出在狗身上，让猪埋单"，这是许多平台企业的盈利模式。门户网站给读者带来大量信息，可是却由广告商埋单。网络支付给消费者带来巨大便利，可是消费者及商家却不需要为此付出相应费用。然而，激进平台过于痴迷于多边的网络效应，不断寄希望于那些尚未成熟，甚至未必如愿的新边，加速扩张，迅速汇聚起庞大而复杂的商业生态圈，同时也带来了不可预计的风险。"让猪埋单"的前提自然是"猪毛能出在羊身上"，可是羊身上究竟能否长出猪毛，够不够长，猪是否满意，这些都带有不确定性。激进平台不花大力气整合现有资源，而全力把"故事进行到底"：猪身上或许能长出驴毛，从而让驴埋单；驴身上或许能长出长颈鹿毛，从而又找到一个埋单的主……总之，小步快跑，自我迭代，"总有一款适合你"，想象空间是无限的。

然而，一种传统而直接的盈利模式，在互联网时代却被视而不见。这便是"羊毛出在羊身上，让羊埋单"！比如单车可以采取按时计费的租金形式，也可以采取按月或按年的会员制形式，或其他各类行之有效的差别定价策略。作为单车的服务供应商，一方面享受制造商规模经济的低成本优势，另一方面获取大规模用户的网络效应价值。

曾几何时，为服务收取费用，也像"杀人偿命，欠债还钱"那般天经地义；可如今

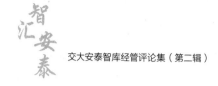

却变得羞羞答答，总是绕个大圈子才能把钱找回来。有时这个圈子绕得缺乏效率，甚至绕得太远以至于回不来了。

共享单车本来是件很值得期待的大好事。在互联网日益普及的未来，许多没有炫耀价值的商品和服务，都可以尝试这种便利的租赁模式。可是，号称为"共享经济宠儿"的共享单车，却忽略了共享经济非常重要的一个特征：消费者应该为其共享的服务买单！无论是早期的 Zipcar，还是后来的 Uber 和 Airbnb，包括现在的联合办公，几乎所有的共享经济业态都有同一个特征，就是消费者用户是平台的付费方。共享模式通过将需求细分而给消费者创造了便利，通过引入闲置资源而降低了消费者支出，但最后，消费者仍需要为他们所获得的服务买单，当然是更便宜的，而且是创新了的服务。

共享单车之所以陷入困境，很大程度上是因为那些企业采用了激进平台的策略。如果说，摩拜单车的商业模式还可能把消费者看作付费方的话，那么后起的那些企业，或许是为了在竞争中后来居上，已经完全不把消费者当作付费方，5 元钱骑 3 个月，甚至骑车直接返现。用这种方式虽然在短期内能够获客，但是已经严重偏离了共享经济的商业模式，给企业的未来发展造成了巨大困惑。如果是规模扩大后，企业通过成本下降与用户价值上升而获得盈利，这依然值得期待；但是按照所谓互联网思维，以为只要把"羊"聚集起来，总能找到埋单的"猪"，那就会形成持续的风险。

事实上，激进平台也存在严重风险，最大的风险是未来的不确定性。前面分析的共享单车是个典型案例；而医院平台的"以药养医"，以及目前初见端倪的"以检查养医"；OTA 平台的盲目扩张等，都是平台采取激进策略而带来更大风险的实例。

如果平台的激进策略只是影响其自身的生死存亡，那应该由市场来解决；高风险者追求高回报而已。可事实上，这种激进策略不仅决定着个别企业的生死，还深刻冲击着许多新兴市场，影响着越来越多其他企业乃至整个市场的兴衰；必须引起监管当局的高度重视。

在监管当局鼓励创新，监管政策比较宽松时，市场会比较乐观，激进平台追求潜在用户的故事容易被资本市场所接受和追捧，这些平台的强硬扩张行动就能走得比较远，但企业乃至整个行业积累的风险也渐行渐大。一旦从政府到社会都意识到风险的严重性，甚至风险变现为损失，那么监管极有可能踩刹车，资本市场也会转向谨慎。激进平台的扩张计划很可能遭遇夭折，资金链断裂。稳健平台在激进平台的挤兑下，或者已经奄奄一息，或者也不得不跟进激进策略，最终整个行业都会在激进平台风险溢出中遭受重大挫折。

于是，中国近年的"互联网＋"便出现一个怪圈：一方面激进平台在竞争中能够赢得资本市场追捧，另一方面这类平台给自身也给行业造成风险。由于如今行业间关联性持续增强，这种行为也很可能对整个经济社会造成负面的影响。

在经历一番波折、付出不小代价之后，我们逐渐认识到，激进平台这条"鲶鱼"，既能给经济社会带来生机，也可能造成危机。从央行整顿互联网金融到资本从共享单车转向知识付费平台，或许都是社会约束激进情绪，强化风险管控意识的共识与进步。

研发投入是企业创造价值的选择：
以华为、联想为例*

刘　涛 / 上海交通大学安泰经济与管理学院会计系副教授

曹文琴 / 上海交通大学安泰经济与管理学院会计系研究生

当今时代，科技进步是经济增长的源泉和动力，研发创新是企业经久不衰的核心武器和后续生命力的象征。在市场竞争日益激烈的情况下，企业必须牢牢掌握科技创新的主动权，才能立足行业，走向市场，谋求生存和发展。作为资本及技术密集型行业的龙头企业，华为和联想对研发投入的态度却是天壤之别。

‖ 华为 VS 联想

近年来，我国信息技术行业发展迅猛，作为典型的技术和资本密集型行业，研发创新的重要作用也是不言而喻的。华为和联想作为该行业的龙头企业，在各自的细分领域都有着相当大的领先地位，但是在企业长远发展的依赖路线上却持有截然不同的两种态度，华为走的是小领域、高密度和高强度的自主研发的"技术派"路

---

* 原文发表于 2018 年 1 月 11 日澎湃新闻。

线，而联想则采用了海外大规模并购来实现自身业务范围扩大的"贸易派"路线。先成立的联想虽然占得先机，规模和体量均远超华为，但是两家公司经过30多年的发展，实力已经发生了惊天大逆转，时至今日华为自主研发的优势已充分显现。

1. 销售收入的比较

联想成立较华为早3年，在早期明显比华为有先发优势。由表1和图1可知，华为在1992年销售额才超过1个亿，甚至于因为销售突破1个亿，任正非在年终大会上，哽咽着说出"我们终于活下来了"。而联想1992年销售额已经达到17.67亿元，是华为的17倍多。而从2008年开始，华为的销售收入正式超过联想，到2016年，华为的销售收入已经是联想的1.7倍，发展速度之迅猛让联想望尘莫及。

表1　1992—2016 年销售收入——华为 VS 联想（单位：亿元）

年份	1992	2007	2008	2009	2010	2011	2012	2013	2014	2015	2016
华为	1	938	1 252	1 491	1 852	2 039	2 202	2 390	2 882	3 950	5 216
联想	17.67	1 013	923	1 046	1 360	1 863	2 134	2 361	2 844	2 902	2 969

数据来源：Wind 数据库、华为官网年报，http://www.huawei.com/cn/press-events/annual-report。

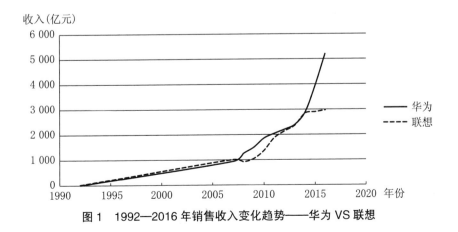

图1　1992—2016 年销售收入变化趋势——华为 VS 联想

2. 净利润的比较

而由表 2 和图 2 可知，2007 年以来，华为的净利润虽然波动幅度更大，但是一直在 70 亿元以上，且经过 2011 年的低谷后一直是稳定快速的上升。而联想 10 年来最高的净利润只有 51 亿元，且 2008 年和 2015 年均出现了亏损。不仅如此，2017 年 8 月 18 日，联想再次传来亏损的"坏消息"，截至 2017 年 6 月 30 日的第一财季报告显示，其营收为 100.12 亿美元，与去年同期持平；集团亏损 7 200 万美元；毛利率同比减少 1.7%—13.6%。

表 2　2007—2016 年净利润——华为 VS 联想（单位：亿元）

年份	2007	2008	2009	2010	2011	2012	2013	2014	2015	2016
华为	75	78	183	238	116	154	210	279	369	371
联想	28	−14	8	17	30	39	49	51	−8	37

数据来源：Wind 数据库、华为官网年报，http://www.huawei.com/cn/press-events/annual-report。

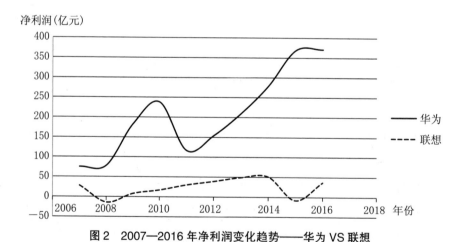

图 2　2007—2016 年净利润变化趋势——华为 VS 联想

由表 3 可知，造成联想 2017 年第一财季亏损的主要版块是数据中心业务。数据中心业务营收同比下跌 11%，营收额为 9.71 亿美元，税前经营亏损为 1.14 亿美元。相比之下，一年前该业务的营收同比增长 1%，营收额为 11 亿美元，税前亏损为 6 400

万美元。也就是在一年后，数据中心业务亏损大幅加大，甚至亏损额比去年同期扩大
78%，远超营收下滑比例。

表3 2017/2018 年度联想第一季度财报摘要

产品业务集团	营收（亿美元）	营收同比涨幅	税前经营亏损（亿美元）	占集团总体收入
个人电脑及智能设备	70.05	0.2%	—	70%
移动业务	17.46	2%	1.29	17%
数据中心业务	9.71	−11%	1.14	10%
其他	2.90	—	—	3%
总计	100	−0.4%	0.72	100%

数据来源：Wind 数据库。

3. 商业模式的比较

同样是信息技术行业的典型企业，华为和联想却选择了截然不同的两种实现企业目
标的路径。

华为和联想在诞生之初是有很多相似之处的：创始人任正非和柳传志同龄；同样是
40 多岁才开始创业；同样靠"代理"赚取了第一桶金；同样经历了由野蛮生长到文明
生长的"蜕变"；同样取得了令许多企业难以望其项背的商业成就；同样有一位"教父"
般的精神领袖；同样怀有基业长青的梦想……那么，为何出处如此相似的公司如今的境
地却是天壤之别呢？研发投入恰恰是这一问题的关键。联想选择走"贸易派"路线，侧
重于营销推广、渠道和国际化并购，而华为则注重创新意识，埋头自主研发，虽然联想
的策略让其在短期内快速甩开了华为，但是随着时间的推移，华为注重研发投入的长期
优势已经显现。

在欧盟发布的 2017 全球企业研发排行榜中，华为是唯一进入 TOP50 的中国企
业，从 2004 年至 2017 年，华为保持了强劲的增长势头，在该榜单中的排名上升超过
200 个名次。此次参评的中国企业达 375 家，其中前 5 名企业占据了中国总研发投入的

28.6%，而华为一家公司则占据了总投入的 16.8%，其投入之大可见一斑。华为坚持每年将 10% 以上的销售收入投入研究与开发，近年来这一比例已上升至 15% 左右。过去 10 年，华为研发投入高达 3 100 亿元人民币，2016 年就投入了 764 亿元人民币，2017 年更是以 811 亿元人民币超过苹果。

由表 4 可知，过去的 10 年里华为的研发人员一直保持在公司员工总数的 40% 以上，2016 年华为从事研究与开发的人员约 80 000 名，约占公司总人数的 45%。华为在全球设立了 15 个研究所 / 院、36 个联合创新中心，在全球范围内开展创新合作，研究领域包括云专项、通信专项、5G 专项、人工智能、材料专项等领先技术，与世界各地人才共同推动技术的进步。而这些努力都让华为取得了可喜的成绩，截至 2016 年，华为累计申请的专利数已经达到 106 479 项，累计获得的专利数达到 62 519 项，这一成就在世界上都是令人瞩目的。

表 4　2007—2016 年华为研发人员和专利情况统计

年份	2007	2008	2009	2010	2011	2012	2013	2014	2015	2016
研发人员数（万）	3.6	3.7	4.36	5.1	6.2	7	7	7.6	7.9	8
研发人员比例（%）	43	43	46	46	44	45	45	45	45	45
累计申请专利数（项）	26 880	35 773	42 543	49 040	57 972	68 895	77 514	80 542	93 756	106 479
累计获得专利数（项）	2 742	未披露	未披露	17 765	23 522	30 240	36 511	38 825	50 377	62 519

数据来源：华为官网年报，http://www.huawei.com/cn/press-events/annual-report。

而相比之下，联想的研发投入则相形见绌。在过去 10 年中，联想在研发方面的总投入不及华为的 1/7，华为的研发投入无论是从绝对数还是相对数（研发费用率）上，各年一直远高于联想。从绝对数上看，由图 3 和表 5 可知，2007 年，华为的研发投入是 79 亿元，是联想的 5.6 倍，而到 2016 年这一比例已经扩大到 8.7 倍，且至今联想的研发投入没有破百亿元。从相对数上看，由表 6 可知，华为的研发费用率至少是联想的 5 倍，2011 年甚至达到了 19.3 倍。

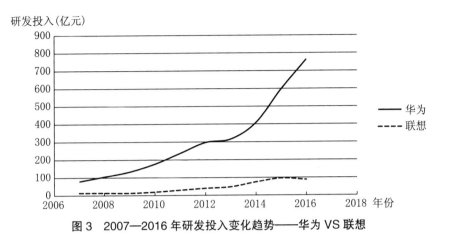

图3　2007—2016年研发投入变化趋势——华为VS联想

表5　2007—2016年研发投入——华为VS联想（单位：亿元）

年　份	2007	2008	2009	2010	2011	2012	2013	2014	2015	2016
华　为	79	105	133	177	237	297	316	408	596	764
联　想	14	14	13	19	29	39	47	74	96	88

表6　2007—2016年研发费用率——华为VS联想（单位：%）

年　份	2007	2008	2009	2010	2011	2012	2013	2014	2015	2016
华　为	8.4	8.4	8.9	9.7	11.6	13.5	13.2	14.2	15.1	14.6
联　想	1.3	1.5	1.2	1.3	0.6	1.8	1.9	2.6	3.3	2.9
华为／联想	6.5	5.6	7.4	7.5	19.3	7.5	6.9	5.5	4.6	5.0

数据来源：Wind数据库、华为官网年报，http：//www.huawei.com/cn/press-events/annual-report。

联想作为信息技术这种高新技术的龙头企业，不仅研发投入很低，而且销售费用占比很高。2017年联想的一季报显示，当期的研发费用同比下降18%，为2.92亿美元，占营业收入比重为2.92%，而当期的销售费用同比增加13%，为6.65亿美元，占营业收入比重为6.64%，是研发费用的3倍左右，联想公司表示，销售费用的提高是增加广告和宣传费用导致的。此外，联想的当期存货同比上升18.91%，为31.78亿美元，占资产比例同比上升近10%，为37.07%，这表明，销售费用快速增加的同时，销售量并没有同比增加，存货反而大幅上升。以上数据都表明，联想的运营并没有形成良性循

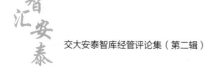

环，偏销售而废研发的策略并不能让联想从中获益，长期来看还会大大削减企业的实力和价值。

通过华为与联想的比较，结论不言而喻，只有脚踏实地、与时俱进、研发创造、不断革新才是当代企业基业长青的重要保证，才是提升价值的有力武器。

‖ 中国企业创造价值的后劲不足

虽然近年来我国企业研发创新的意识逐渐觉醒，但是对很多企业来说，加大研发创新力度还是只停留在口号层面，不少中国企业依然较为忽视研发创新能力，在国际市场上多以"模仿者"的角色出现，然而这种"N+1"的复制模式也使得中国企业在国际竞争中后劲不足，备受制约。

根据欧盟委员会（EU）最新公布的2017年工业研发投入（R&D）排行榜显示，大众汽车研发投入高达137亿欧元，全球居首，随后依次是谷歌母公司Alphabet、微软、三星电子、英特尔、华为，这些世界知名企业在研发投入上均超过了百亿欧元。其中，排名前100位的企业按国家和地区来看，美国占36家，位居首位，接下来是日本14家，德国13家，而中国只占10家（含中国台湾3家）。可以看出，中国企业整体的研发投入水平与国际相比是有很大差距的。

由表7可知，即便是中国的高新技术企业，研发投入力度不足也是常态。比如，信息技术行业半数以上上市公司研发费用率都在10%及以下，将近有40%的企业和联想类似，研发投入费用率是5%及以下。而医疗保健行业和汽车与汽车零部件行业就更加

表7 信息技术、医疗保健和汽车与汽车零部件行业研发费用率分布情况

研发费用率	≤ 5%	5%—10%	10%—20%	20%—50%	> 50%
信息技术	38.28%	20.93%	20.93%	14.49%	5.37%
医疗保健	52.51%	21.24%	15.06%	7.72%	3.47%
汽车与汽车零部件	52.03%	16.22%	18.24%	10.14%	3.38%

数据来源：Wind 数据库。

严重，过半数的上市公司研发费用率都在 5% 及以下。这说明这三个行业的很多上市公司并不注重研发创新，这三类典型的高新技术企业尚且如此，其他传统行业更是有过之而无不及。

究其原因，一方面，对于研发创新，我国缺乏系统的持续性的政策制度支持，缺乏一个有效的促进创新成果产业化的制度环境。长期以来我国科技成果的转化率平均仅为 20%，远远低于发达国家 60% 的水平，一大批科研成果只是在大学和研究机构的教室和实验室里循环，沦为评职称和获取经费的工具，缺少切实有效的政策手段推动创新成果向现实生产力转化，众多科研成果无法从实验室及时走向生产线；同时，社会主义市场经济体制不完善，没有形成公平竞争、诚实守信的市场环境；知识产权保护制度不完善，尚未建立起合理有效的有利于自主知识产权产生和转移的法制环境。

另一方面，企业本身缺乏研发的文化传承、缺少创新精神，尊重个性、公平竞争、激励探索、提倡冒尖、宽容失败的良好的创新文化和创新环境还没有形成，缺乏长远的战略定位，对战略管理的价值认识不够，在经营活动中缺乏发展眼光。许多企业的管理者整天忙于事务性繁琐的管理工作，缺乏对企业发展方向、发展目标、市场定位等大政方针的考虑；或者由于经营者本身的素质局限，没有能力去把握企业未来发展的趋势，在考虑制定战略时，不是建立在对外部环境机会、威胁和内部优势、弱点的全面科学的分析的基础上，而是喜欢跟随市场热点。另外，缺乏对研发人才筛选、培养激励和储备也是限制我国企业研发创新能力的重要原因。在人才筛选过程中，并没有全面认识人才培养的本质，一味强调数量，忽视了质量，盲目扩张人才数量，导致在职人员的能力和岗位需求并不匹配；在人才培养过程中，缺乏有效的考核体系和合理的奖惩制度，导致对员工的激励不足，在后续储备中，没有构建完善的人才储备库，导致人员衔接过程中的脱节。

‖ "华为"经验，企业以及政府的作为

靠模仿、山寨和低成本制胜的时代已经一去不复返了，当今时代是科技创新的时代，研发投入对提高企业竞争力已经具有战略性意义，对企业绩效和企业价值的提升有

重要影响。无数的证据已经证明，对于当代企业，尤其是高新技术企业来说，研发投入已经是企业脱颖而出、经久不衰的重要利器。

回顾华为发展的历程，其成功的关键因素可以总结为以下几个方面：

1. 明晰的战略定位和有效的战略落地

华为的战略定位非常明确，在技术方面一直贯彻"领先半步"的策略，持之以恒地进行战略性研发投入，坚持走技术独立的路线，反对直接购买技术和合作开发，从而确保增强企业核心竞争力，并将该战略细化落实到企业运营的方方面面。在研发投入金额上，华为长期坚持不少于销售收入 10% 的研发投入，并坚持将研发投入的 10% 用于预研；在研究机构建立上，华为在美国、印度、瑞典、俄罗斯及中国等地设立了 15个研究院/所、36 个联合创新中心，在全球范围内开展创新合作，共同推动技术的进步；在产学研结合上，2016 年，华为创新研究计划（HIRP）资助超过 200 个创新研究项目，通过资助数学、物理、化学等基础理论的研究，探索理论突破对 ICT 行业技术发展的重大创新，并与全球高校在数据库、数据中心能耗、分布式技术等领域展开长期深度合作，解决了在大数据环境下，如何利用有限资源，来提升并行查询响应时间慢的业界难题；在员工的培养上，华为在海外建立了 28 个区域培训中心，为当地培养技术人员。

2. 有效的研发绩效考核及激励

对于研发人员的激励，华为在不同的职业生涯阶段采取不同的手段。在第一阶段实现期，首先是薪酬激励，此外还为研发人员提供有助于个人成长与发展的培训计划，从而最大程度上挖掘新员工的潜力；第二阶段过渡期中，华为首选能够大力推动员工个人快速成长与发展的培训激励策略，派驻研发人员在美国硅谷、达拉斯、印度班加罗尔等地进行学习和培训，而且还建立了完善的华为认证培训体系，包括华为认证网络工程师、华为认证网络互联专家等，与此同时，华为还采用了带薪学习的激励策略，从而极大地调动了处在过渡期阶段研发人员的工作积极性与学习动力；第三阶段发展期中，华为公司首选能够快速孵化创新成果的环境设施激励策略，成立了"华为科技基金"，大力鼓励和引导发展期阶段的研发人员开展创业活动，而且还成立了技术等级晋升制度，保证处于"发展期"阶段的研发人员随着自身经验的增加，而不断地获得地位提升，并增配和优化工作设施与条件，从而不断拓展处于发展期阶段研发人员的个人成长与发展空间；第四阶段稳定期中，华为公司创造条件积极引导这些研发人员参与公司决策，以提高员工的士气和归属感。

3. 研发与业务及市场的有效对接

华为在产品研发之前会进行市场调研，了解市场的需求，然后基于自己的业务能力，确定研发方向，保障研发结果能迅速变成销售额。

华为推出的第一款带有华为品牌的产品名为"BH01"，是一款从国营单位买来配件自行组装的小交换机。1990 年火爆的交换机市场使得华为的产品供不应求，华为就以此为机会开始了第一次自主研发。凭借当时仅有的 6 位工程师，负责全部的电路设计、软件编写、整机调试，整整花了一年时间，终于研发出了具有完全自主知识产权的用户交换机，被命名为"BH03"。这一次自主研发的成功，不仅立刻为公司带来 800 万元的销售收入，解决了当时华为配件供应被卡脖子，一度难以生存的危机，也奠定了华为先市场后技术，依靠自主资金滚动发展的研发策略。

华为的成功绝对不是偶然，中国企业在研发创新上可以借鉴参考"华为模式"，而政府部门应该从顶层设计上在创新上给予企业更多的支持和引导：

1. 营造浓厚的科技创新氛围

政府应该更加重视和关注科技创新工作，使企业进一步增强科技创新意识，更好地发挥企业的技术创新主体作用，切实加大财政支持力度，充分发挥政府的引导和支持作用；广大企业应该汲取优秀企业发展历史中的精华，积极提升自主创新意识，培养注重

创新的企业文化，同时综合全面地分析本企业的情况，制定合理有效的长期战略，并加以细化，落实到实际执行的方方面面。

2. 强化政府支持企业研发的配套政策

营造良好的政策环境，从税收激励、金融扶持、政府采购、项目安排等方面，采取有力措施，支持企业技术创新；加快科技企业孵化器、知识产权及科技成果转化等公共服务机构的建设，为中小企业提供研发设计、孵化、检测、融资、信息、技术、管理、培训等服务。

3. 加强产学研的结合

借鉴国外的经验，将大学与企业对接，让大学为科技型企业的发展提供技术的源泉，加快科技成果的产业化进程。鼓励由重点企业、高校或科研机构牵头，围绕重大产业发展的关键技术领域组建产学研结合创新战略联盟，联合开展产业关键技术、共性技术的研究和攻关，共同承接重大研发课题；鼓励共建创新平台，由企业出资到高校、科研机构建立研发平台，引导高校、科研机构到重点企业共建研发中心，支持企业、高校、科研机构根据市场需求共同出资或技术入股联合建设创新基地；鼓励科研机构融入企业、直接转化为企业，鼓励高校、科研机构依托技术优势与企业联合创办公司；鼓励以项目为纽带，以委托研发、技术转让、产学研联合攻关等形式开展技术合作等。

4. 加强知识产权保护

政府要完善相关的法律法规，加强知识产权保护工作的统筹协调，综合协调立法、执法、普法建设，持续推动知识产权保护合力的形成；在完善知识产权法律和政策体系的基础上，加强司法和行政执法体系建设，有效利用执法资源，严厉打击各种形式的知识产权侵权行为；要加强知识产权保护长效机制的建设。同时，根据经济社会发展的实际，应继续优化知识产权司法与行政执法保护并行运作的保护模式，积极推进跨地区跨部门协调、合作的知识产权执法保护，加强行政执法与刑事司法衔接等机制的建设工作。企业要提高维权意识，积极使用法律武器保护本企业的专利成果。

5. 加强研发人员人才队伍的培养和储备

科学设计规划人才招聘方案，优化员工人才培训系统、提高人员的素质，制定完善的人才考核培训以及激励机制，加强研发人员人才队伍的培养和储备，完善相关的人力资源体系，减少人才的流失。

图书在版编目(CIP)数据

智汇安泰:交大安泰智库经管评论集.第二辑/上
海交通大学安泰经济与管理学院编.—上海:格
致出版社:上海人民出版社,2018.5
ISBN 978-7-5432-2857-3

Ⅰ.①智…　Ⅱ.①上…　Ⅲ.①社会科学-文集　Ⅳ.
①C53

中国版本图书馆 CIP 数据核字(2018)第 060995 号

责任编辑　郑竹青
封面设计　路　静

智汇安泰
——交大安泰智库经管评论集(第二辑)
上海交通大学安泰经济与管理学院 编

出　　版　格致出版社
　　　　　上海人 & 大 版 社
　　　　　(200001　上海福建中路 193 号)
发　　行　上海人民出版社发行中心
印　　刷　上海中华商务联合印刷有限公司
开　　本　720×1000　1/16
印　　张　18.5
插　　页　2
字　　数　298,000
版　　次　2018 年 5 月第 1 版
印　　次　2018 年 5 月第 1 次印刷
ISBN 978-7-5432-2857-3/F·1101
定　　价　68.00 元